唐玄宗 紀泰山銘 研究

―原拓と解釈―

竹村則行

① 「紀泰山銘」（2011年11月 著者撮影）

② 摹拓中の「紀泰山銘」と東嶽廟

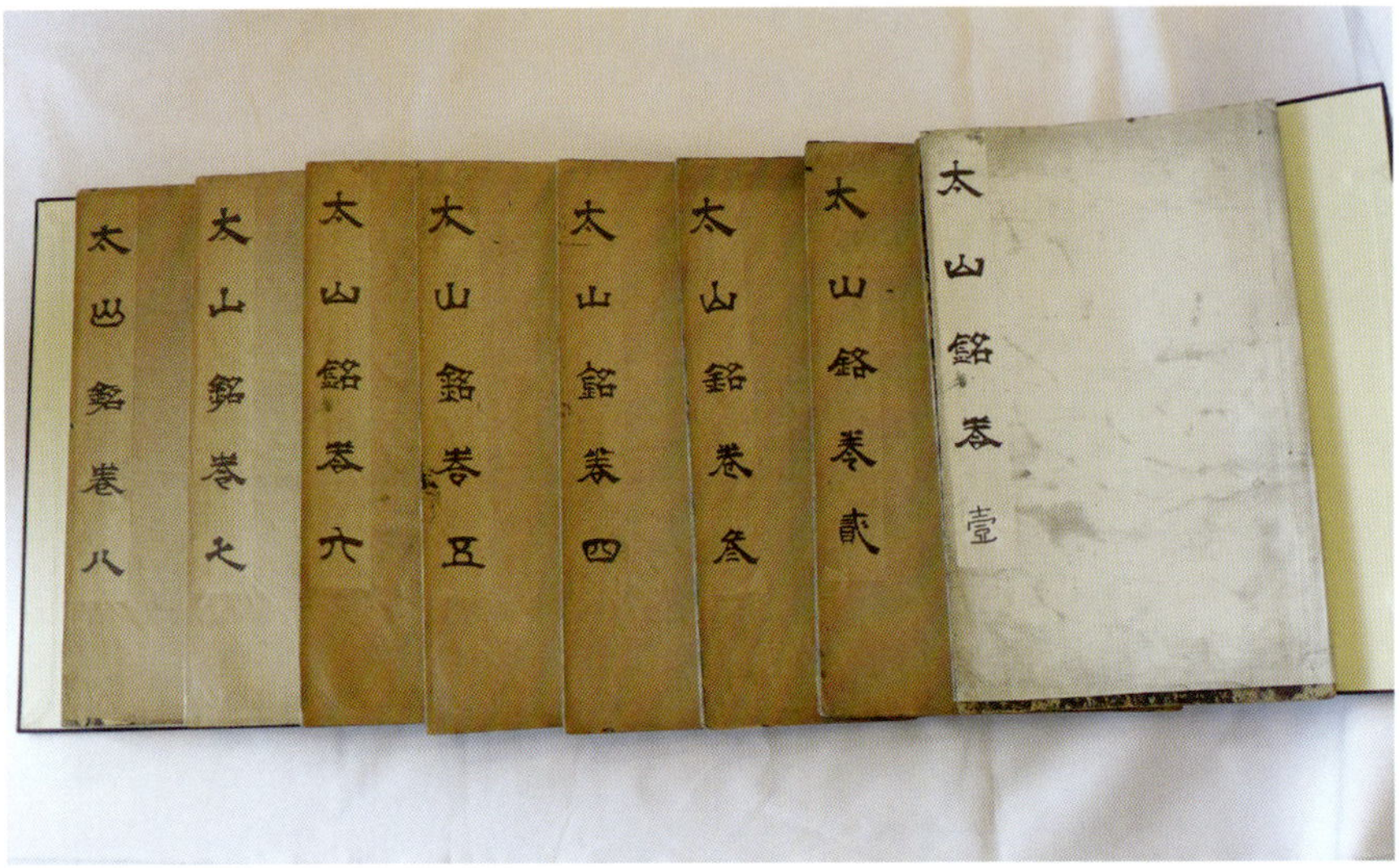

③ 原拓「紀泰山銘」（冊子体）

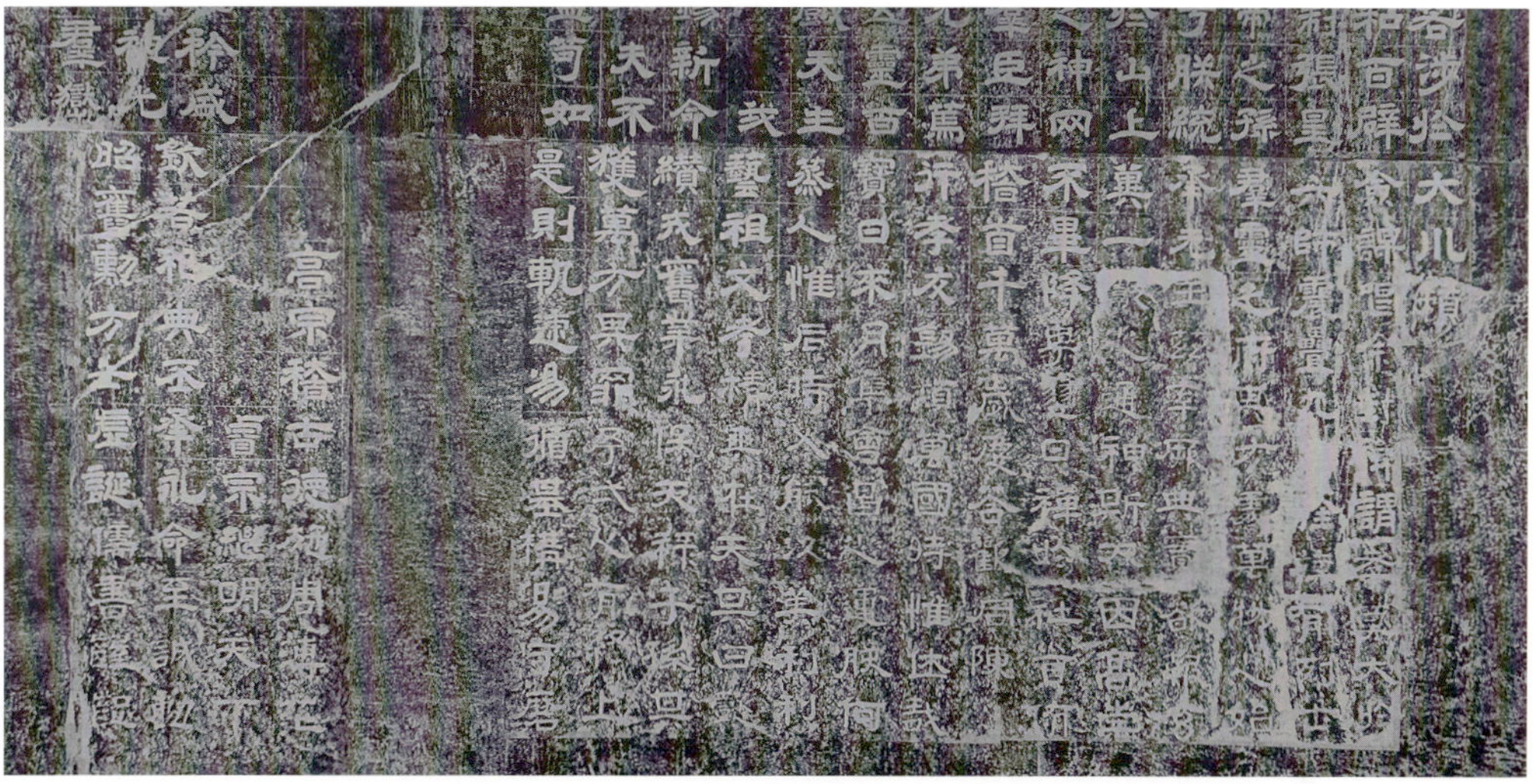

④ 泐滅が見られる「紀泰山銘」下方接地部の拓影

⑤ 補刻された現代の「紀泰山銘」下方接地部の写真

⑥ 原拓「紀泰山銘」(成田山書道美術館所蔵)

はじめに　本書刊行の経緯と内容の説明

一　本書は、中国泰山に現存する一三〇〇年前の唐玄宗の隷書による石刻「紀泰山銘」の原拓を撮影し、著者による解釈と解説を付したものである。原拓の撮影は写真に素人の著者が行った。書影の濃淡等の不揃いは著者の技術の未熟に拠る。

二　底本の原拓「紀泰山銘」は、過年の東京古典会古典籍展観大入札会において著者が入手した。大方の関心が薄かったせいか、幸い貧乏研究者にも手が届く価格で落札できた（嘗て北京瑠璃廠の古書肆で見かけた同種のものは二桁違う高価であった）。

三　原拓「紀泰山銘」の摹拓の日時、摹拓者、冊子体に改装した日時、改装者等は不明である。原拓「紀泰山銘」（冊子体）は、縦355mm×横220mm。原拓隷書の拓本を四字ずつ剪り取り、裏打ちをした上で、一頁二字の綫装本八冊に仕立てている**【写真③参照】**。各文字の大きさは約縦180mm×横200mm（枠長は厳密には一定しないが、原拓ゆえに原物大である。時に原石面に彫った枠線が見える）。

四　原拓「紀泰山銘」は、管見の限り、成田山書道美術館（千葉県成田市）及び観峰館（滋賀県東近江市）において全面展示するほか、著者も、底本とした本書のほかに、全体を五分割した原拓一套五張を所有する（東京の某古書肆から購入した）が、著者の兎小屋的生活空間のために、全体（縦1330mm×横530mm）を全面展観することができない。

五　本書の刊行に当たり、全体拓影の引用等について成田山書道美術館の許諾を得た。記して感謝する。

六　本書が底本とした原拓「紀泰山銘」は、第二十七聯「天地、薦」三字の拓影が脱落する。著者所有の別本の原拓書影によって補う（本書33頁参照）。また原碑刻に見える空格は本原拓では省略する（訓訳では□で示した）。

七　全面拓影を見れば分かるように、銘文中の甚だしい泐滅《ろくめつ》は、主に碑刻の約六分の一に当たる碑刻下層の接地部に集中する**【写真④⑥参照】**。多くは露天の風雨流水結氷や人間の作為（焚き火等）に因るものと思われる。本書では、原物資料を提供する観点から、原拓の書影には一切手を加えていない。泐滅した文字は『旧唐書』巻二十三礼儀志、その他巻末に提示した参考書等で復元可能である。

八　「紀泰山銘」の解釈と解説に代え、関連する拙論を巻末に載録した。

九　本書に掲載する図像写真の説明は以下の通りである。

①「紀泰山銘」の拡大写真　二〇一一年十一月、著者撮影。修復後の現代は「紀泰山銘」の摹拓は一切不可である。

②摹拓中の「紀泰山銘」と東嶽廟　『泰山曲阜大観』（山東考古学会、文海堂書店、一九二四年）より。櫓《やぐら》の上方に「紀泰山銘」の四字が見える。この摹拓と本書の底本との関係は不明だが、櫓《やぐら》を組んで作業する当時の摹拓の様子が分かる貴重な写真である。更にこの観光案内写真から、現在は広場となっている東嶽廟跡には当時廟観が建っていたことが分かる。

③原拓「紀泰山銘」（冊子体。著者所蔵）の全体写真。本書の底本。

④泐滅が見られる「紀泰山銘」下方接地部の拓影（成田山書道美術館所蔵）。

⑤補刻された現代の「紀泰山銘」下方接地部の写真（二〇一一年十一月撮影）。

⑥原拓「紀泰山銘」（成田山書道美術館所蔵）の全体写真。

⑦表紙カバー表　泰山山頂直下にある大観峰の石刻群。右上方が泰山山頂。朝日に映える右端の屏風岩上の石刻が「紀泰山銘」。手前の広場は「勅修東嶽廟跡」の全体写真（横額）。二〇一一年十一月撮影。

⑧表紙カバー裏上　泰山山頂玉皇頂。⑦に同じ。

⑨表紙カバー裏下　⑦に同じ。前日の夕日の中の「紀泰山銘」と著者近影。

紀泰山銘

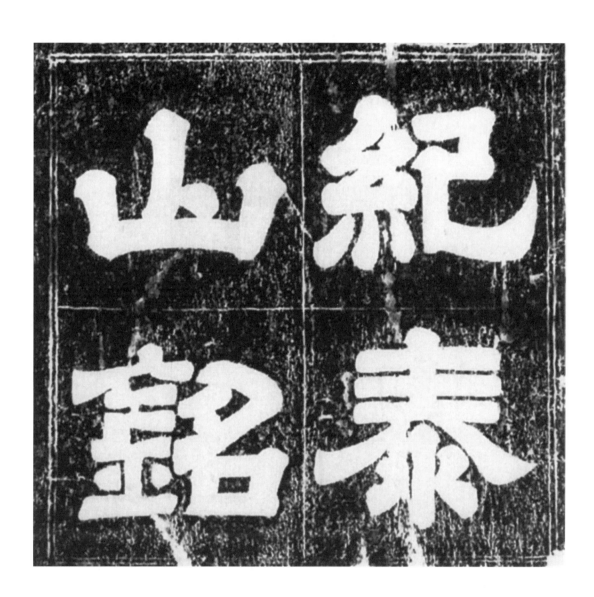

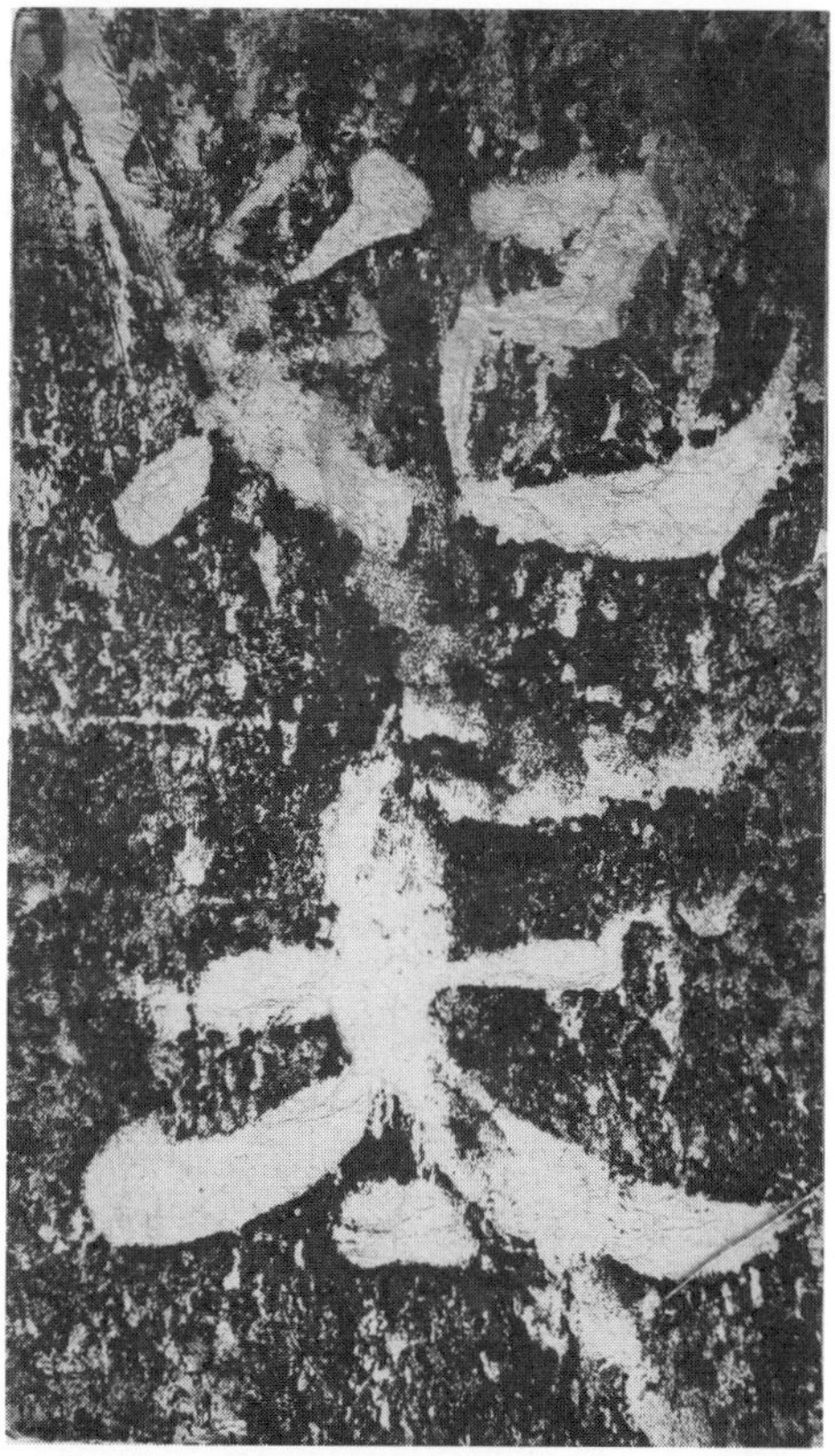
紀泰

山銘

御

製御

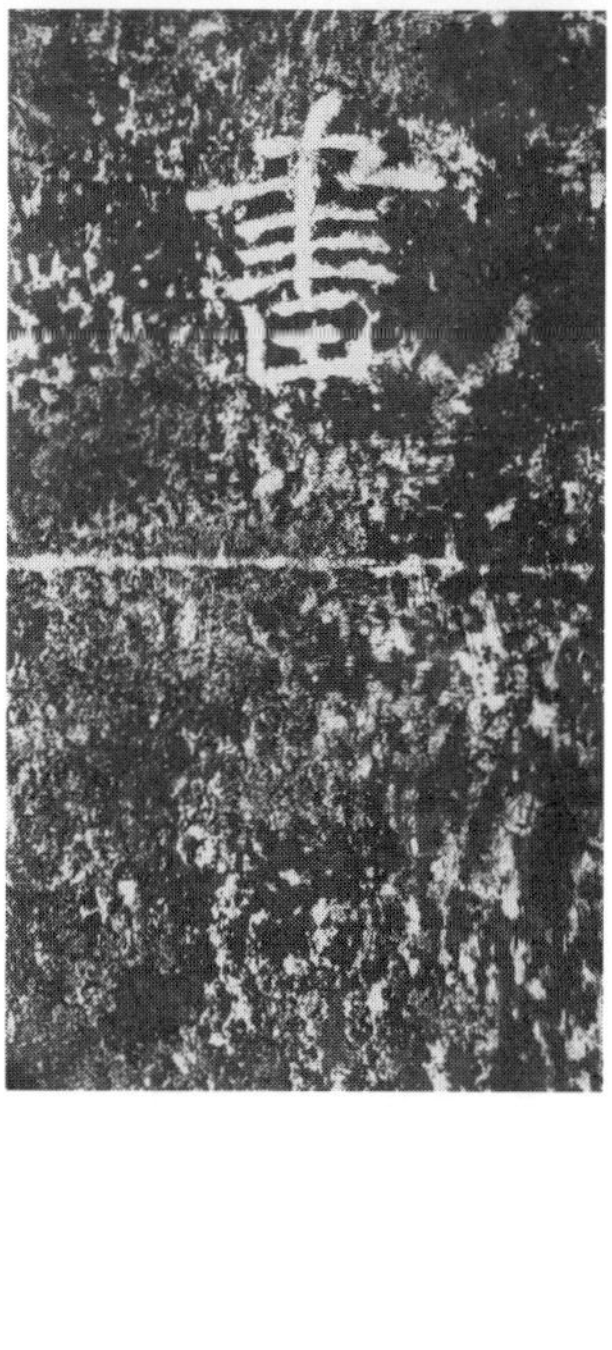
書

原拓「紀泰山銘」

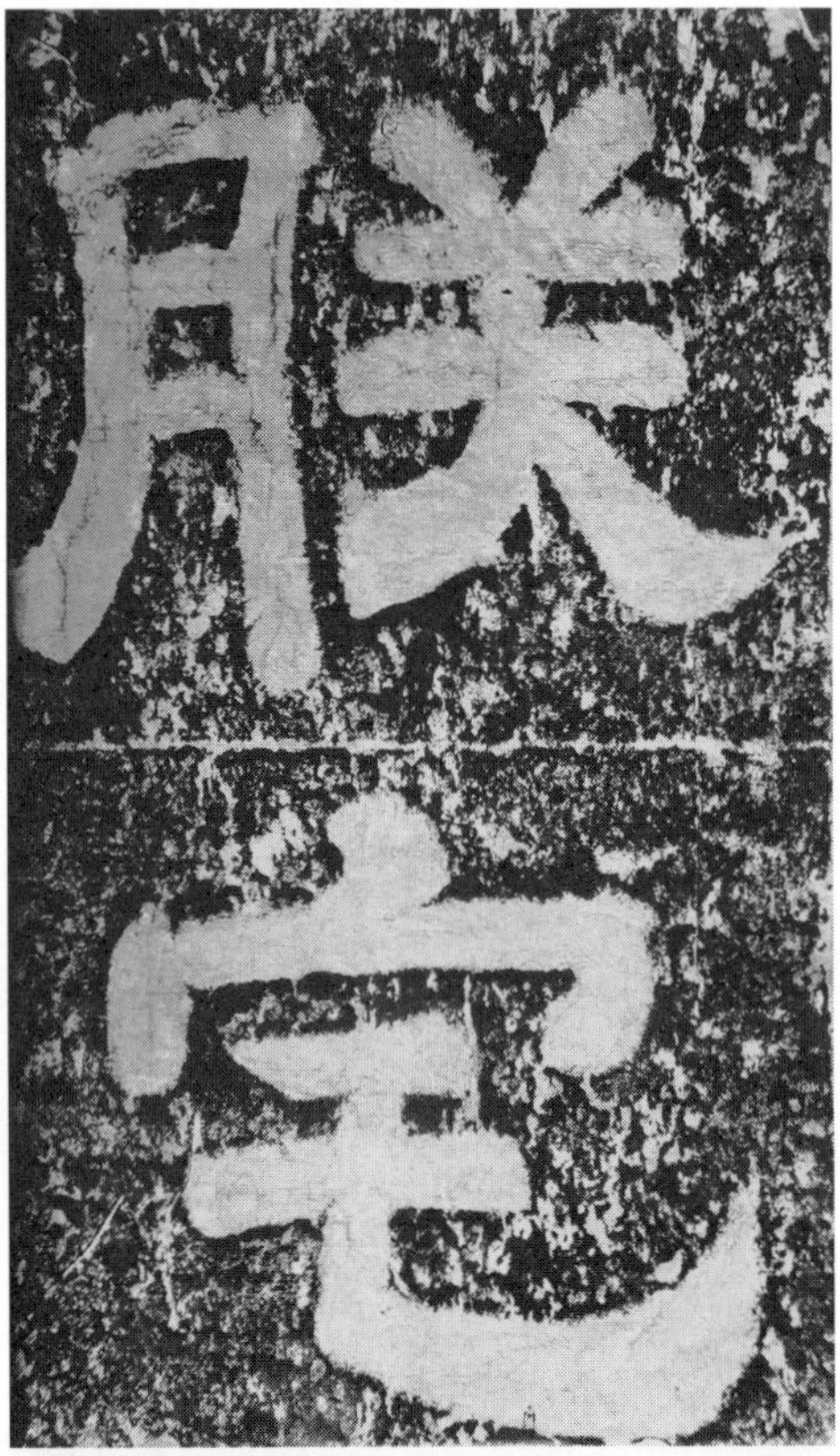

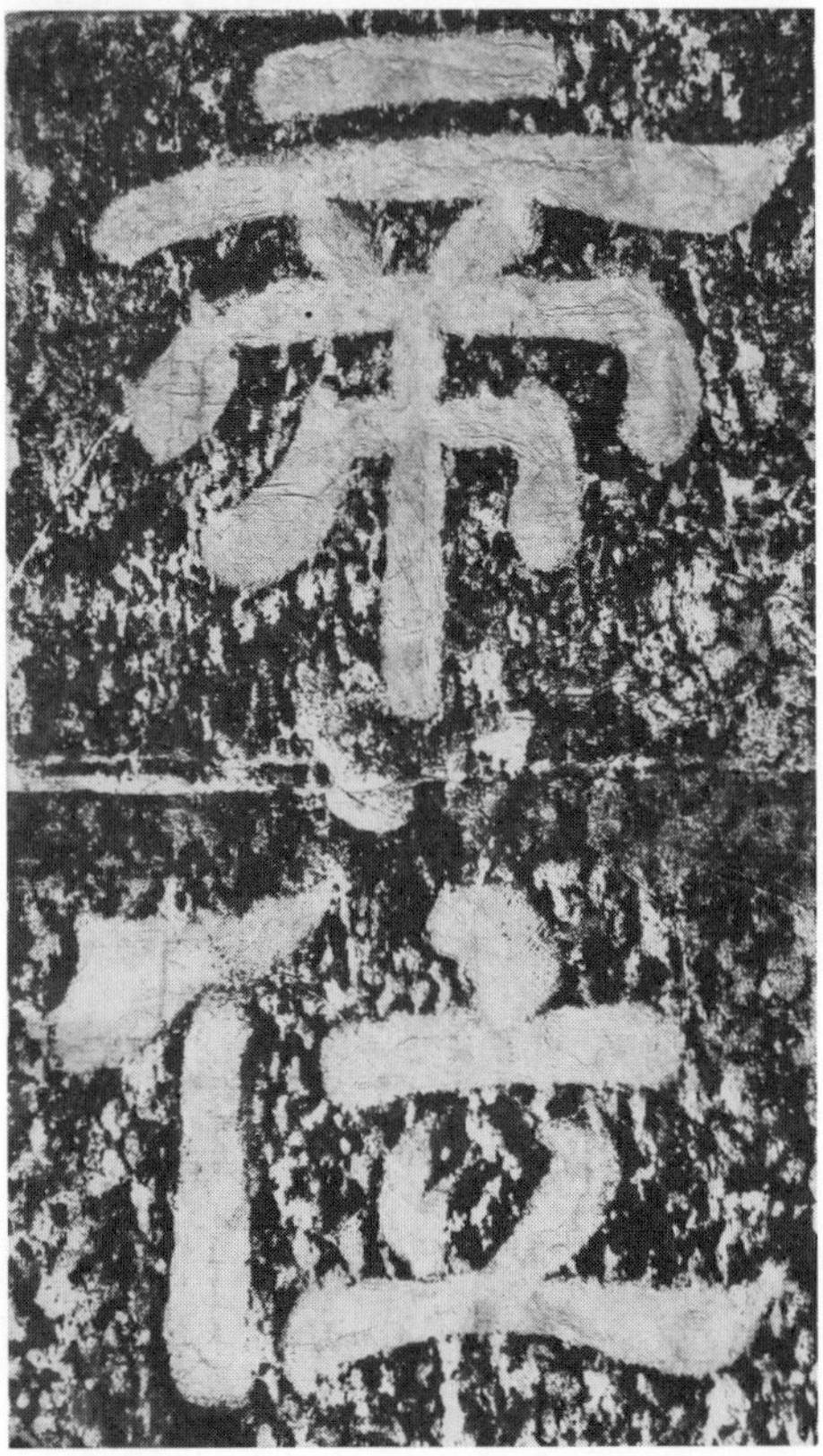

顧惟

不德

懵于

至道

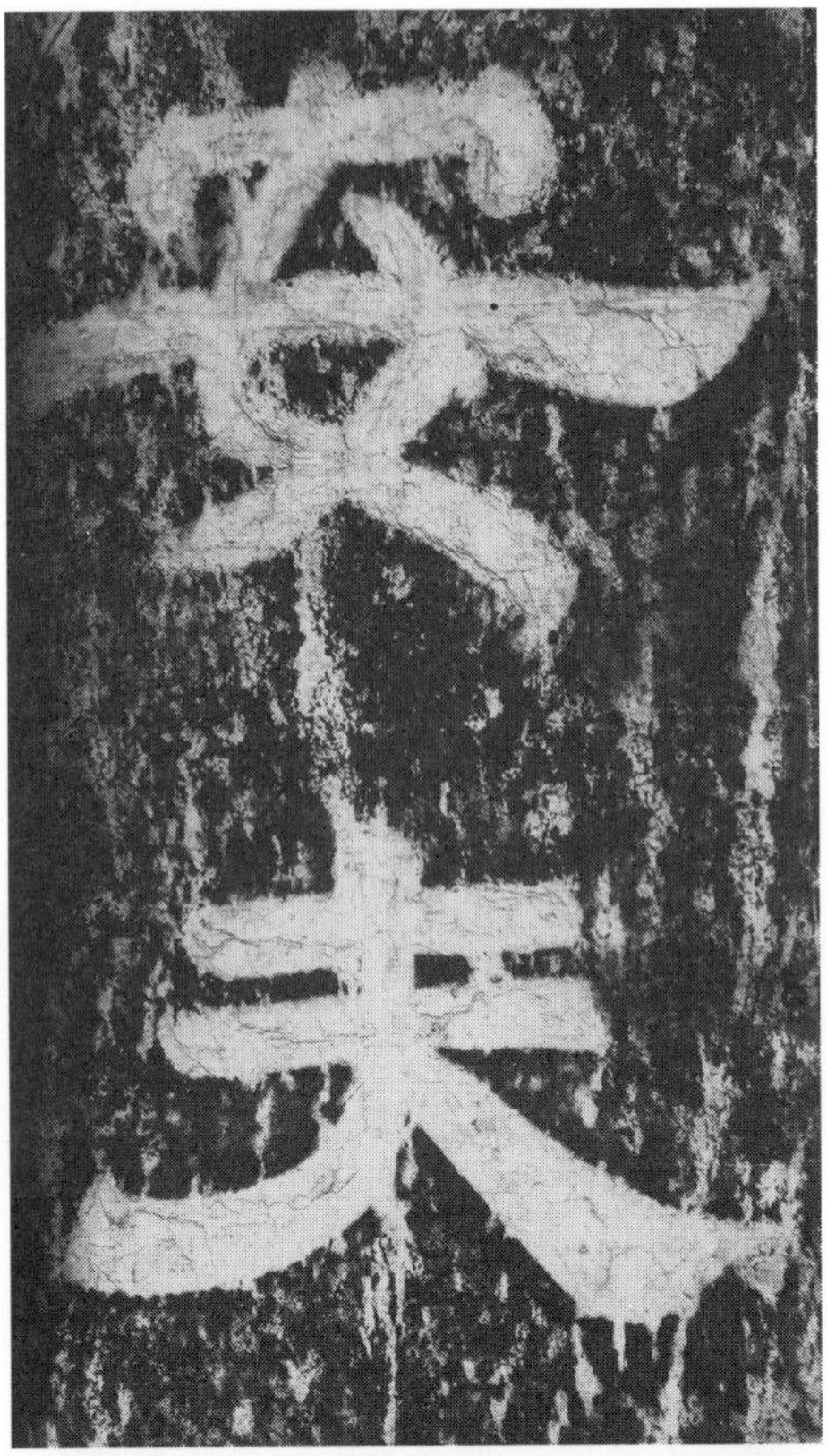

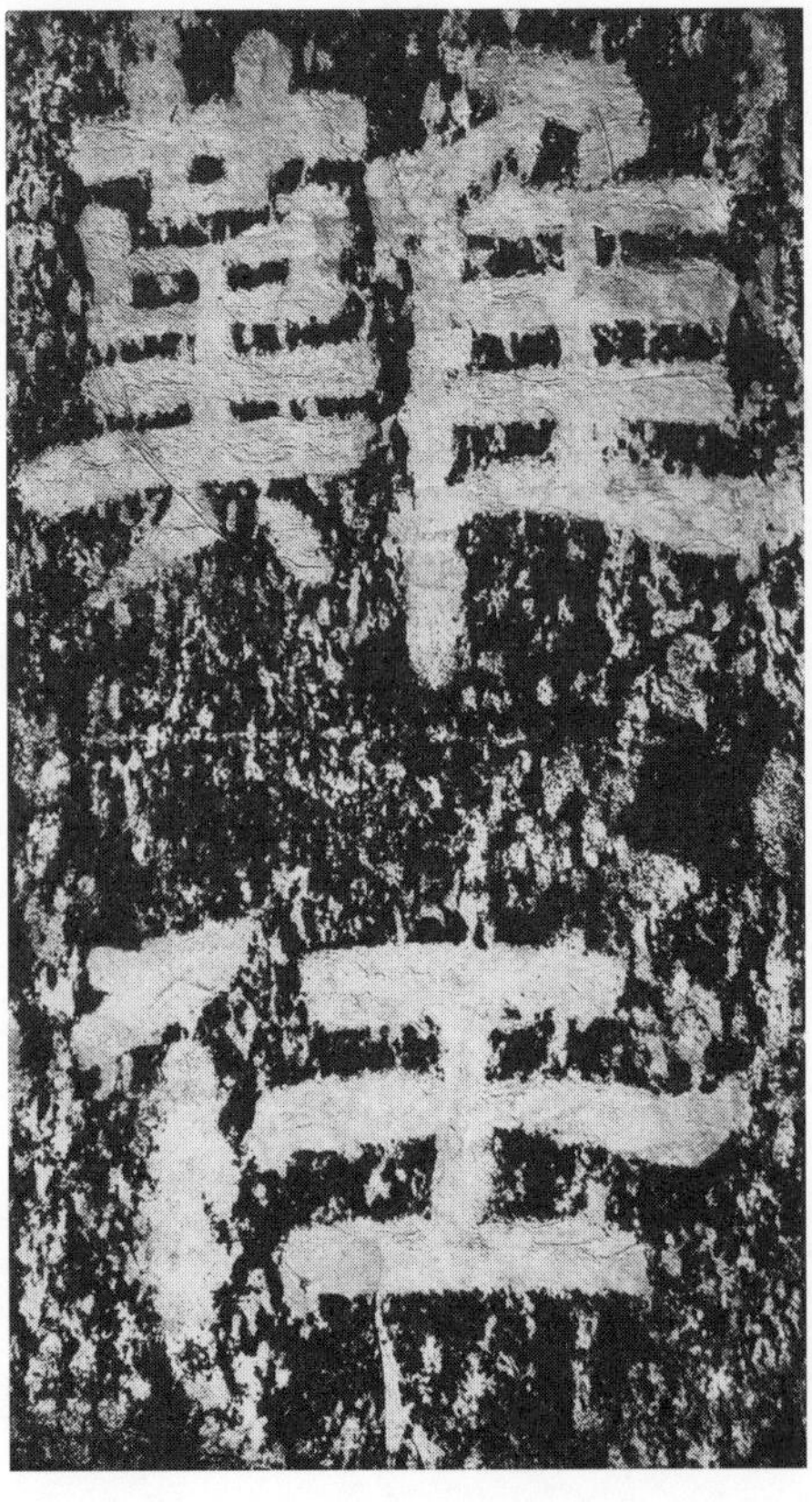

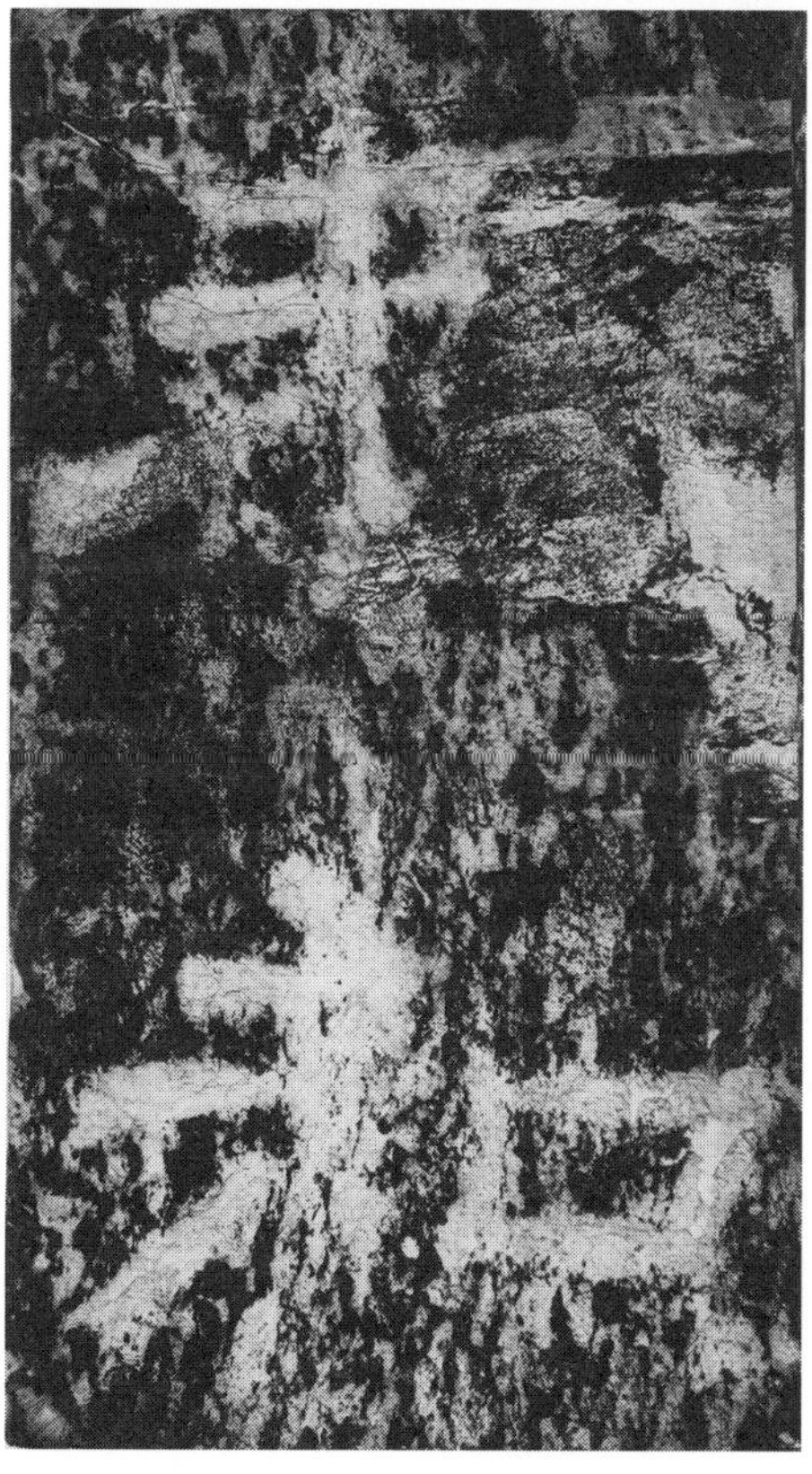

原拓「紀泰山銘」

上

大

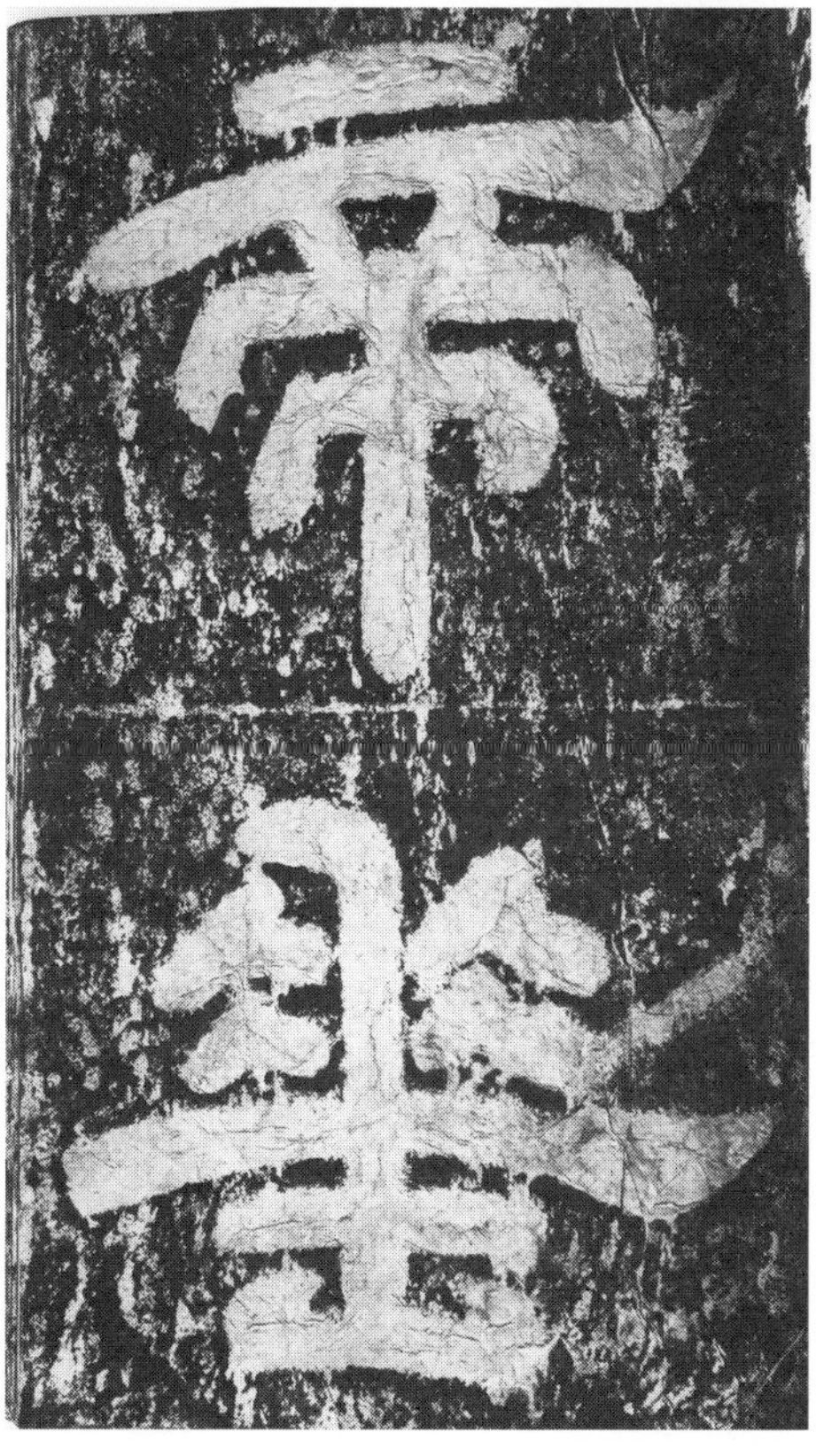
帝
聖

川

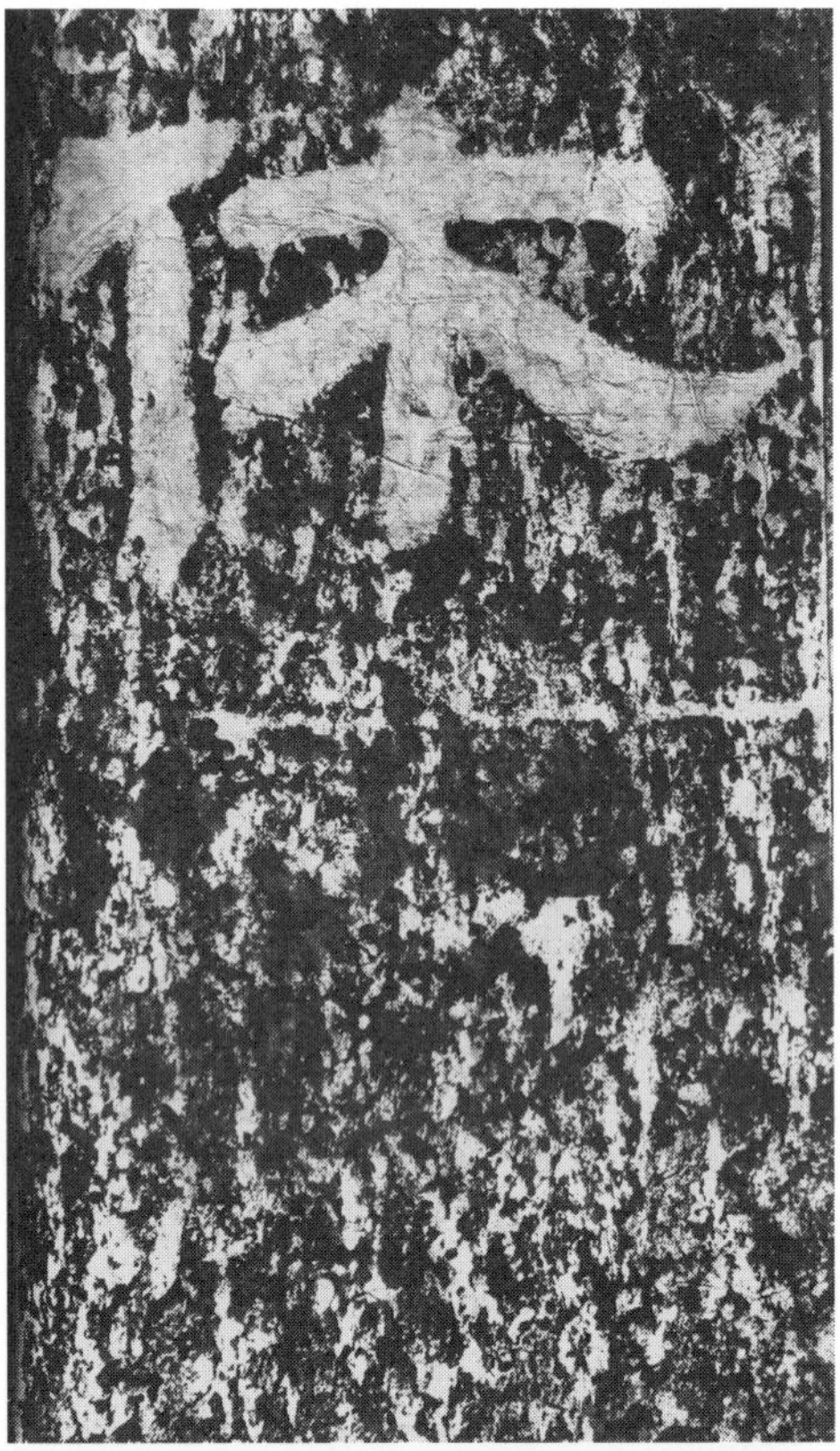

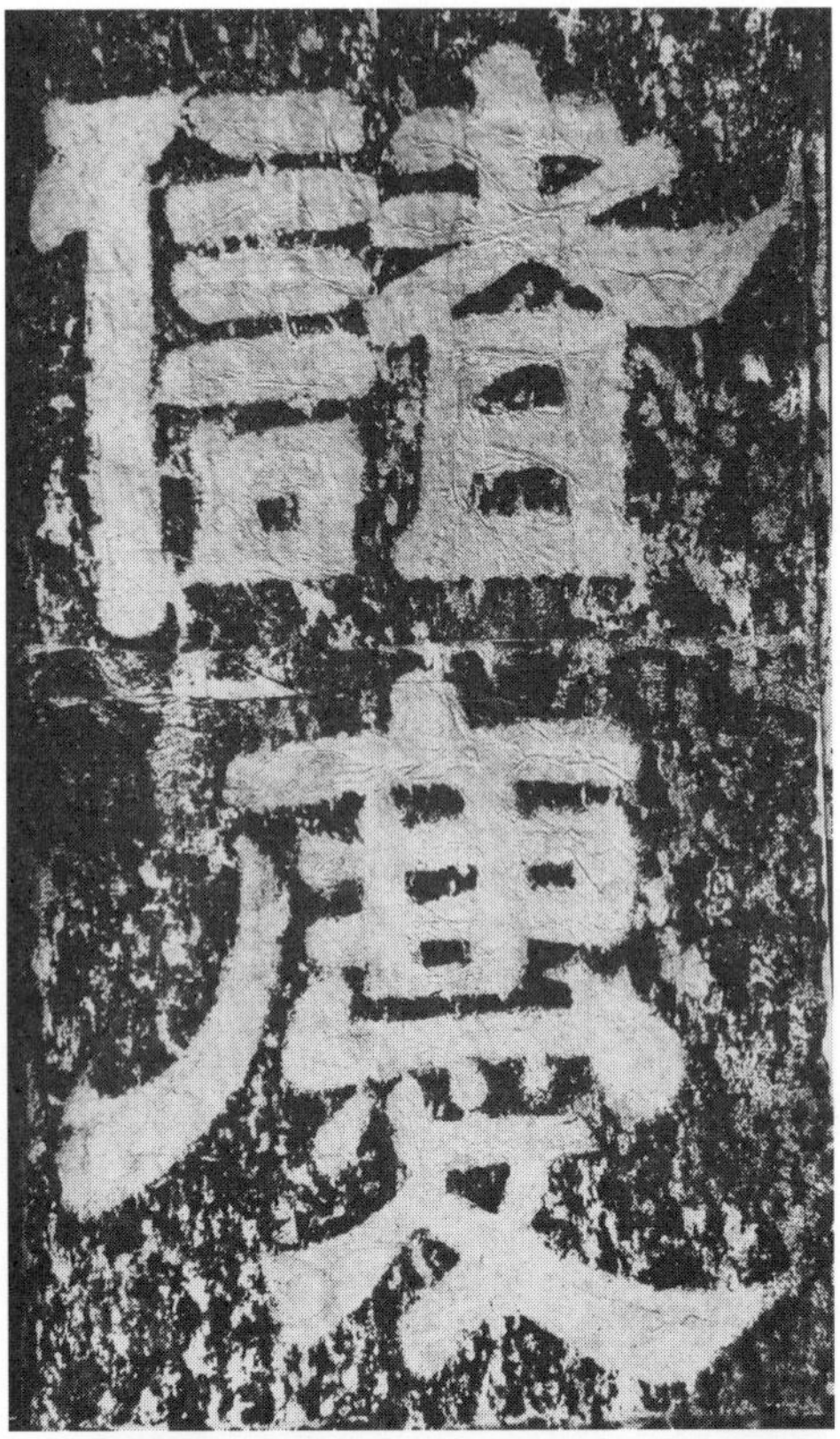

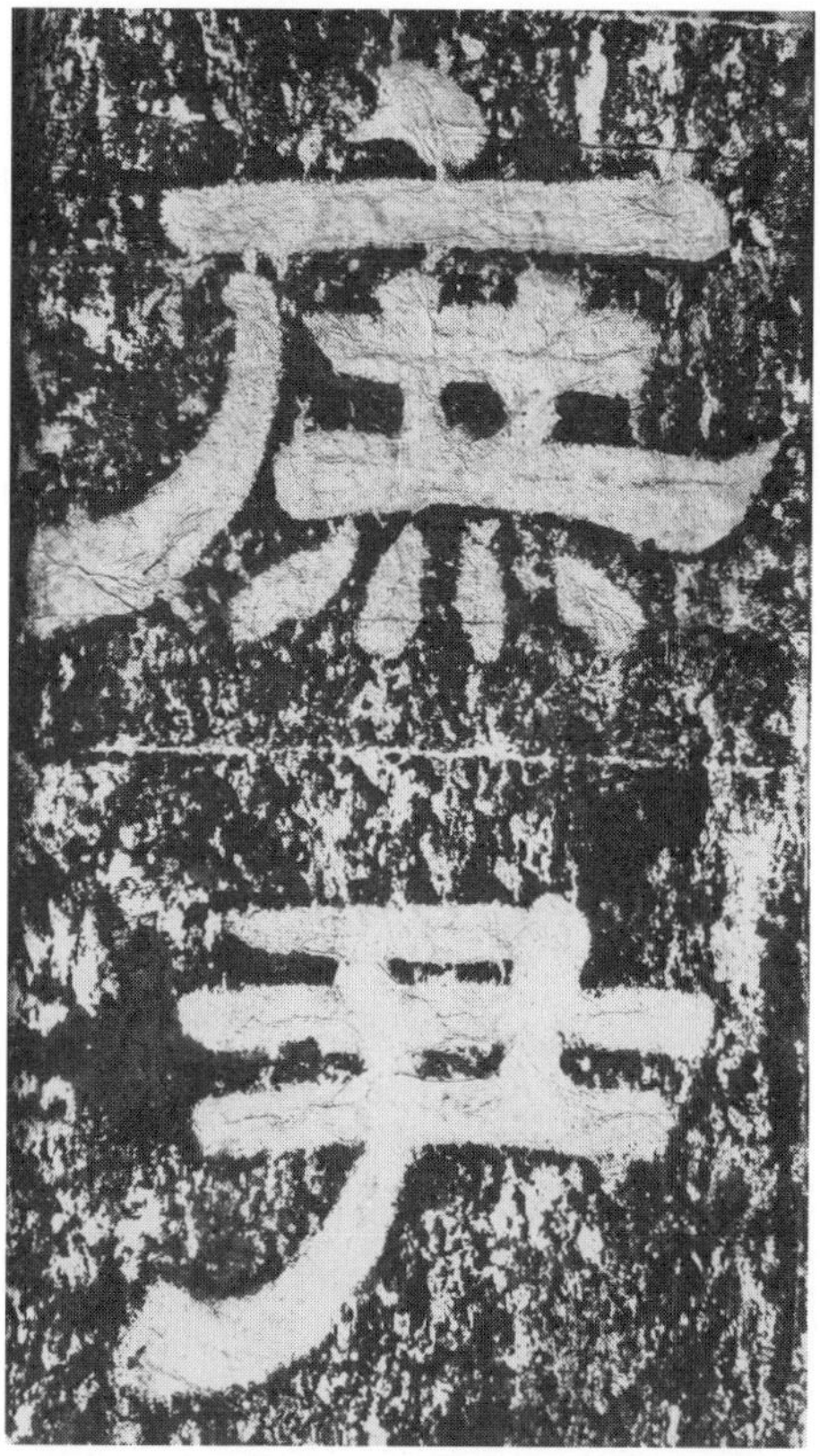

原拓「紀泰山銘」

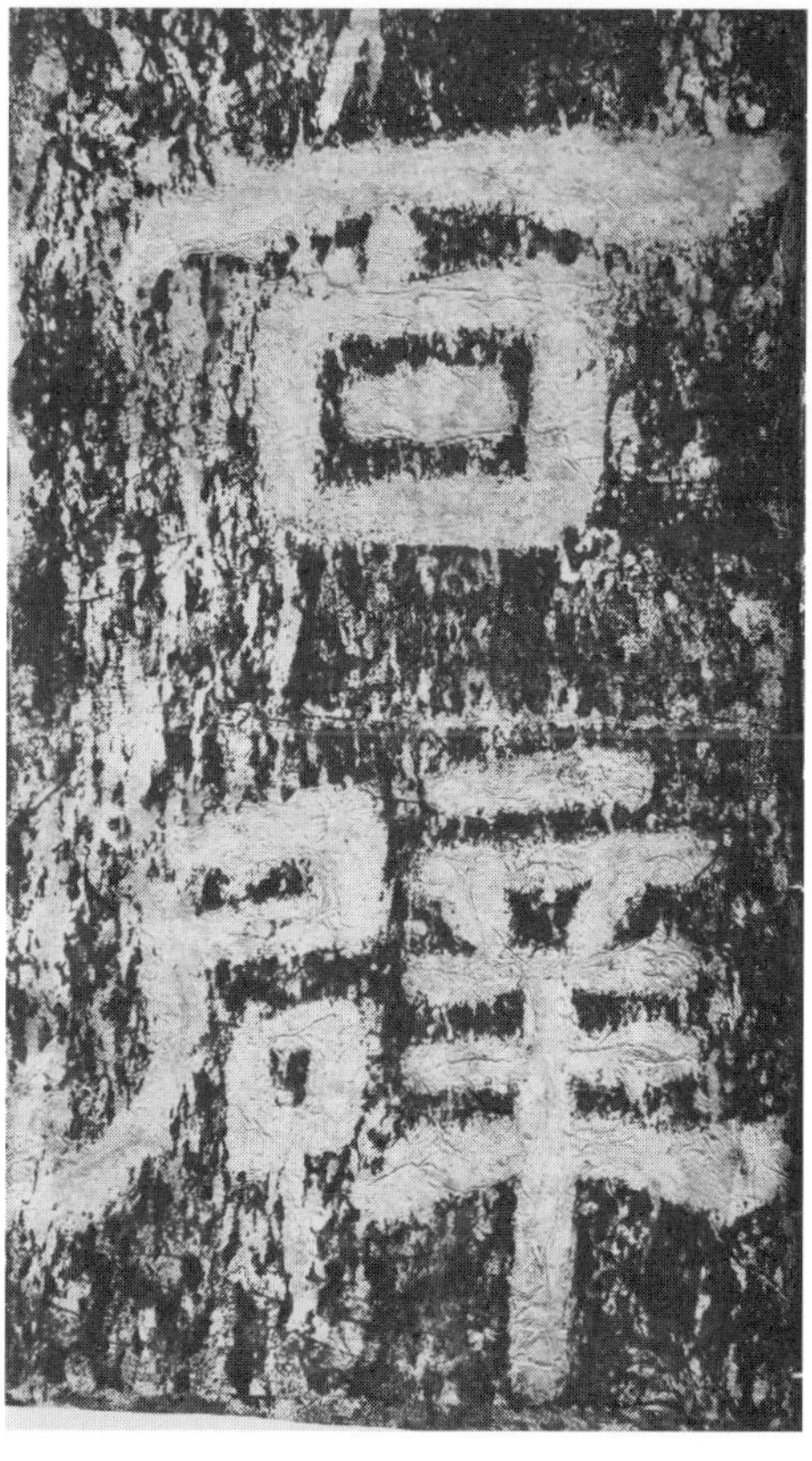

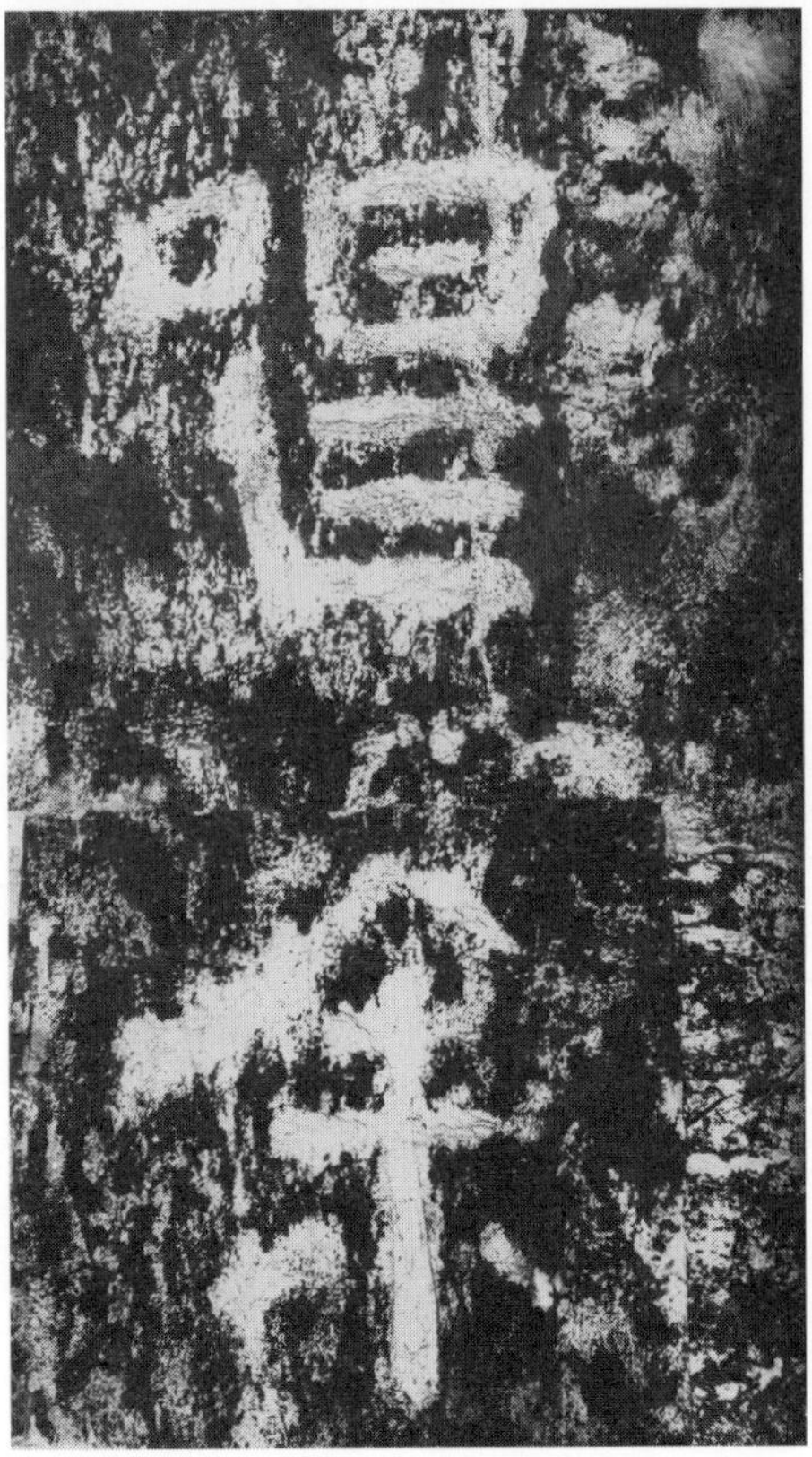

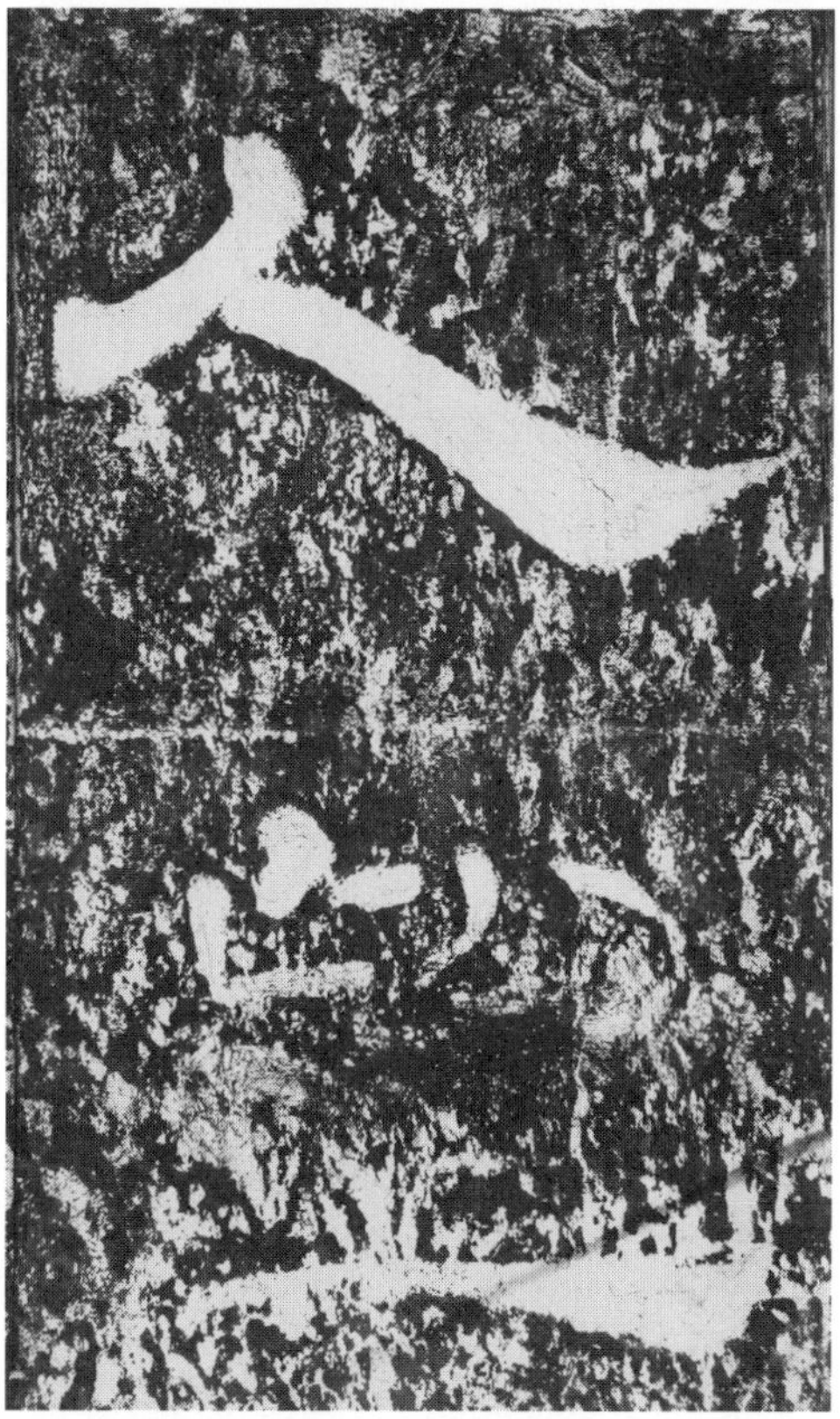

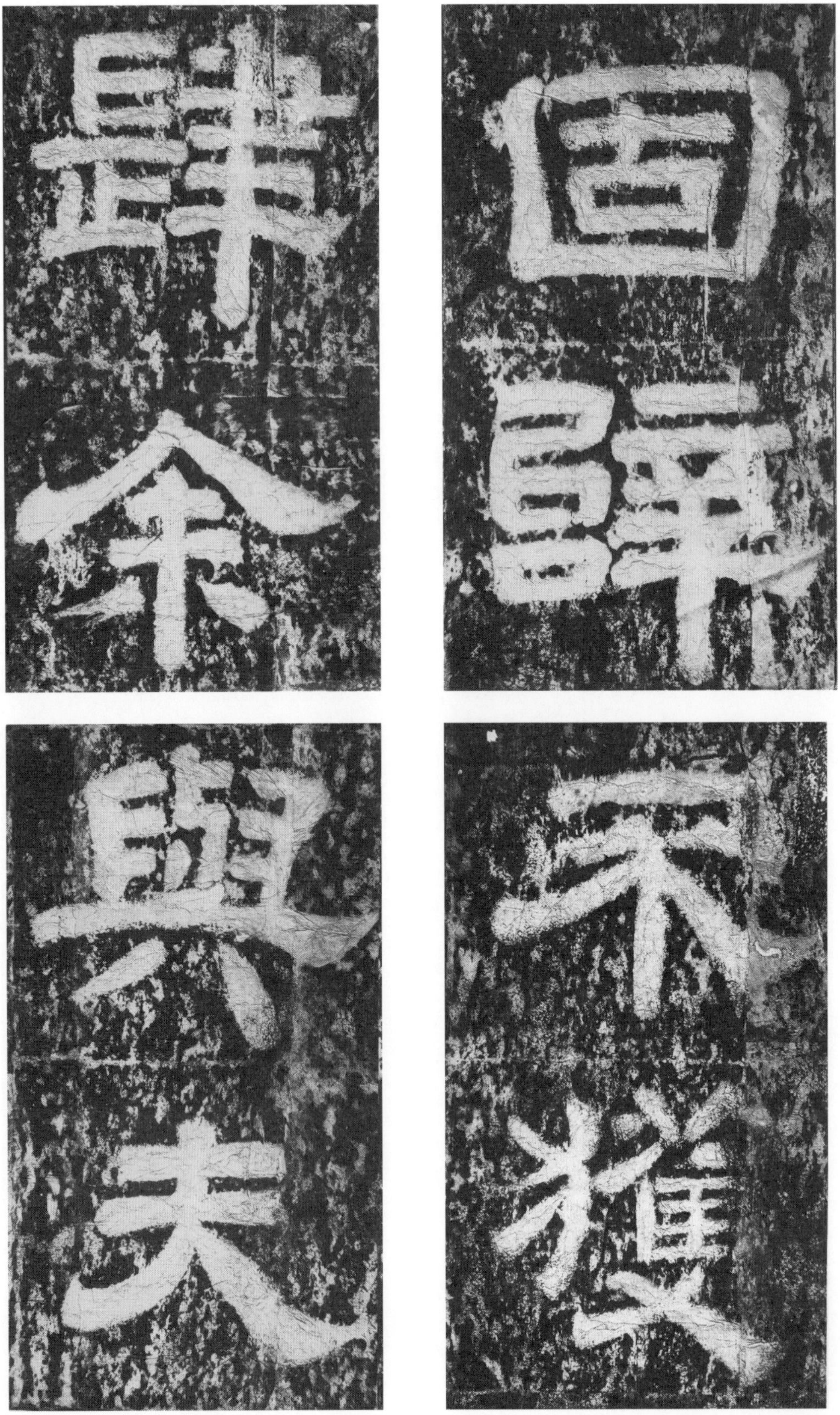

原拓「紀泰山銘」

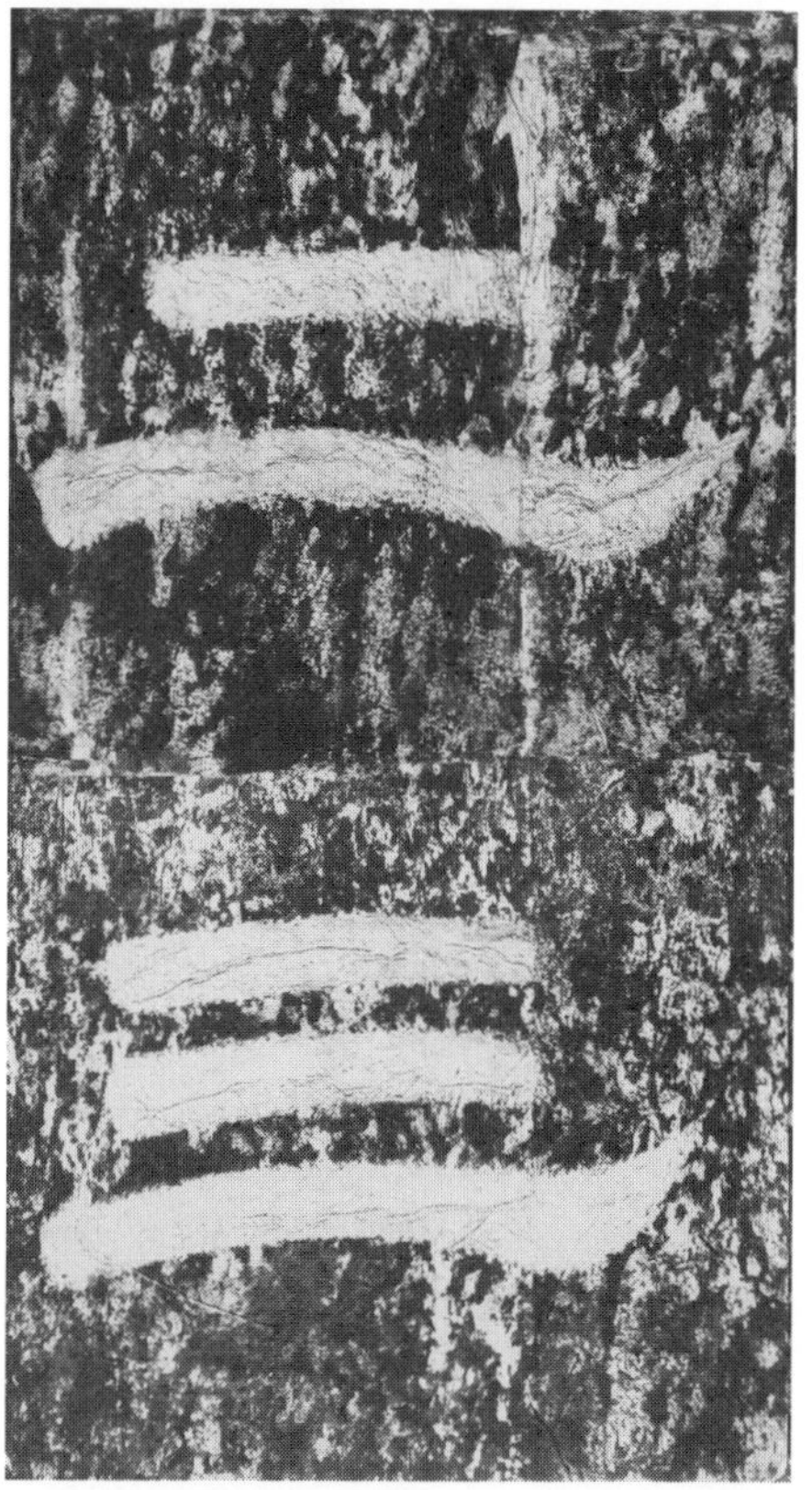
上
三

皇
稽

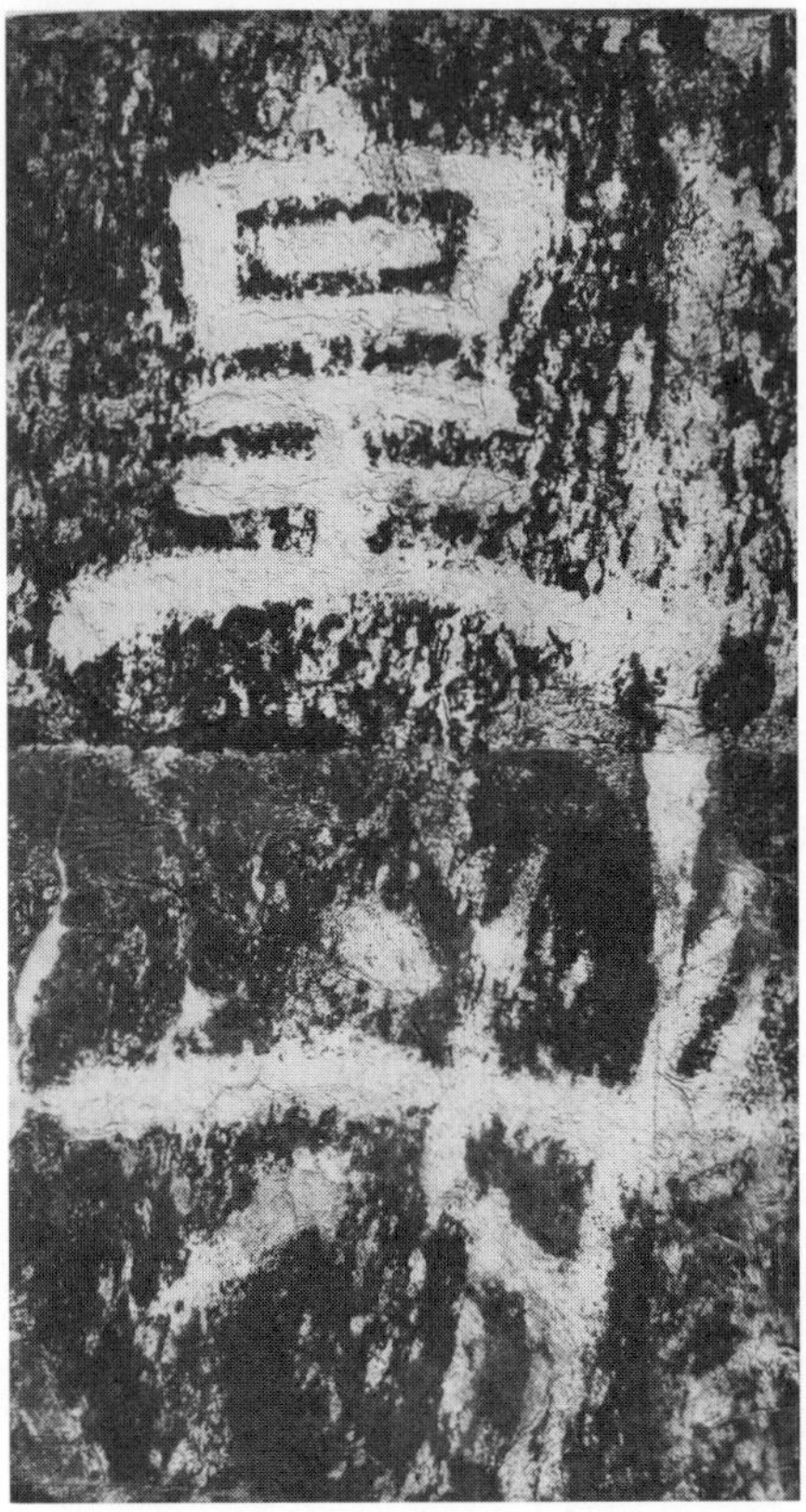

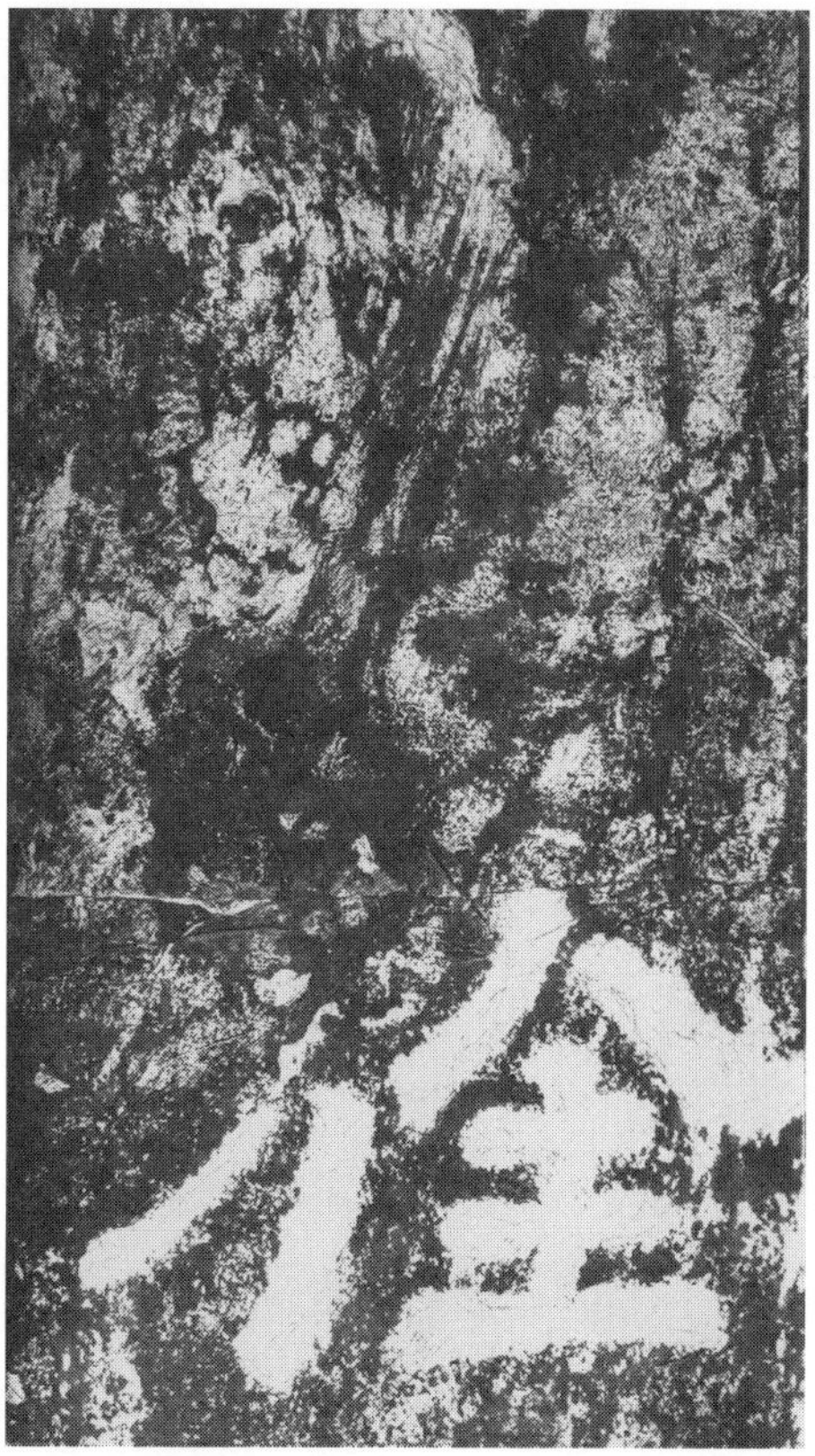

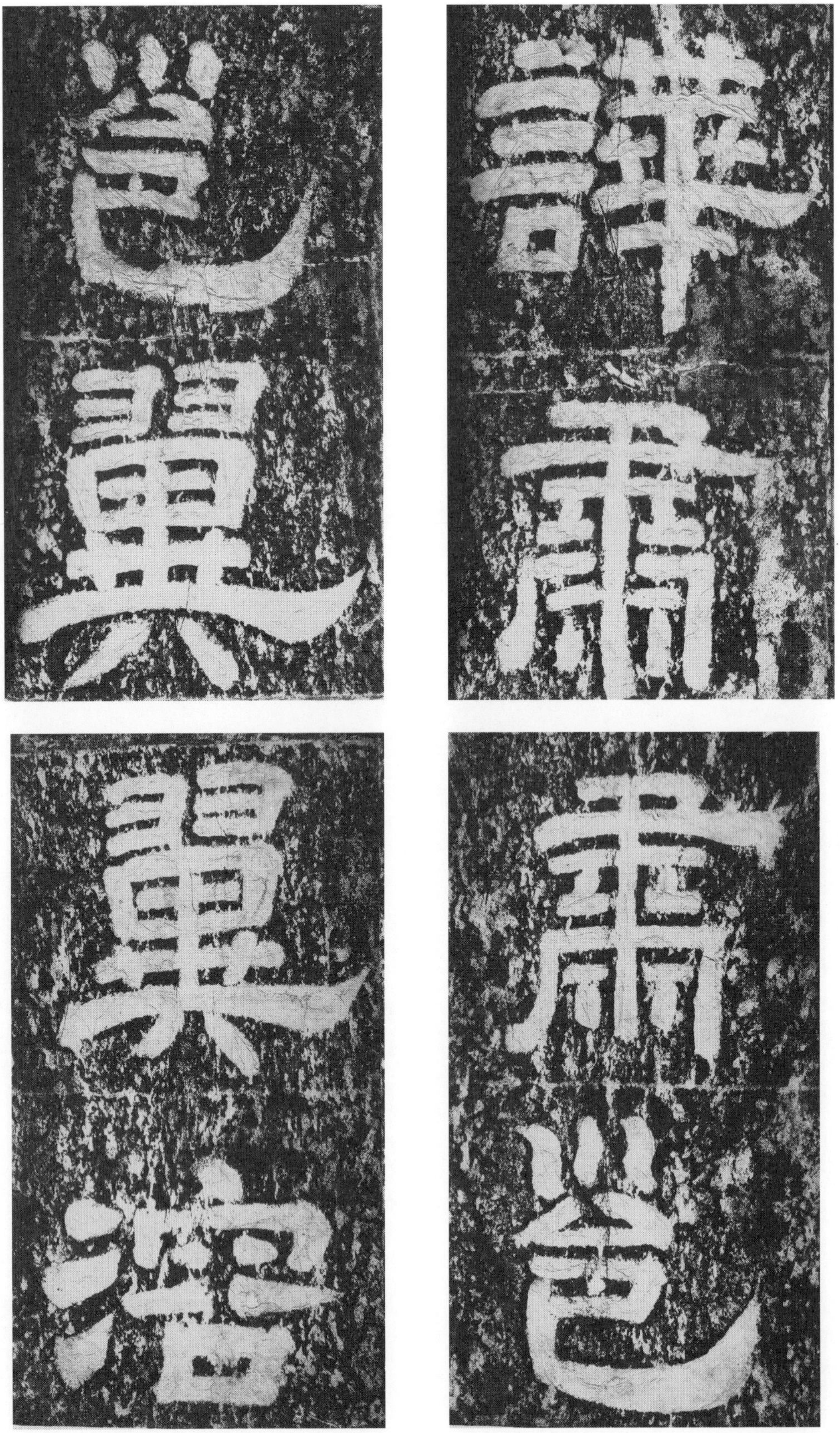

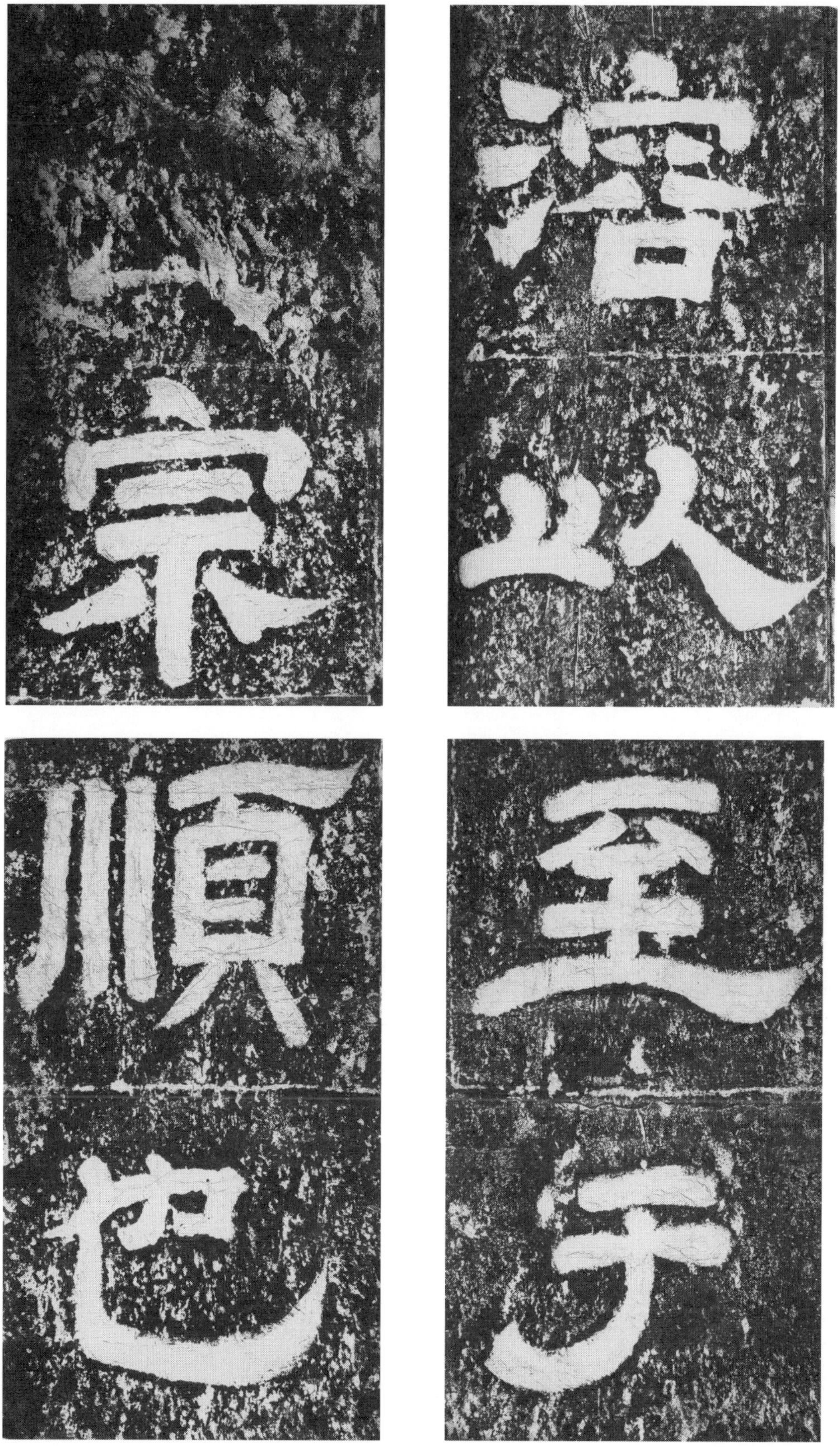

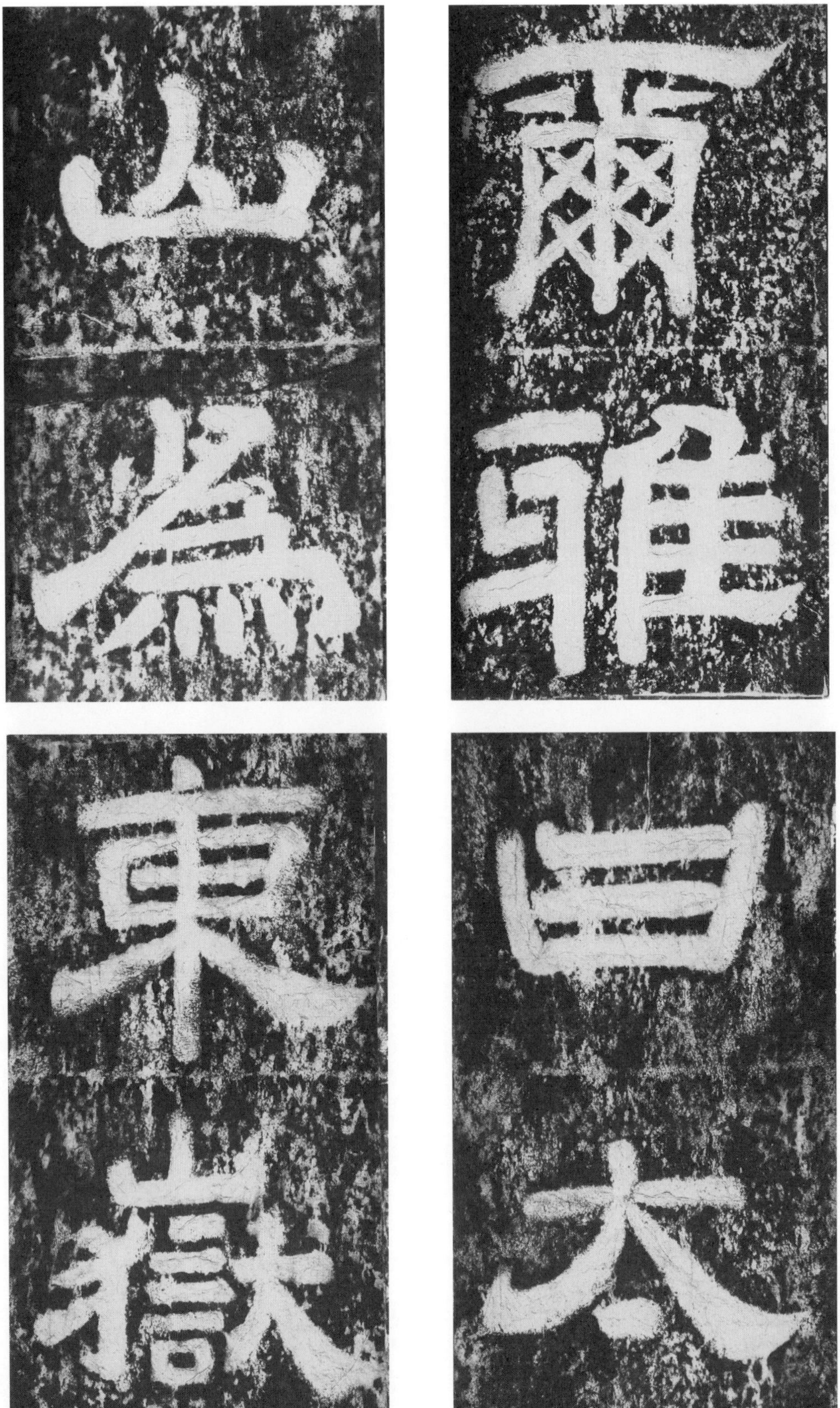

原拓「紀泰山銘」

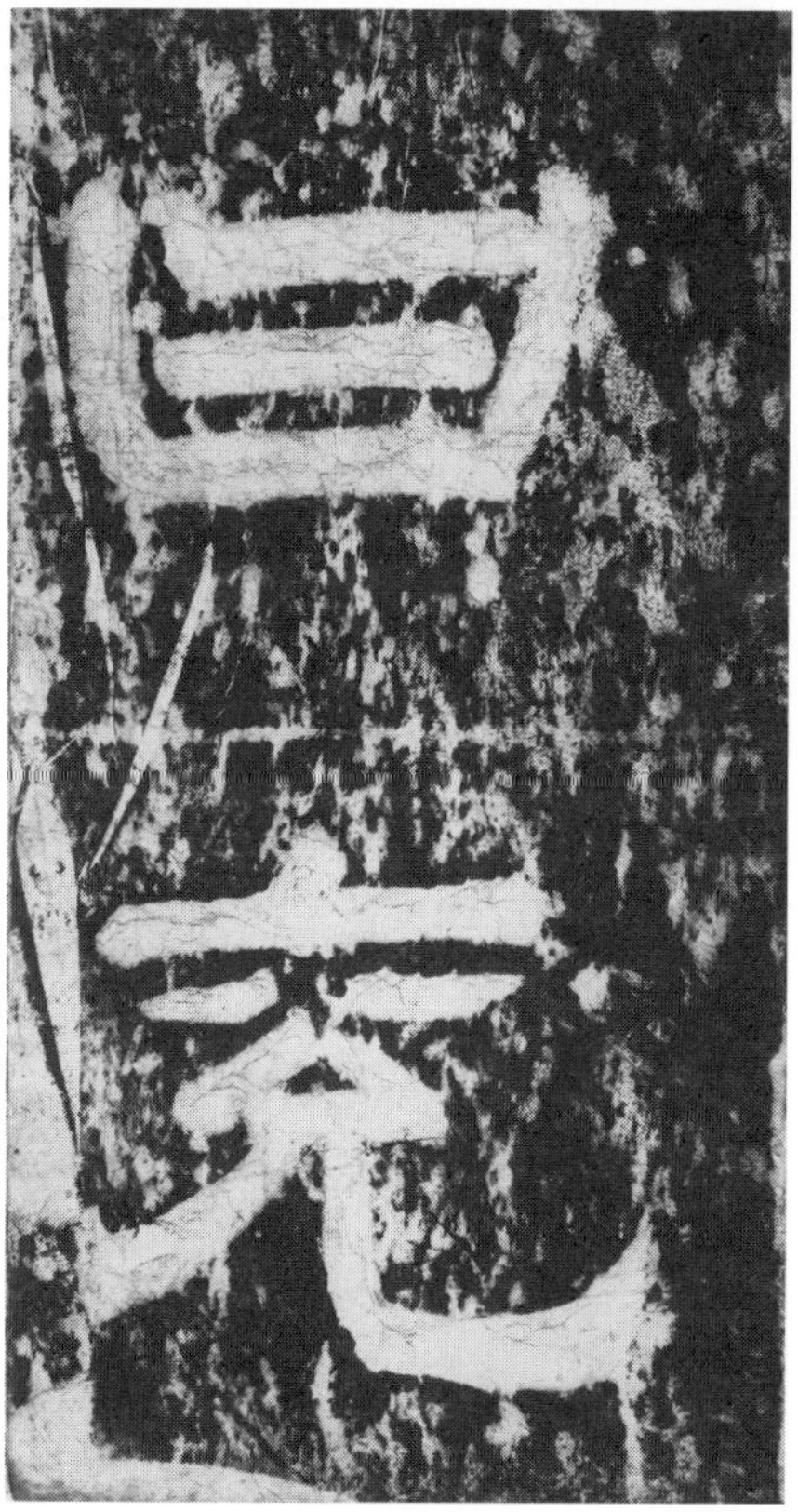

實惟

天帝

之孫

群靈

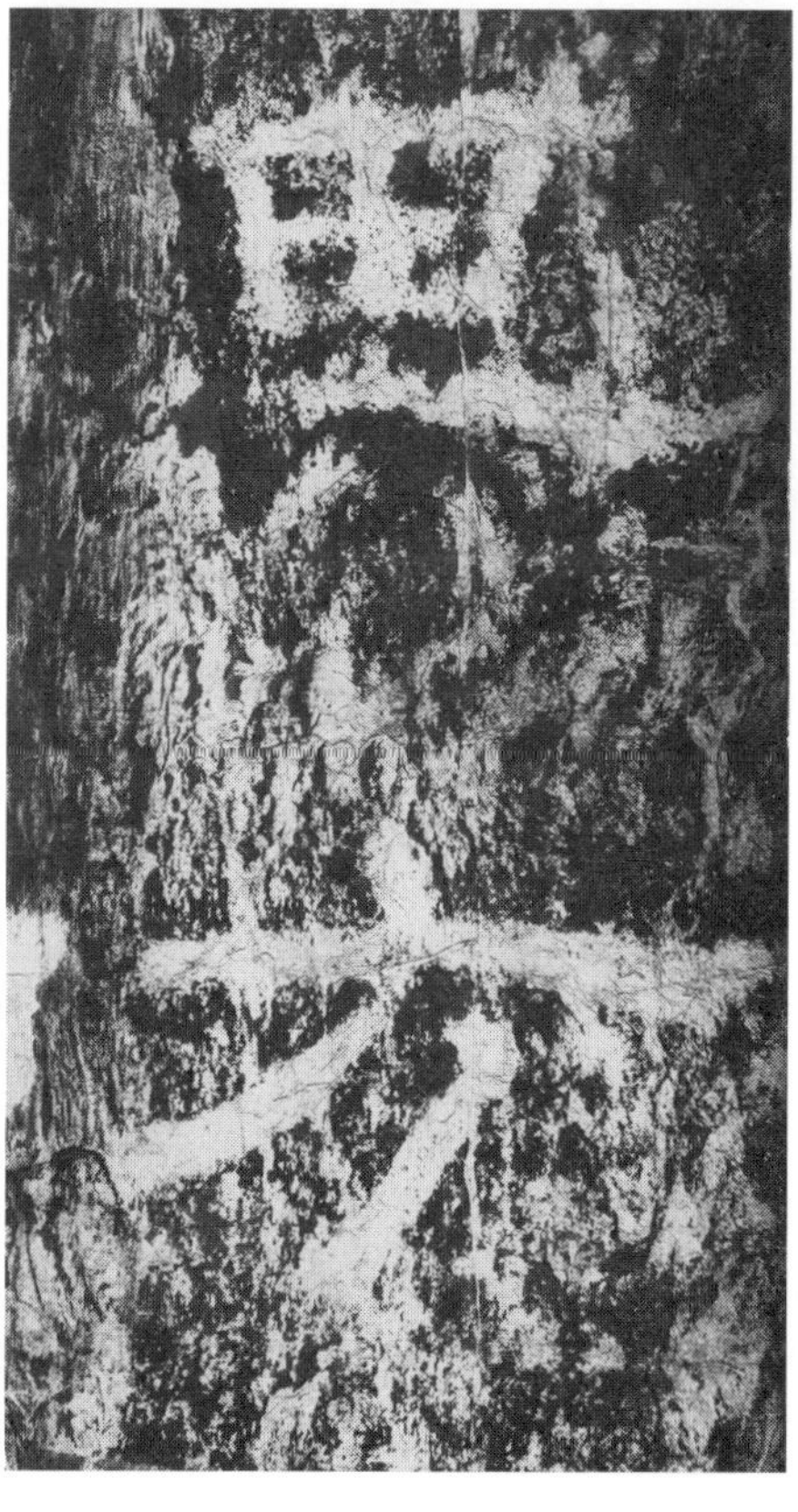

原拓「紀泰山銘」

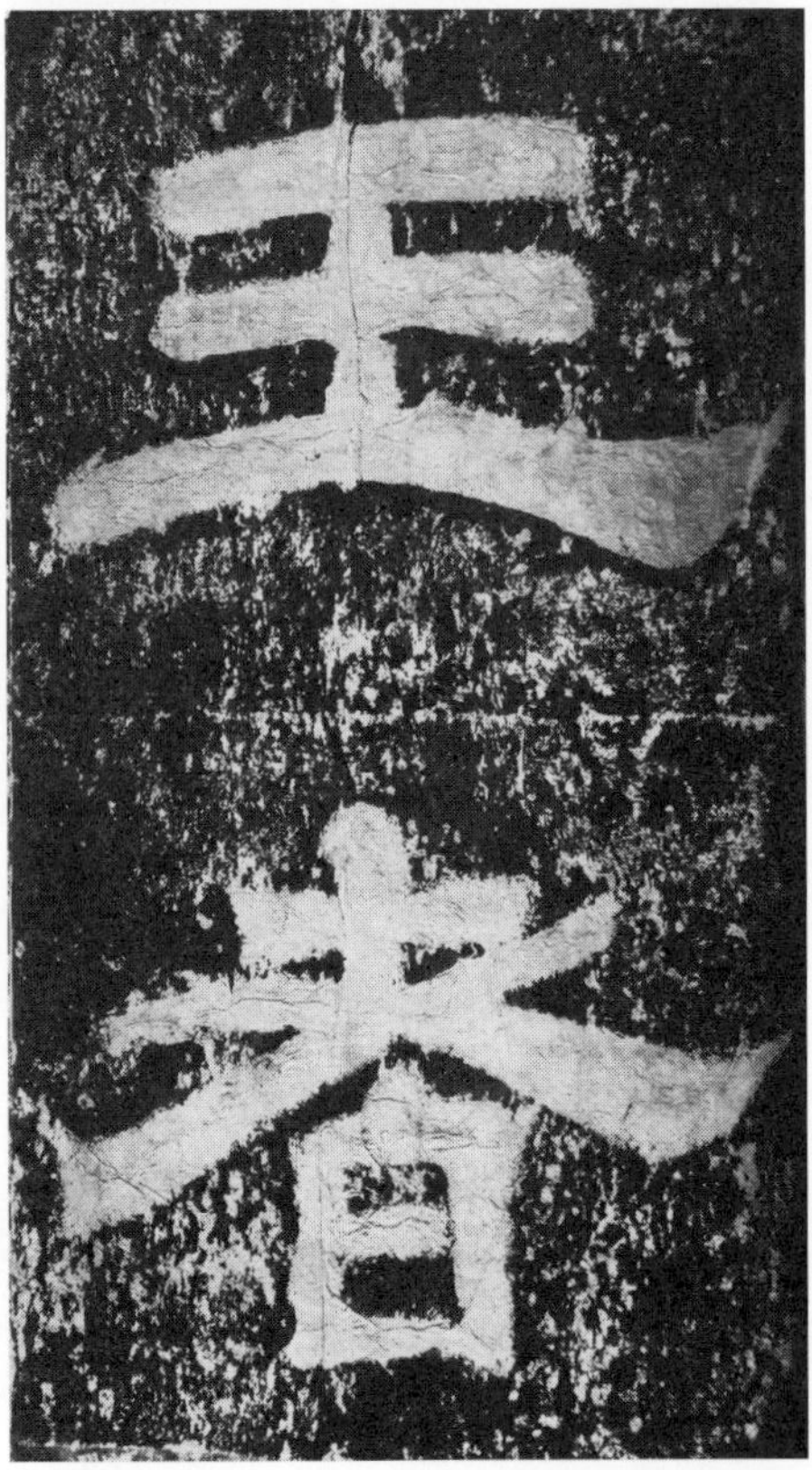

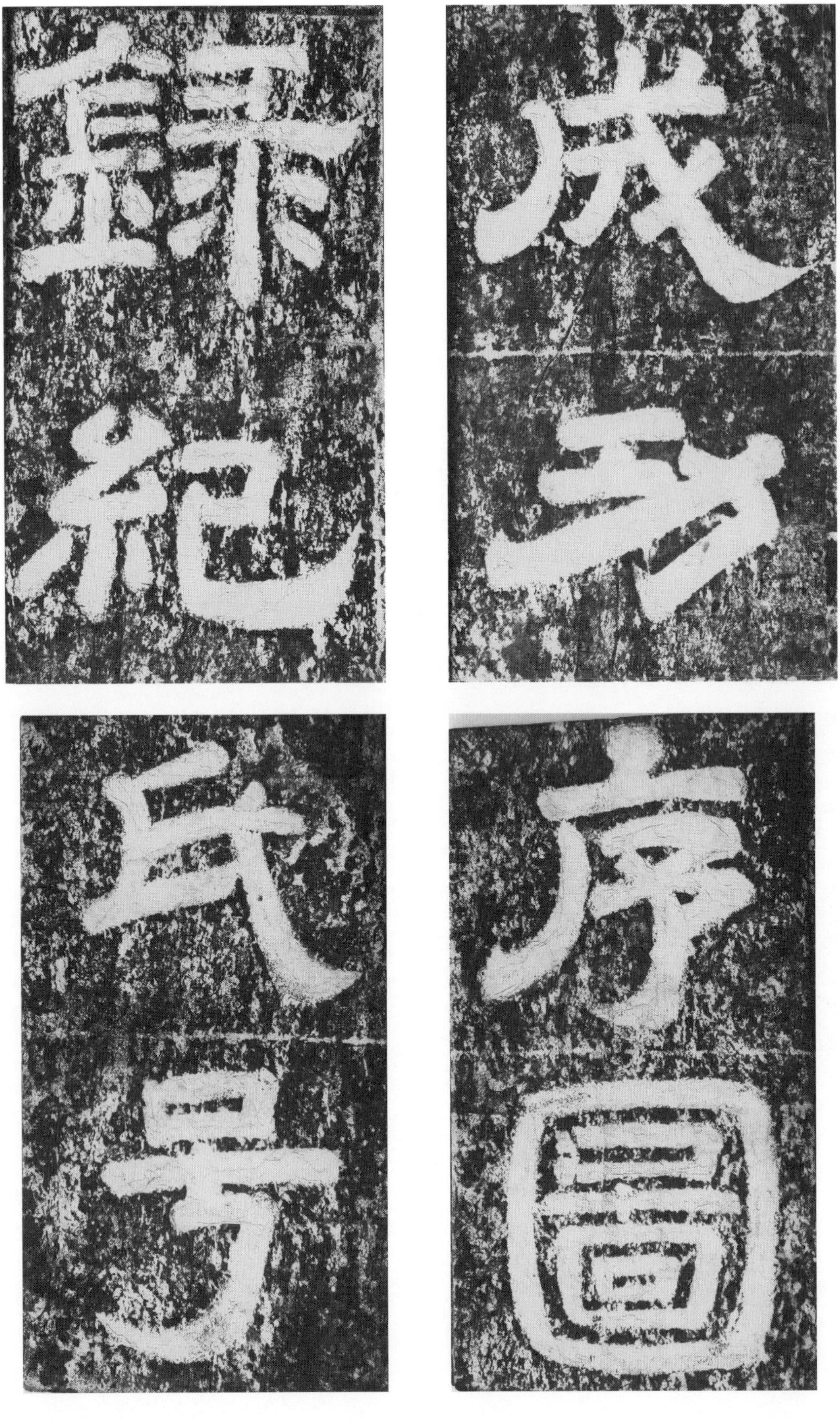

原拓「紀泰山銘」

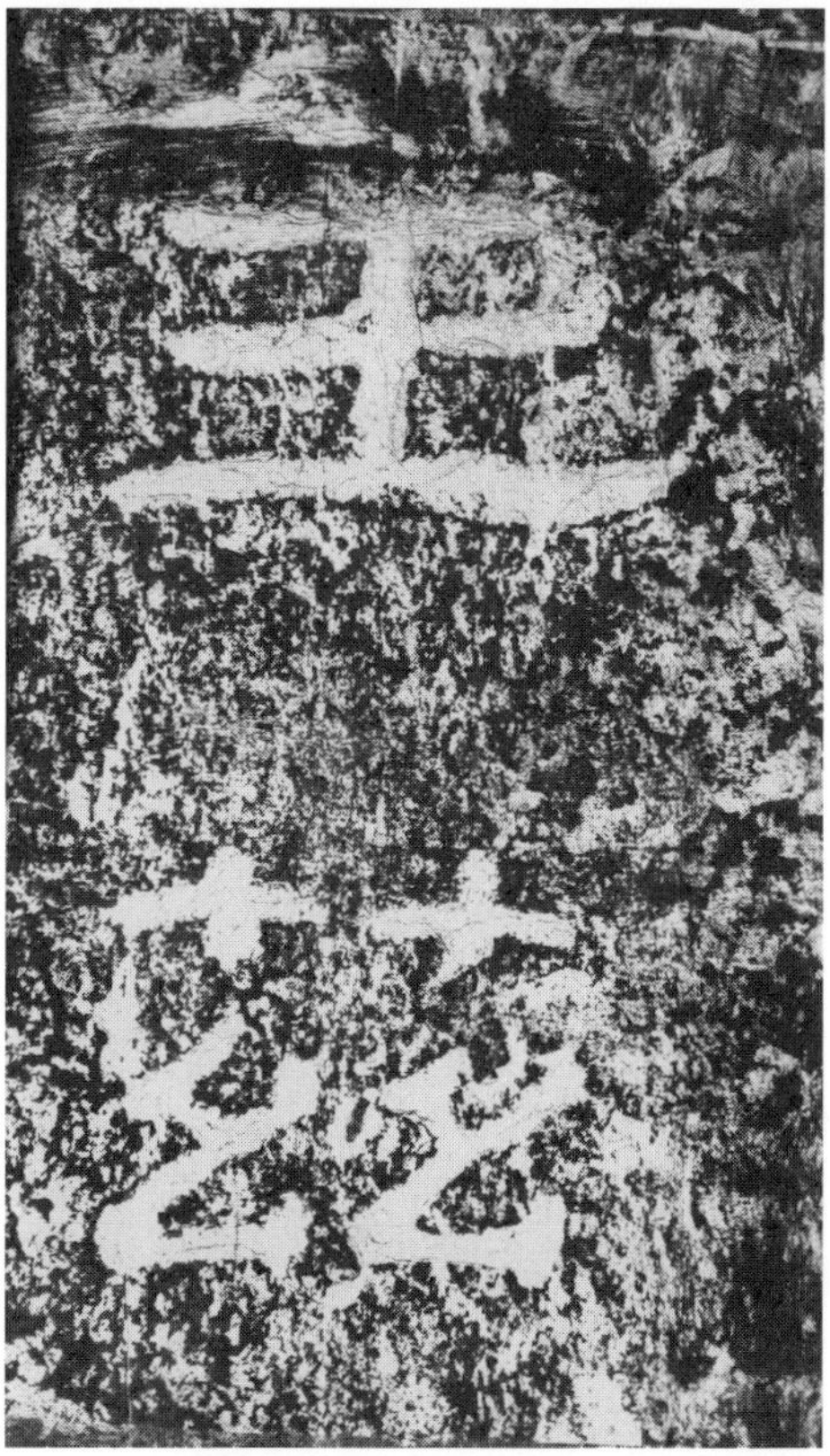

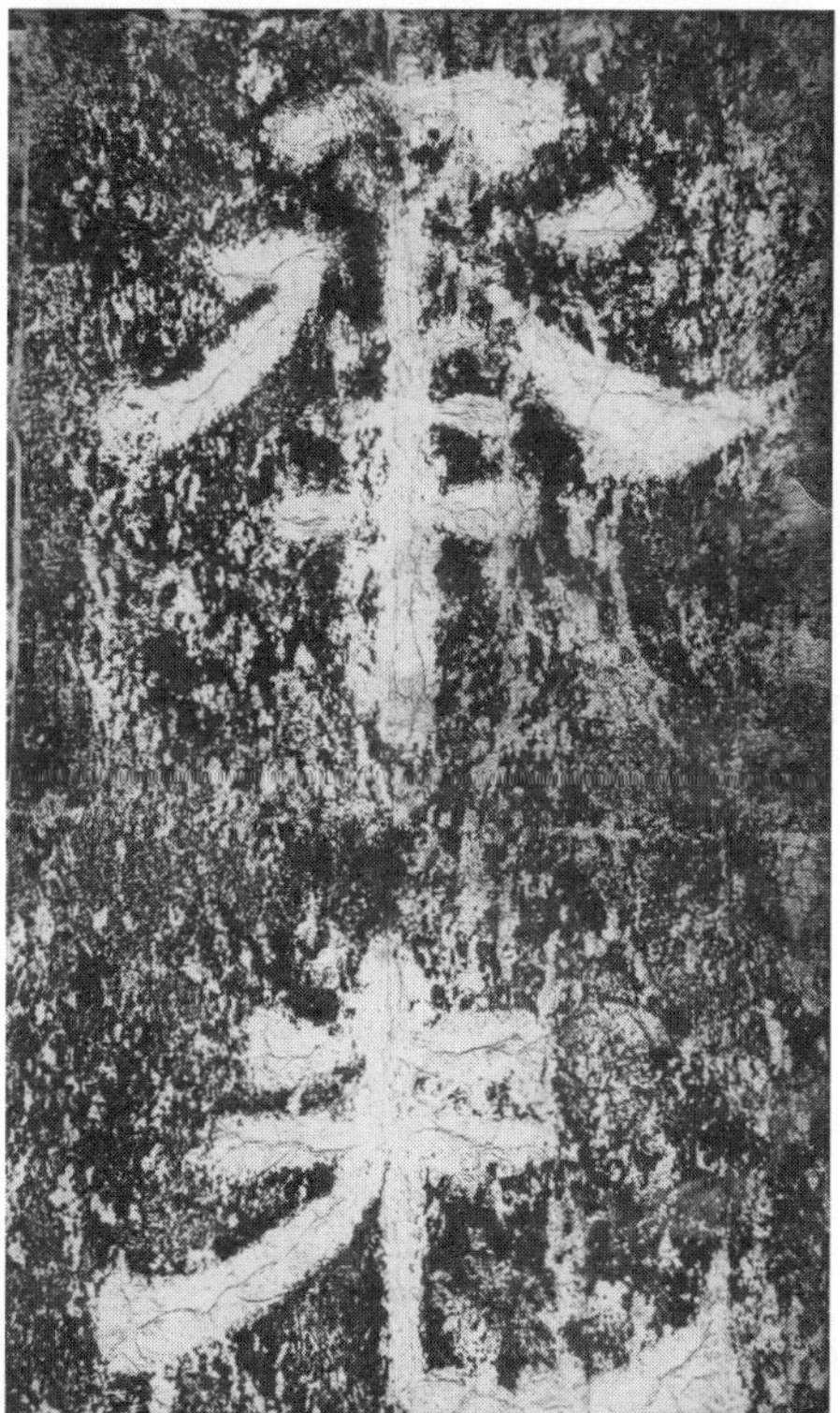

命
為

之
祈

蒼
生

福
並

原拓「紀泰山銘」

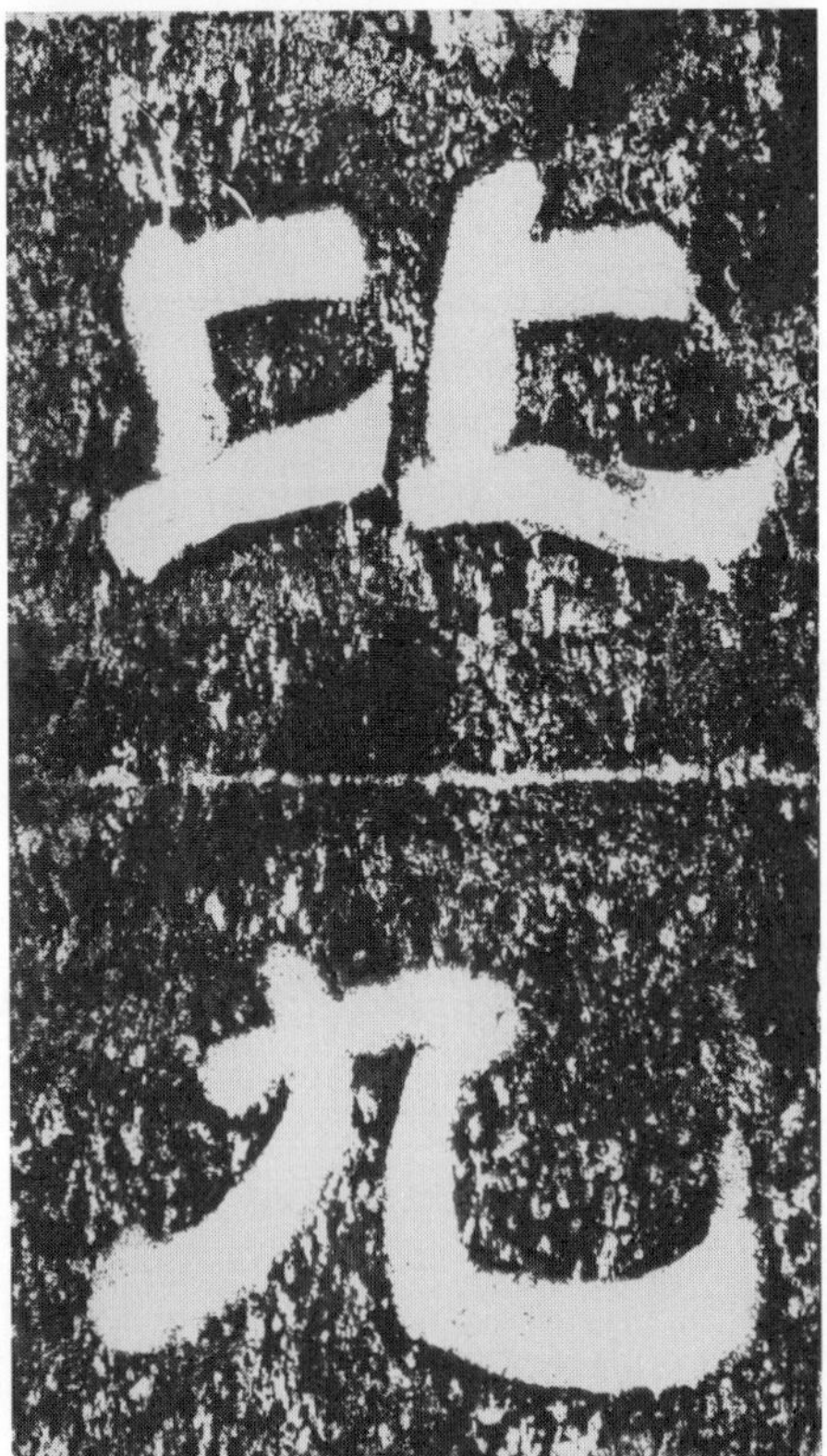

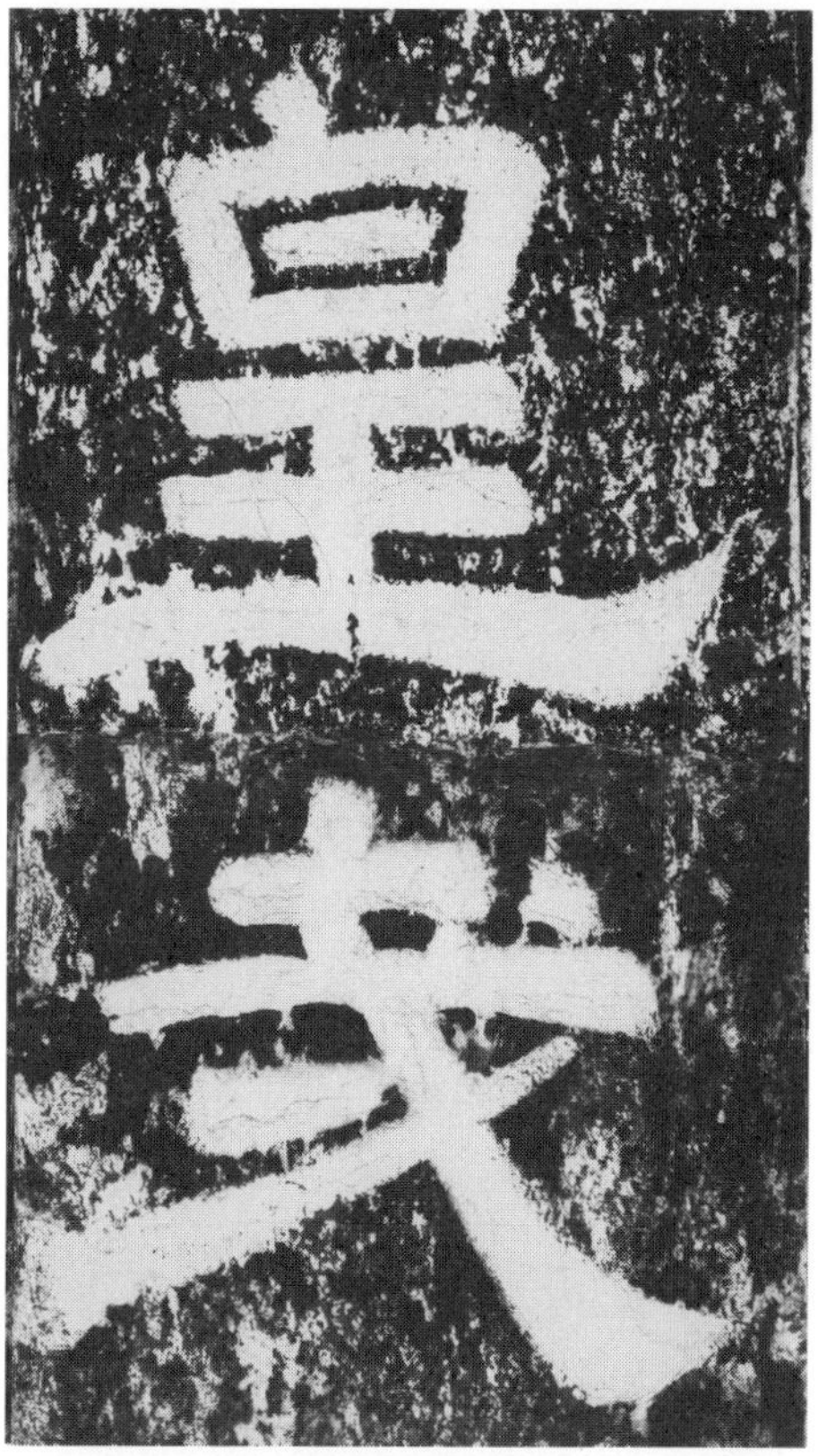

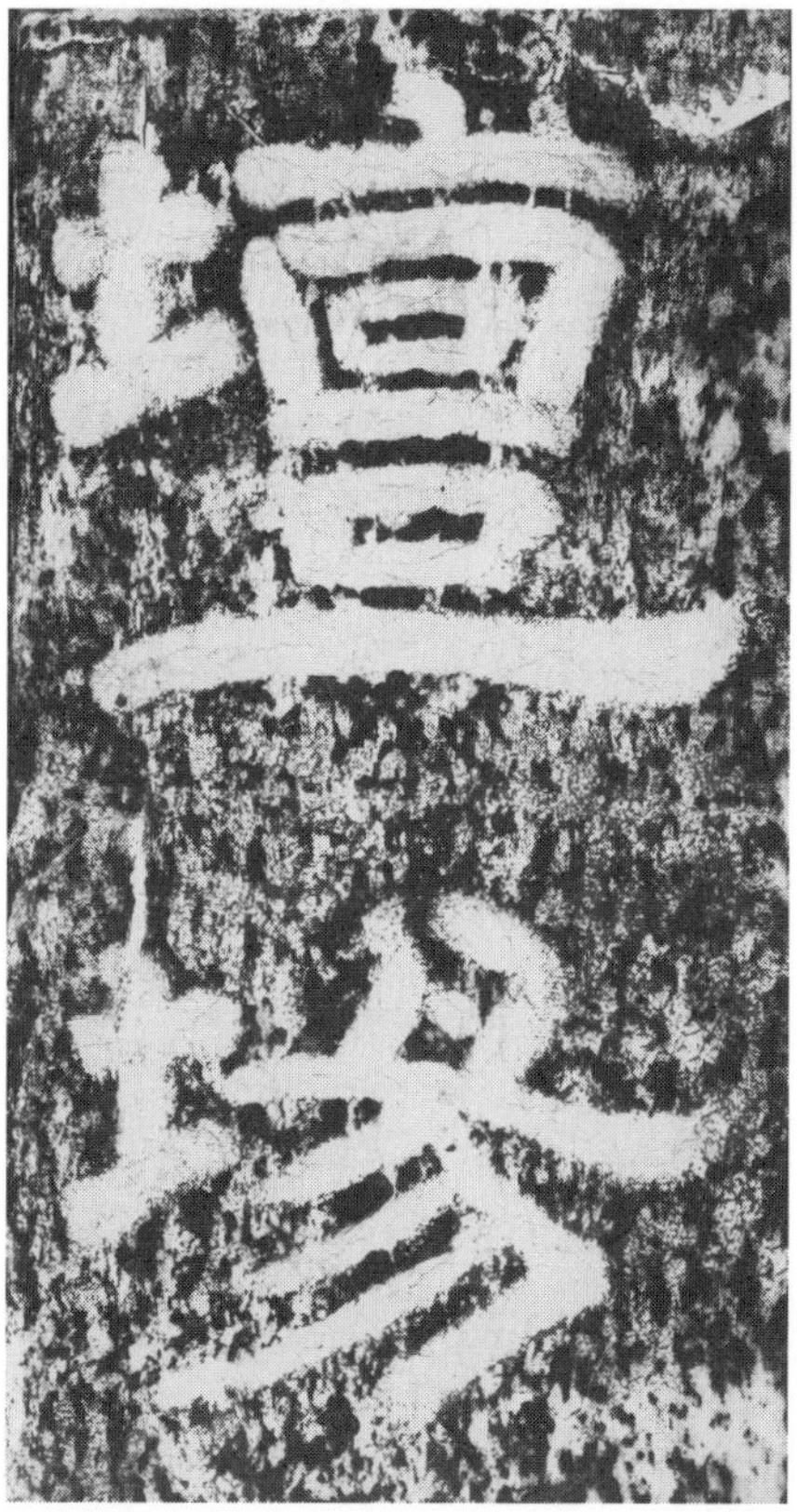

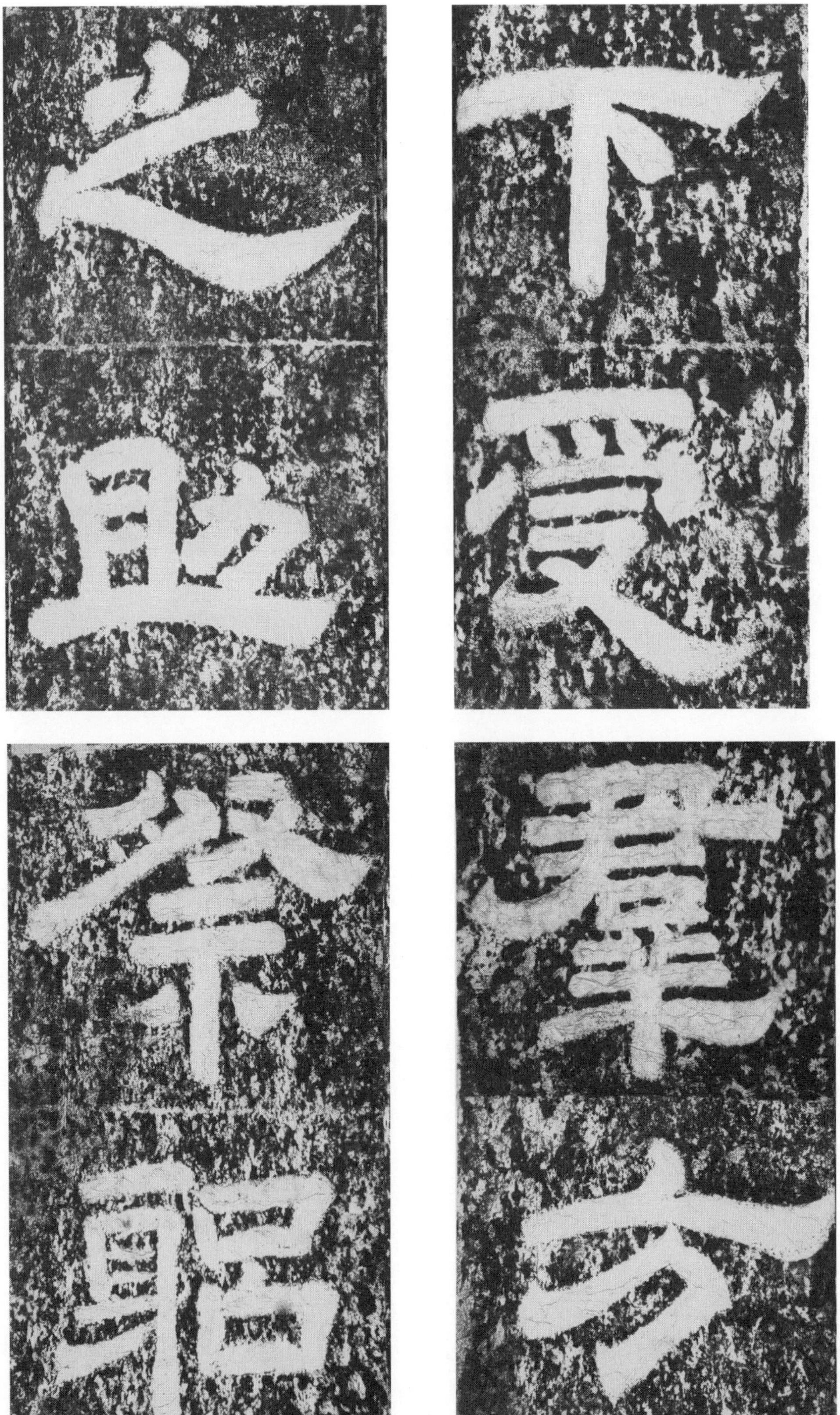

原拓「紀泰山銘」

天
就

地
之

廣
增

義
也

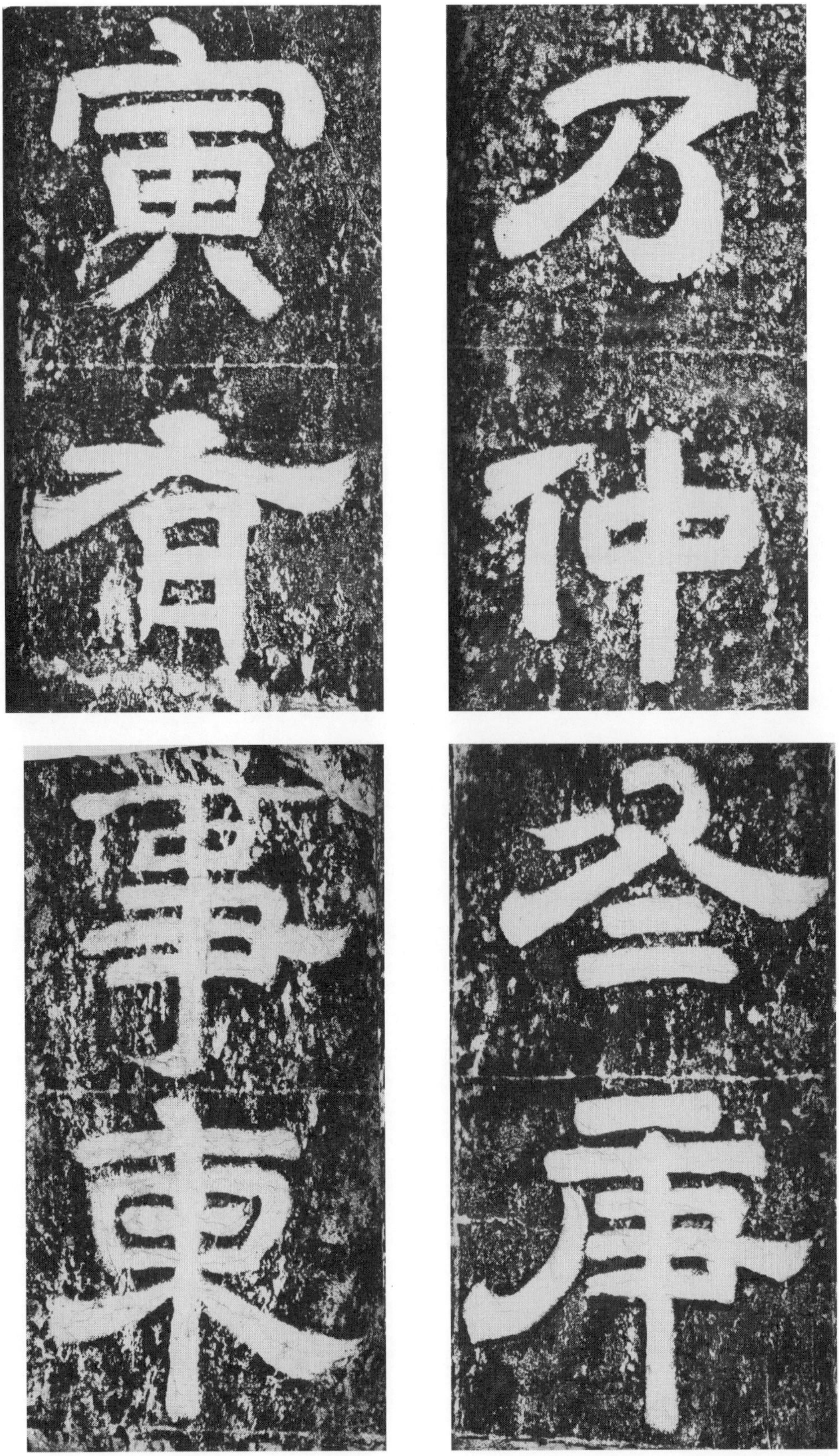

原拓「紀泰山銘」

嶽
類

於

上
帝

配

原拓「紀泰山銘」

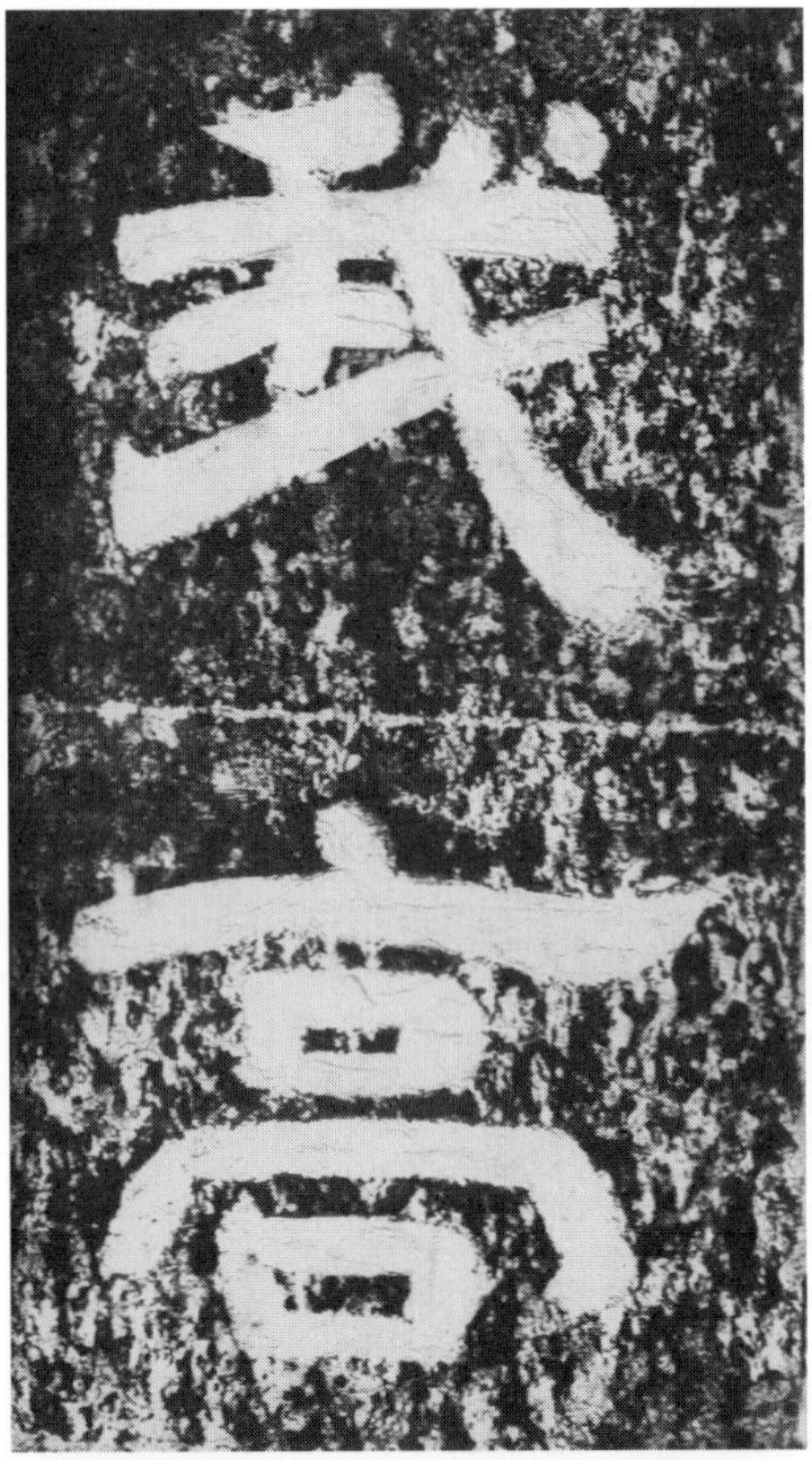

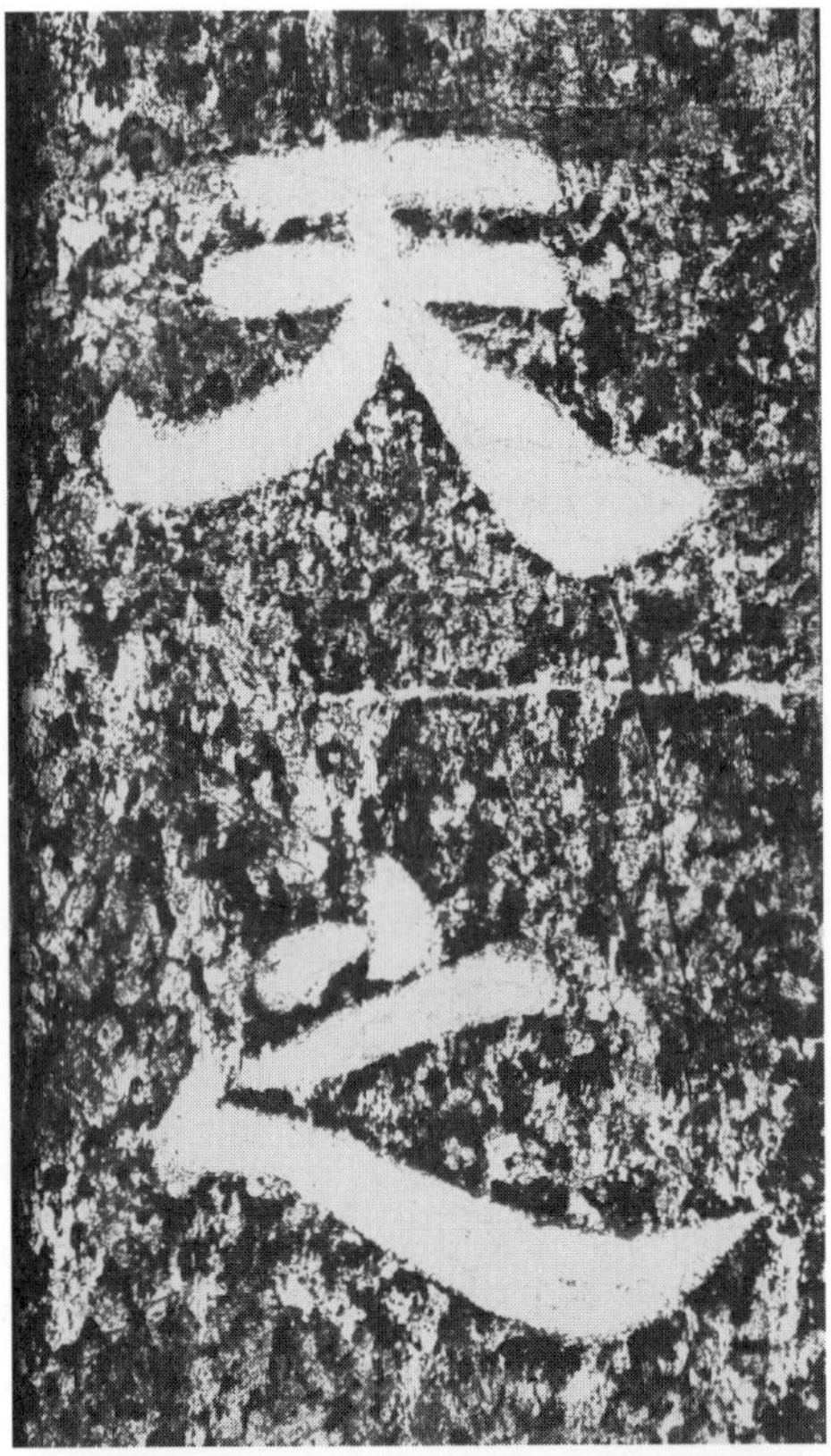

皇

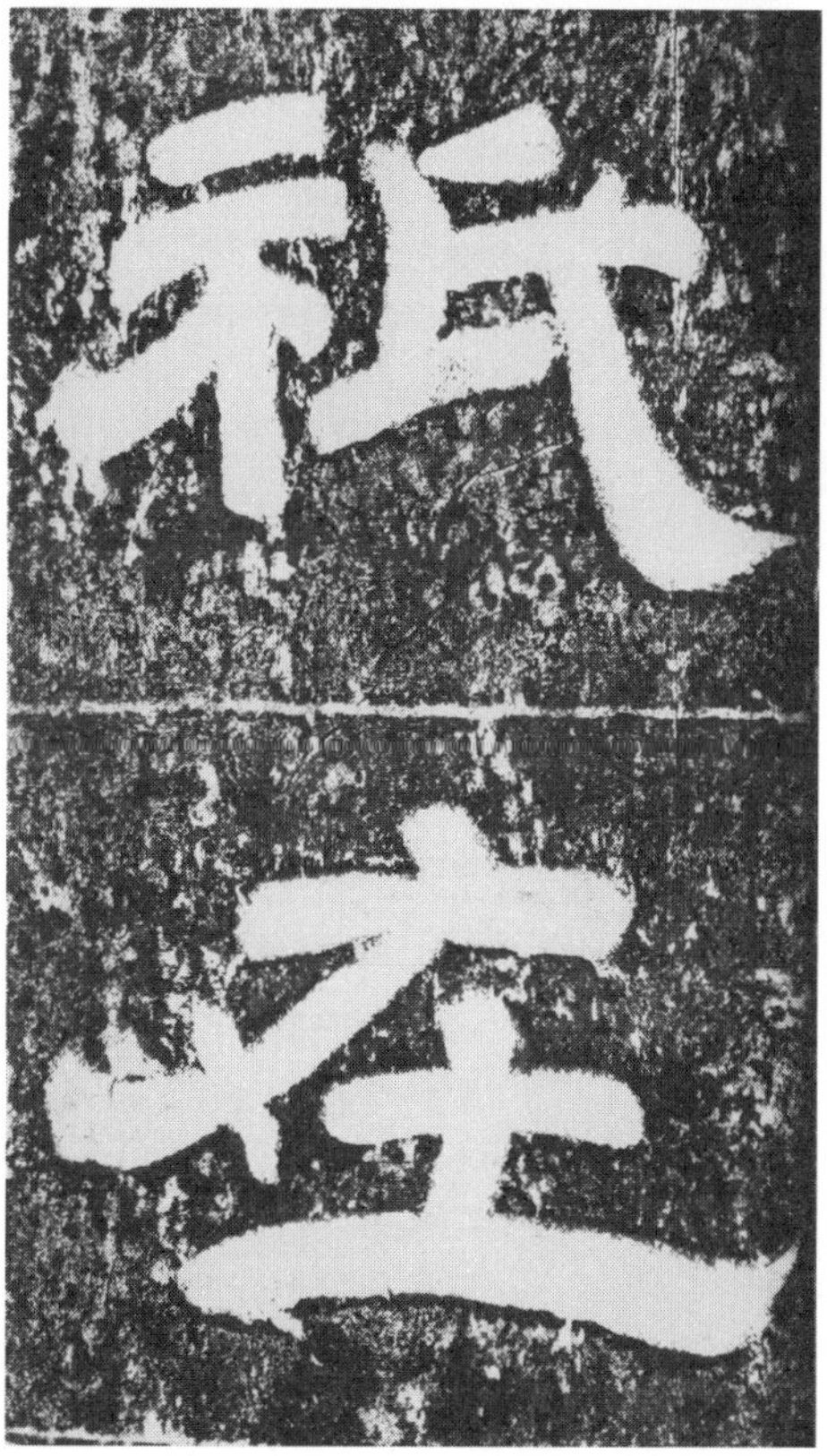
祇
在

地

神
罔

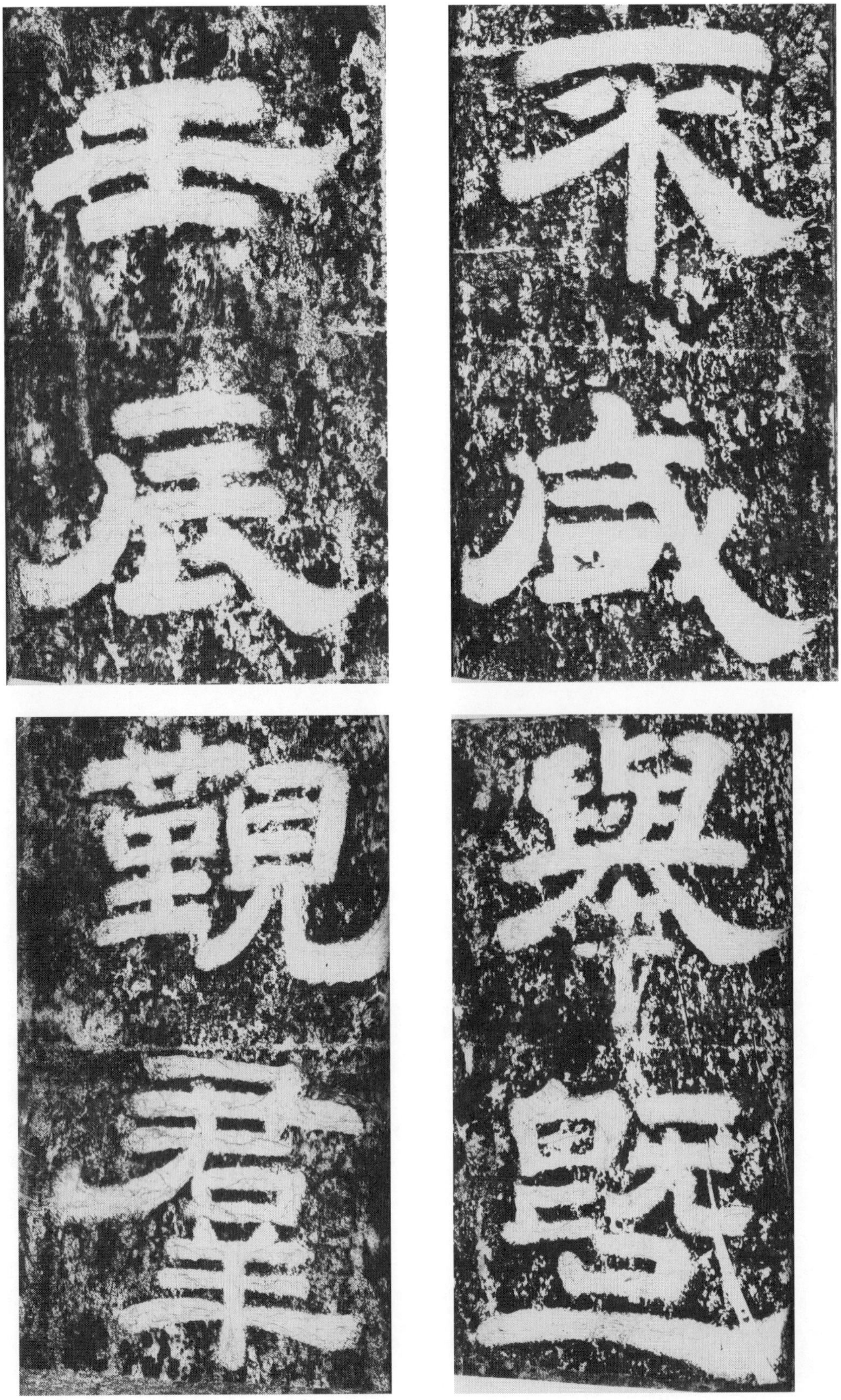

原拓「紀泰山銘」

后
上

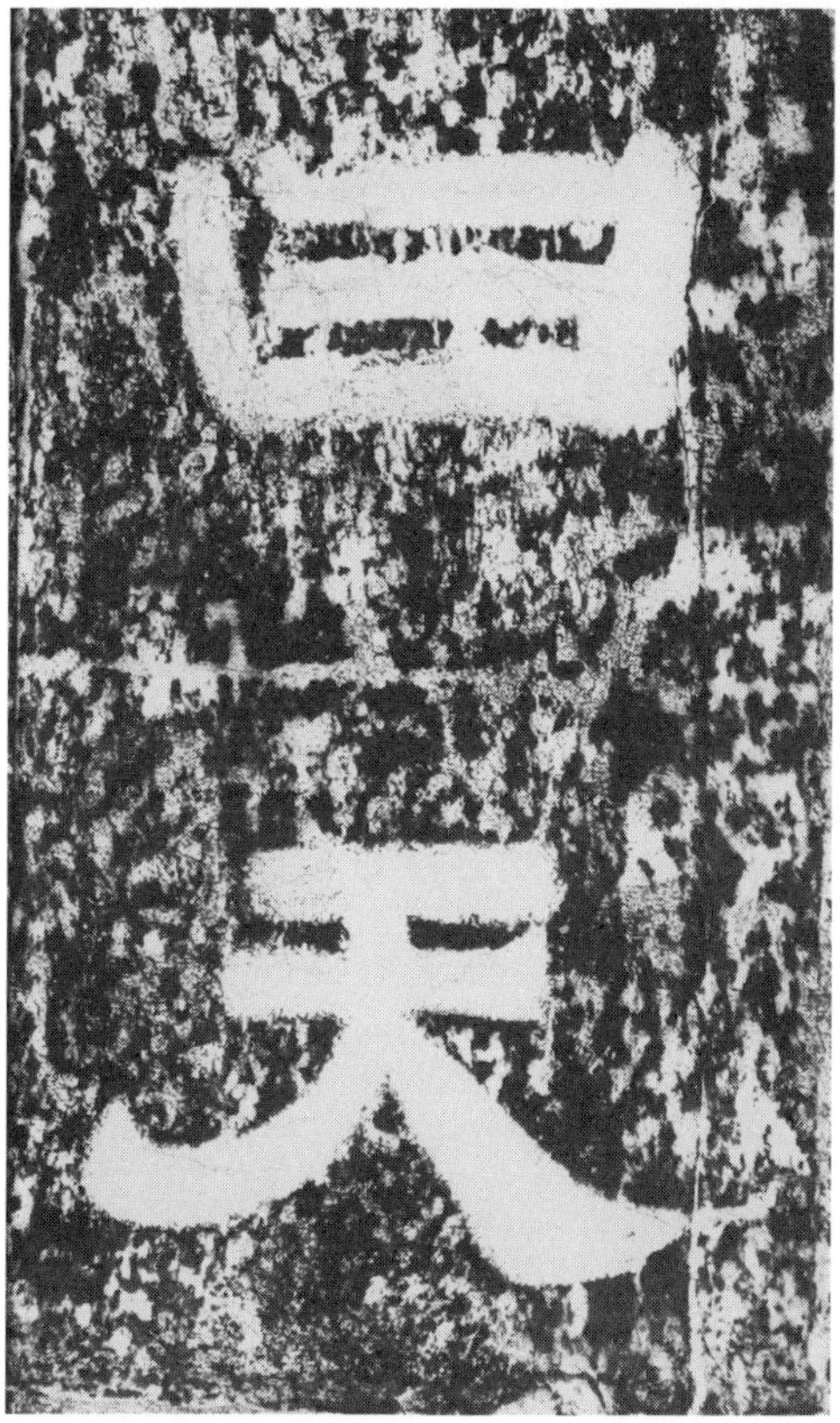
曰
天

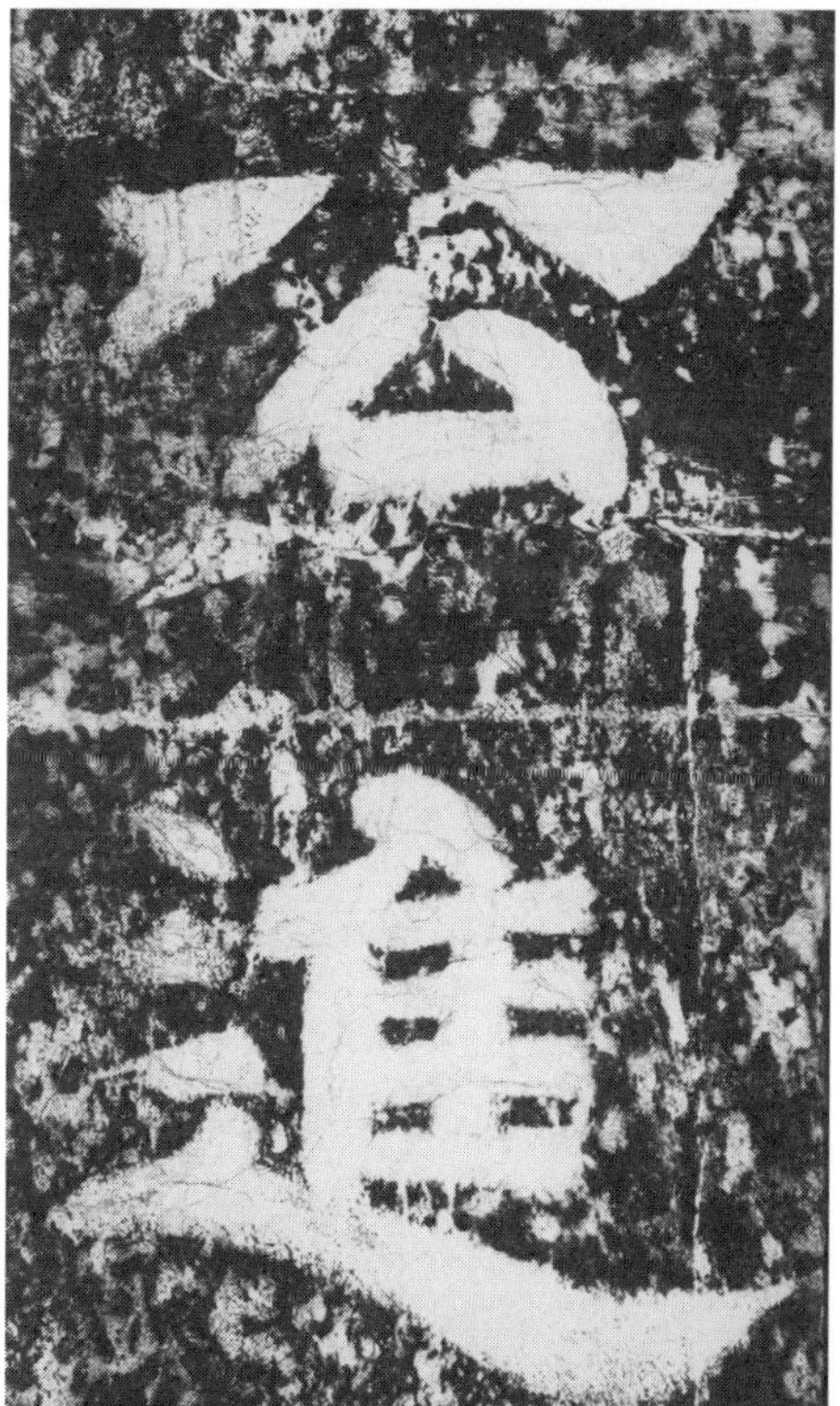
進

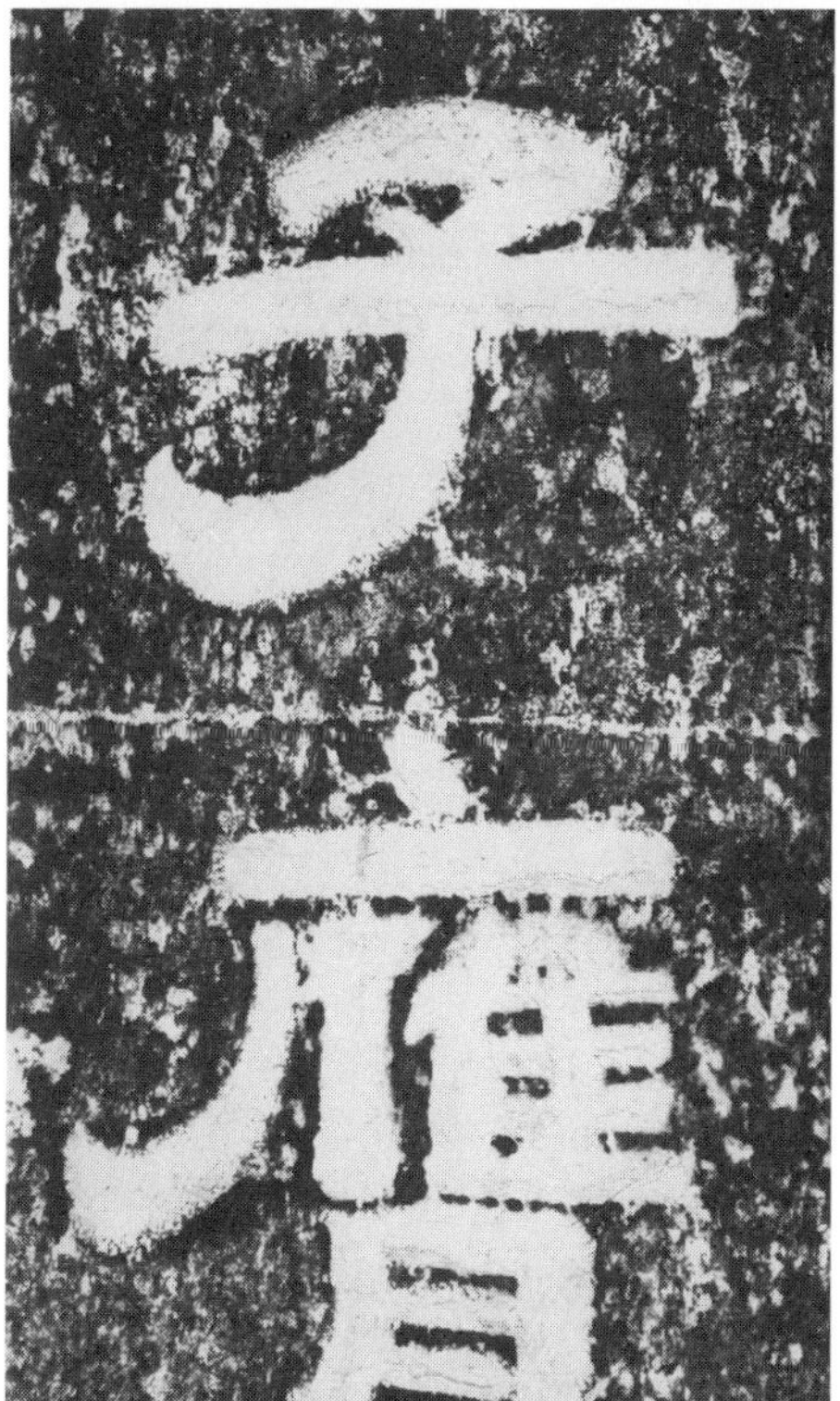
予
膺

原拓「紀泰山銘」

昌

歲
慶

千
萬

合
歡

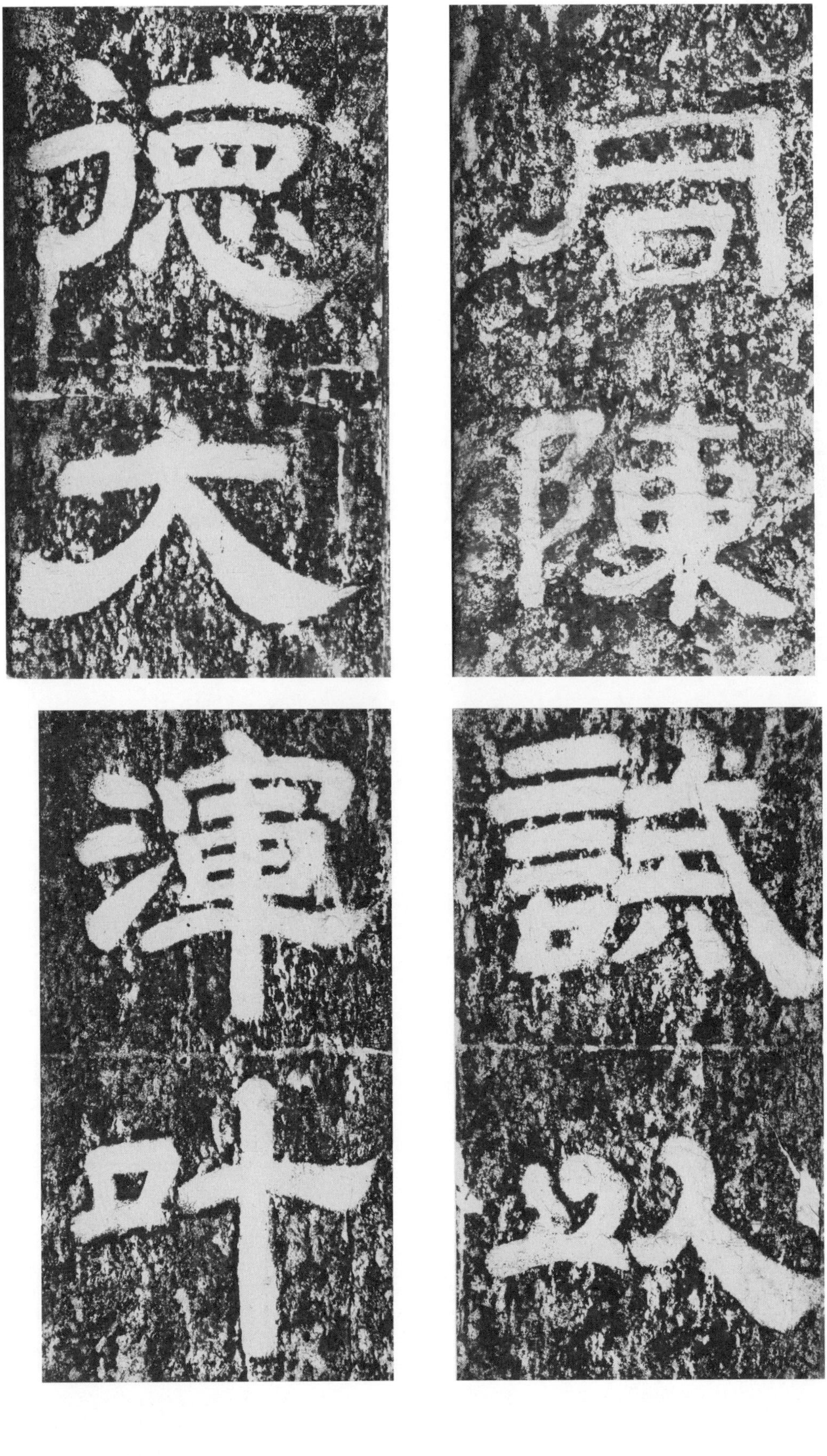

原拓「紀泰山銘」

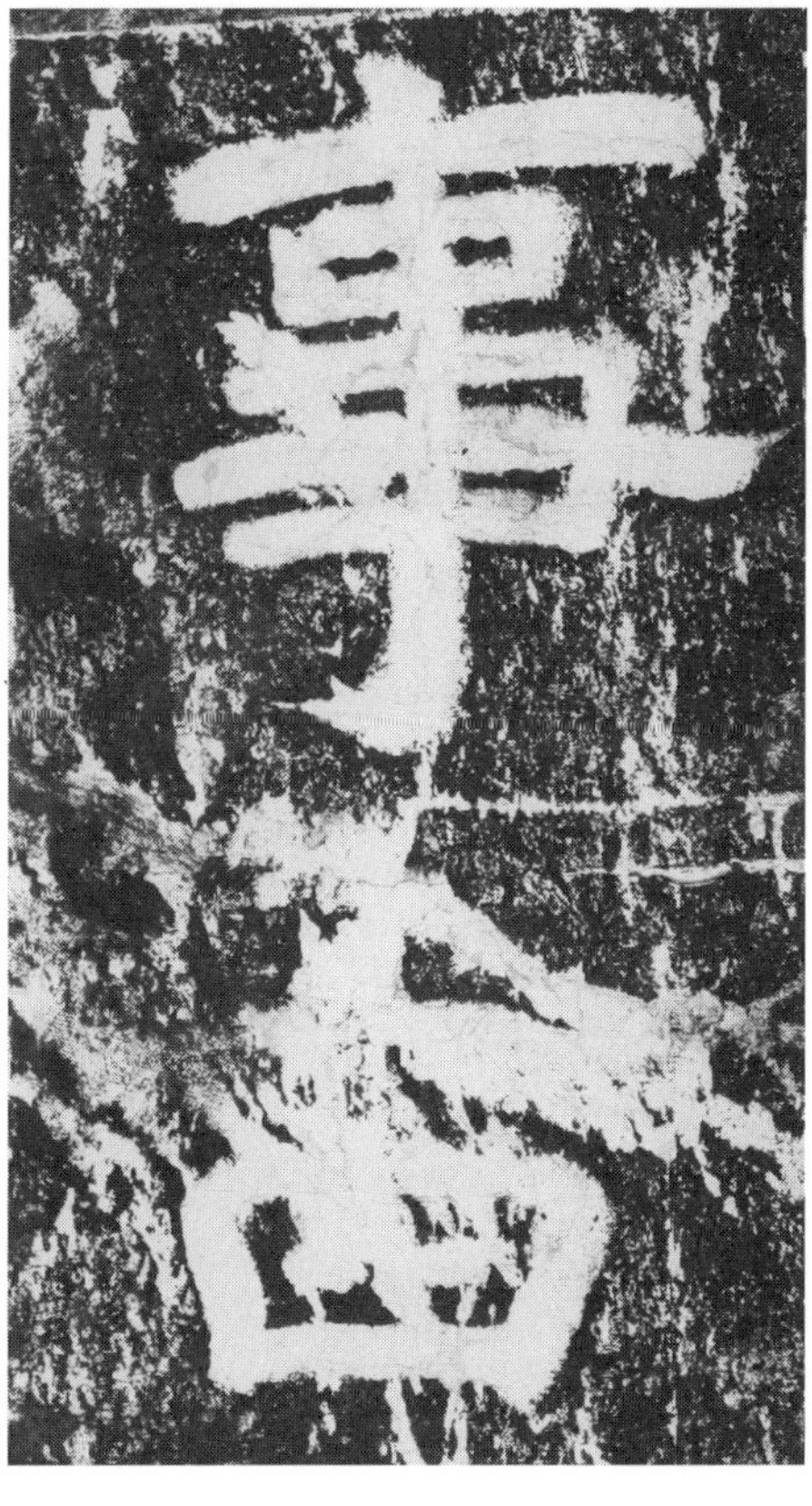

原拓「紀泰山銘」

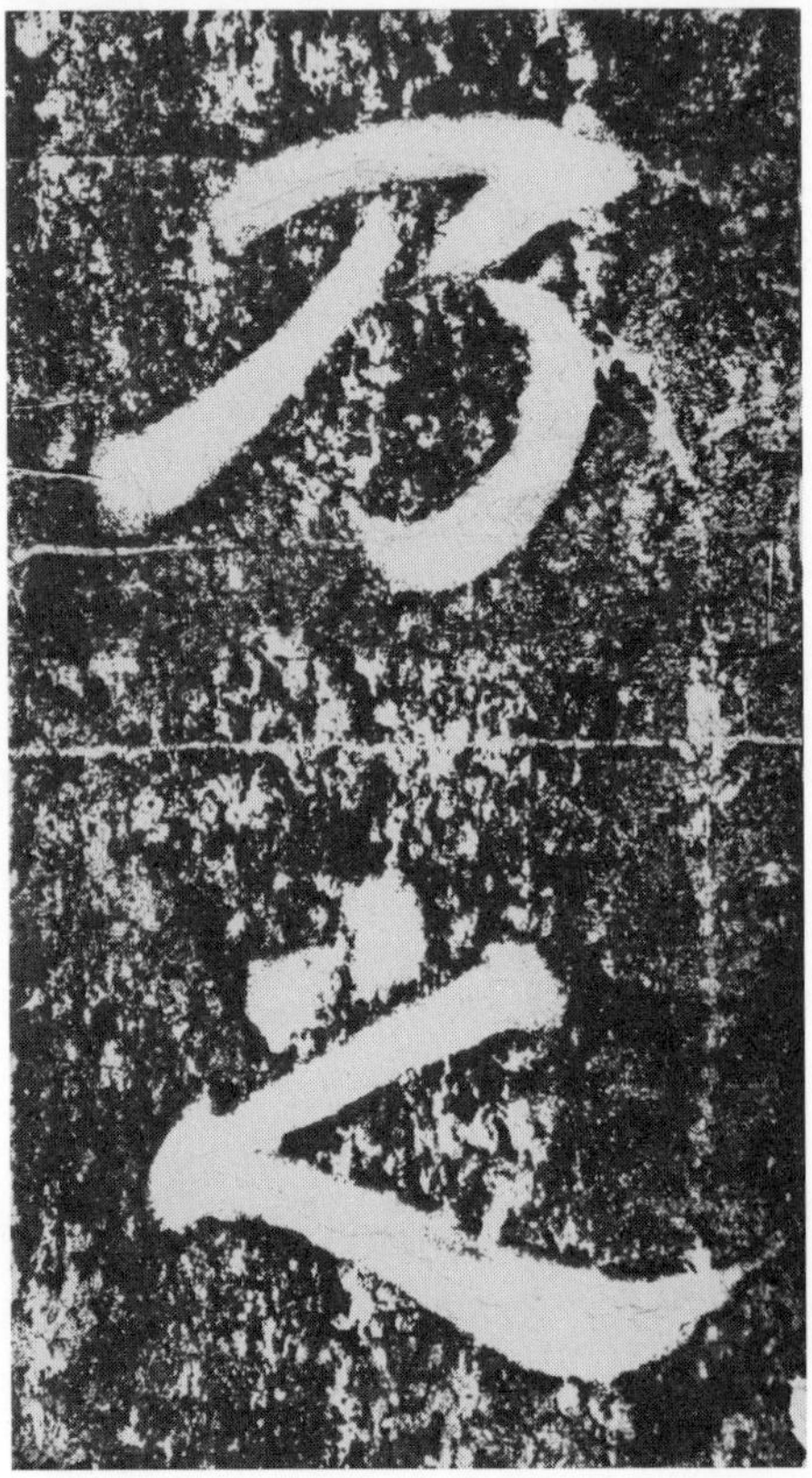

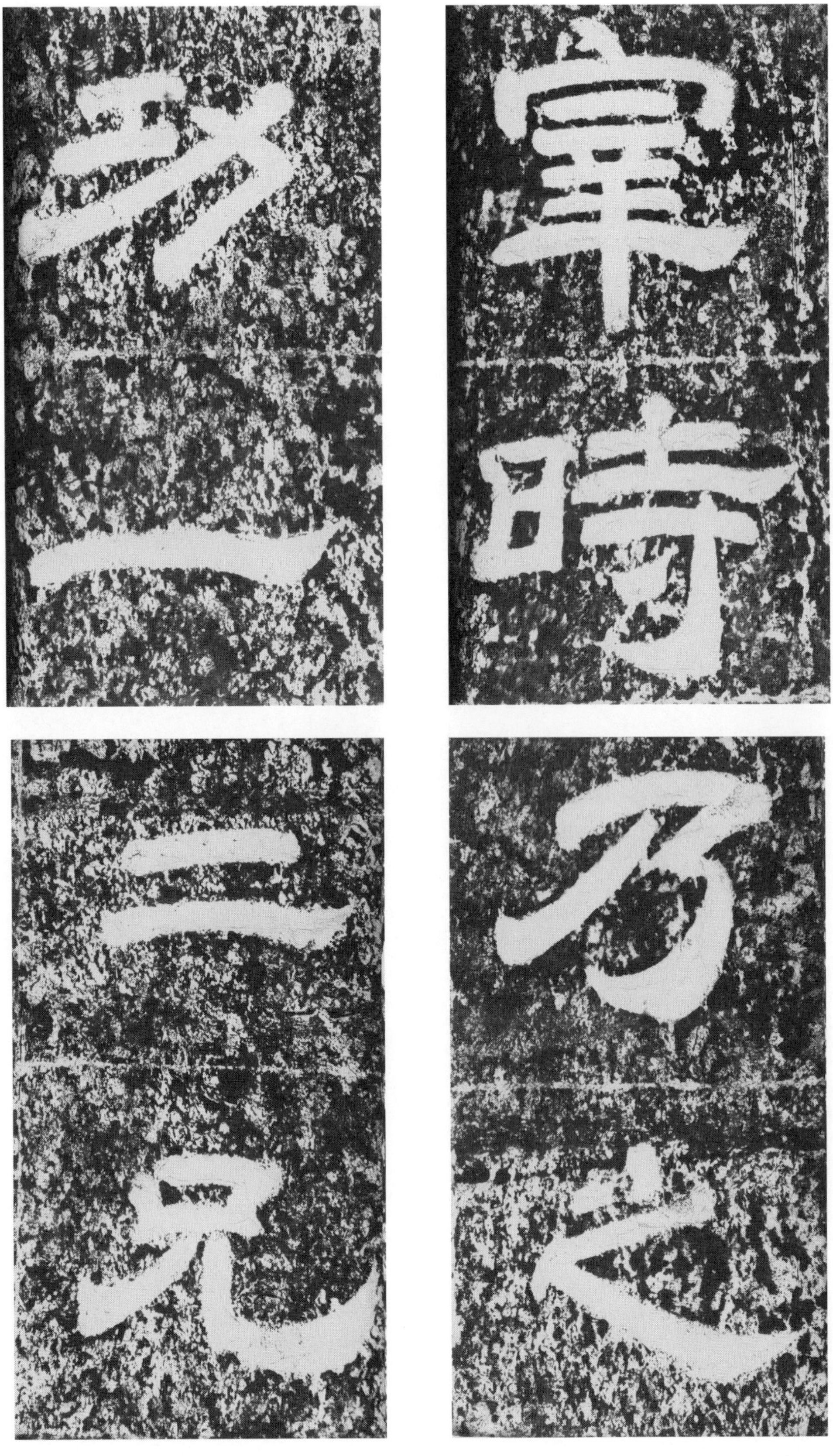

原拓「紀泰山銘」

原拓「紀泰山銘」

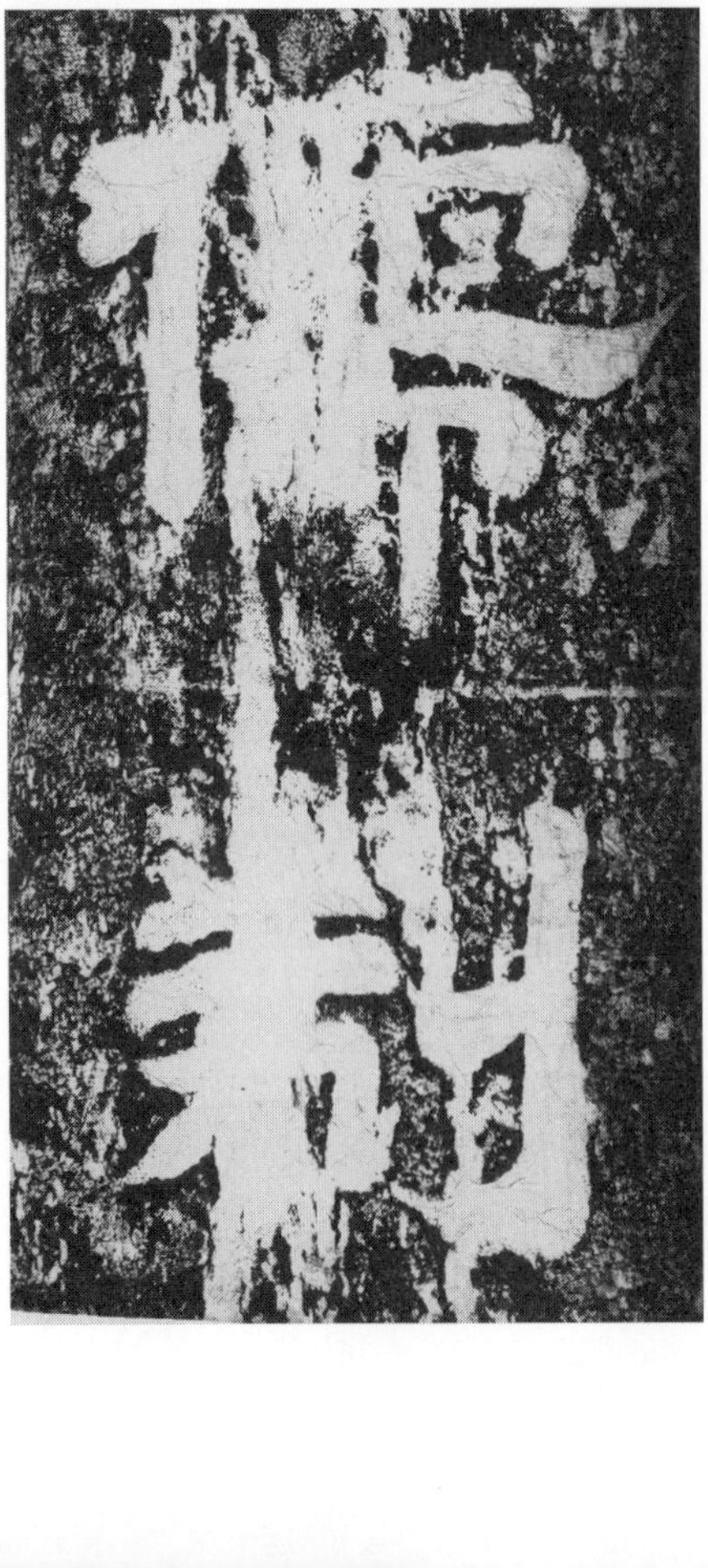

秋
重

程

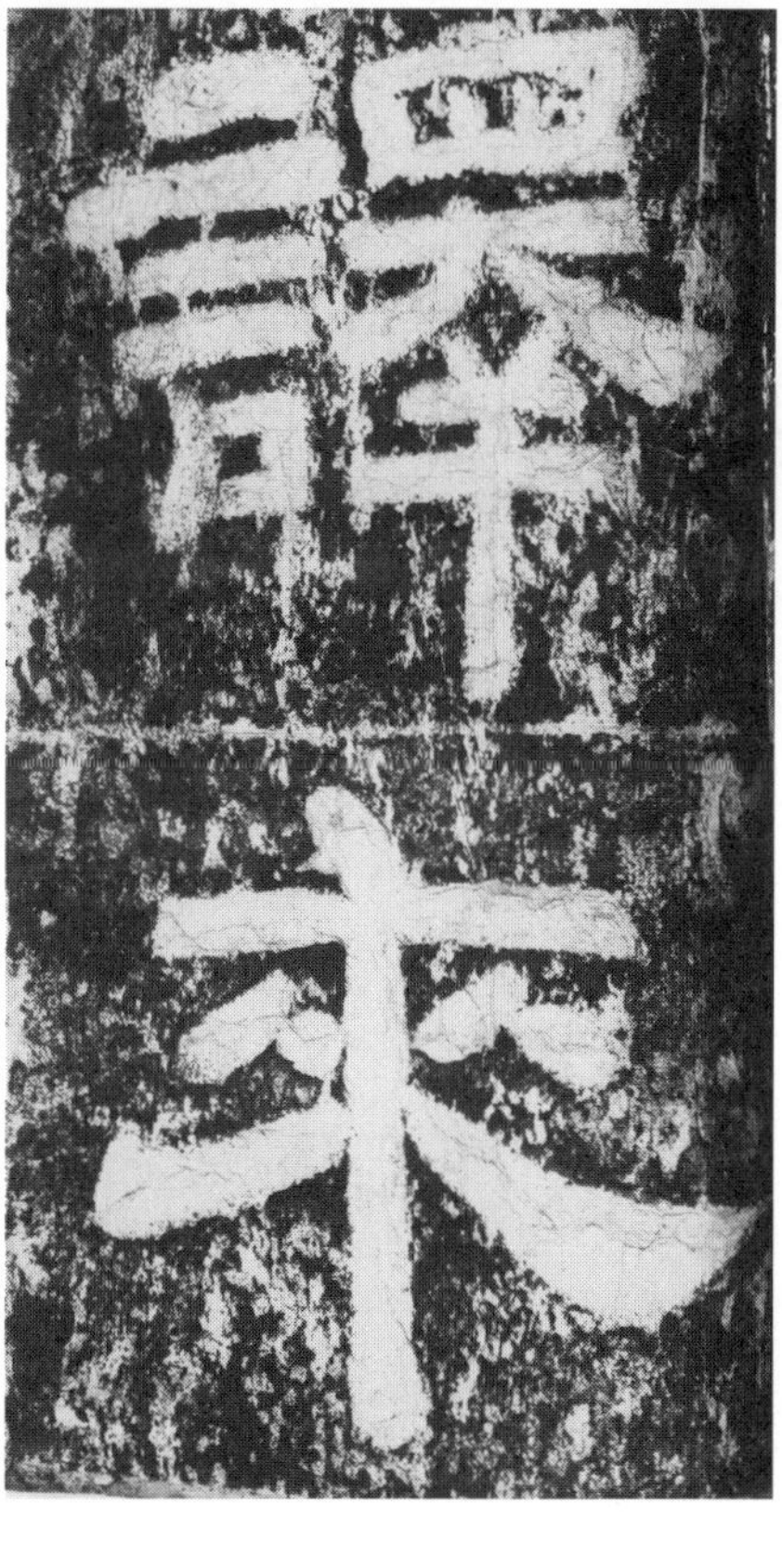
求

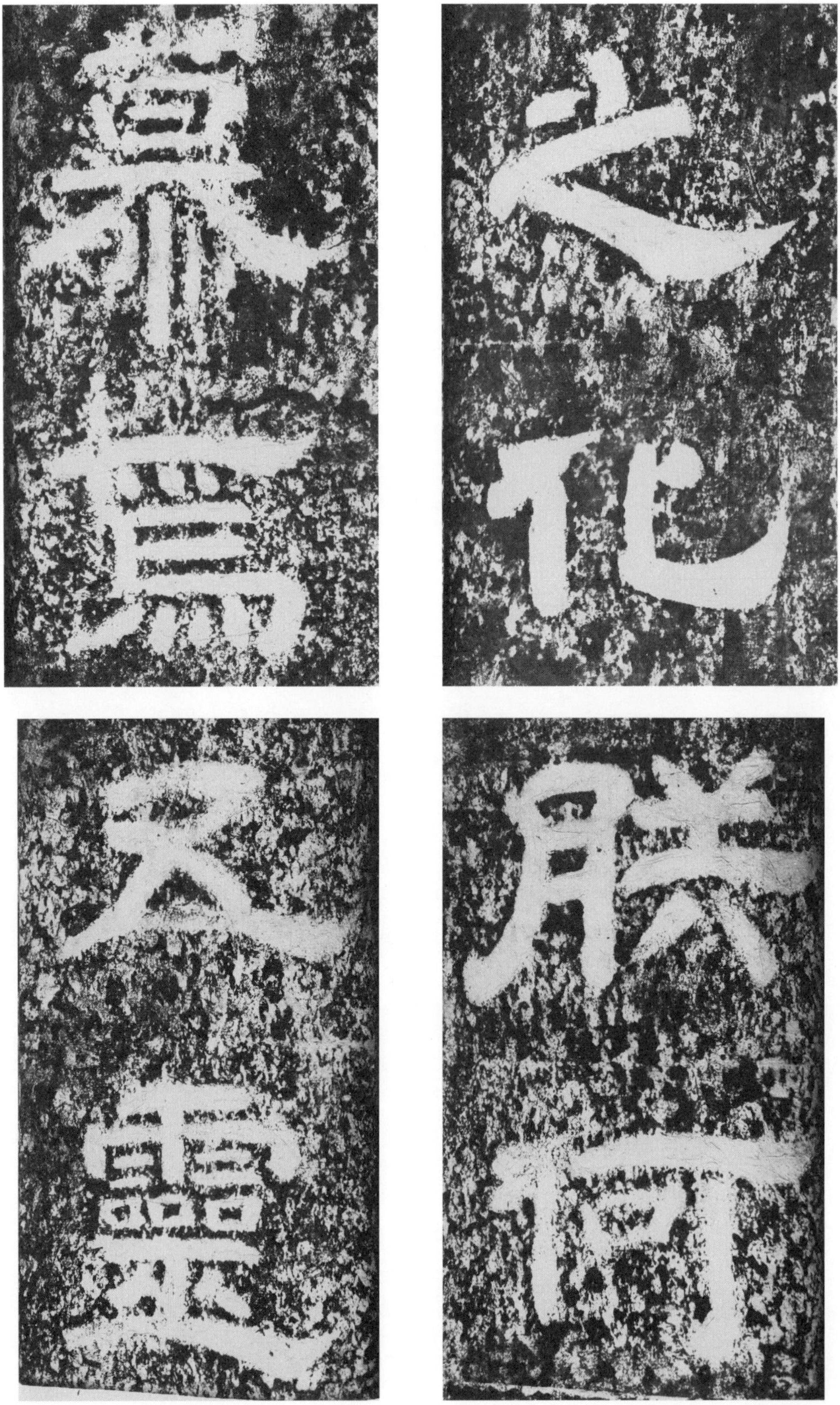

原拓「紀泰山銘」

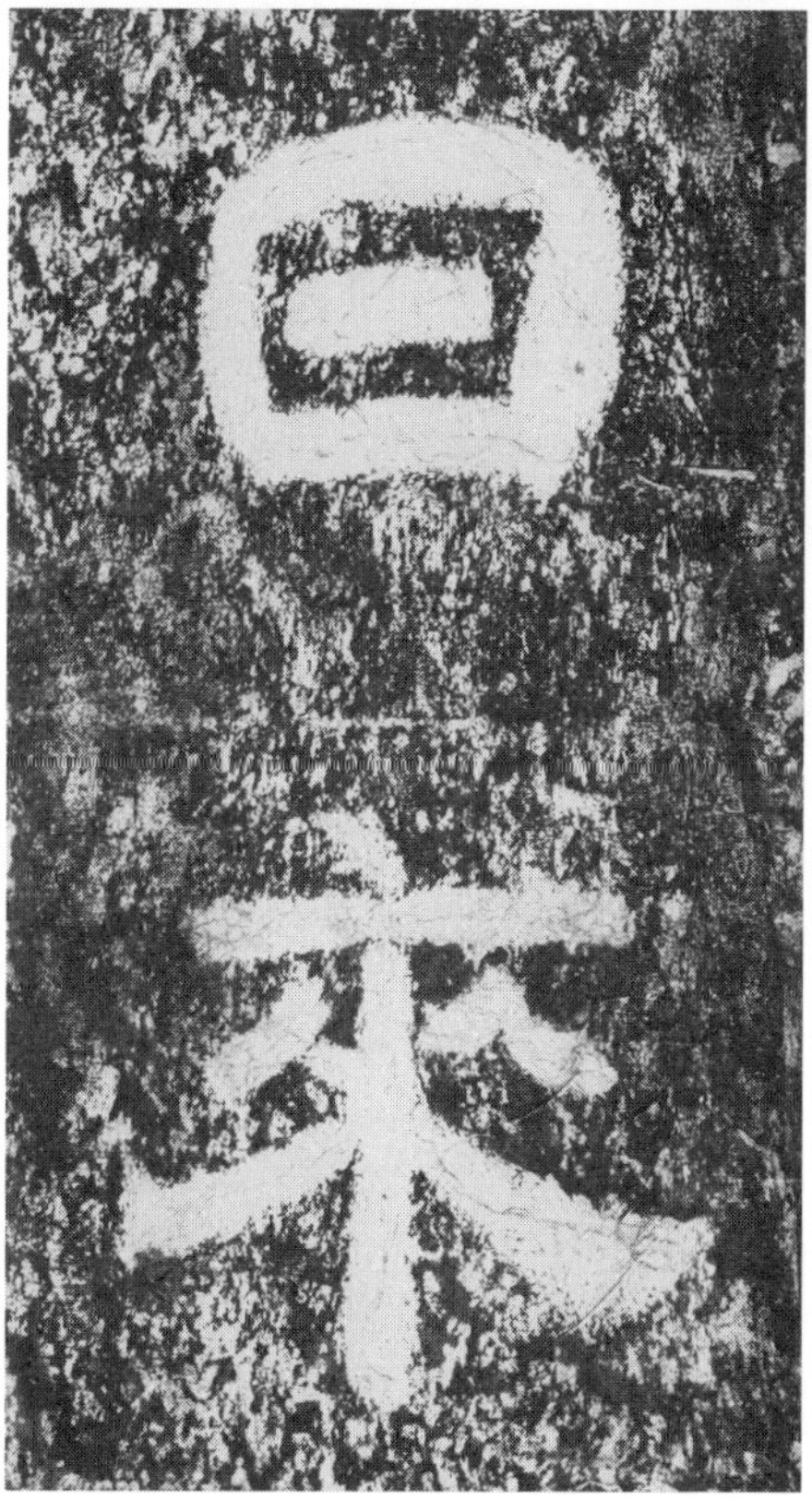

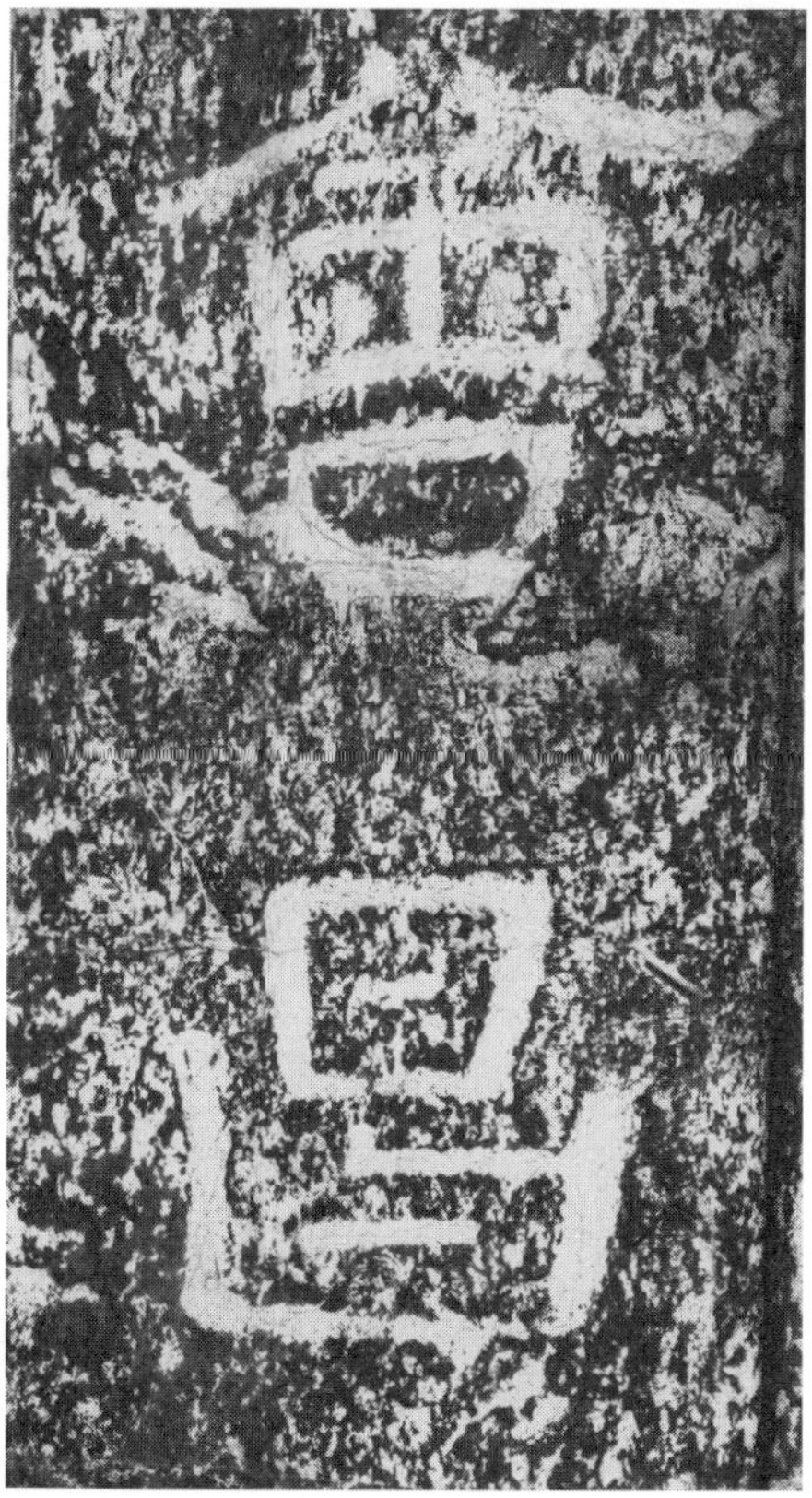

原拓「紀泰山銘」

在
位

後

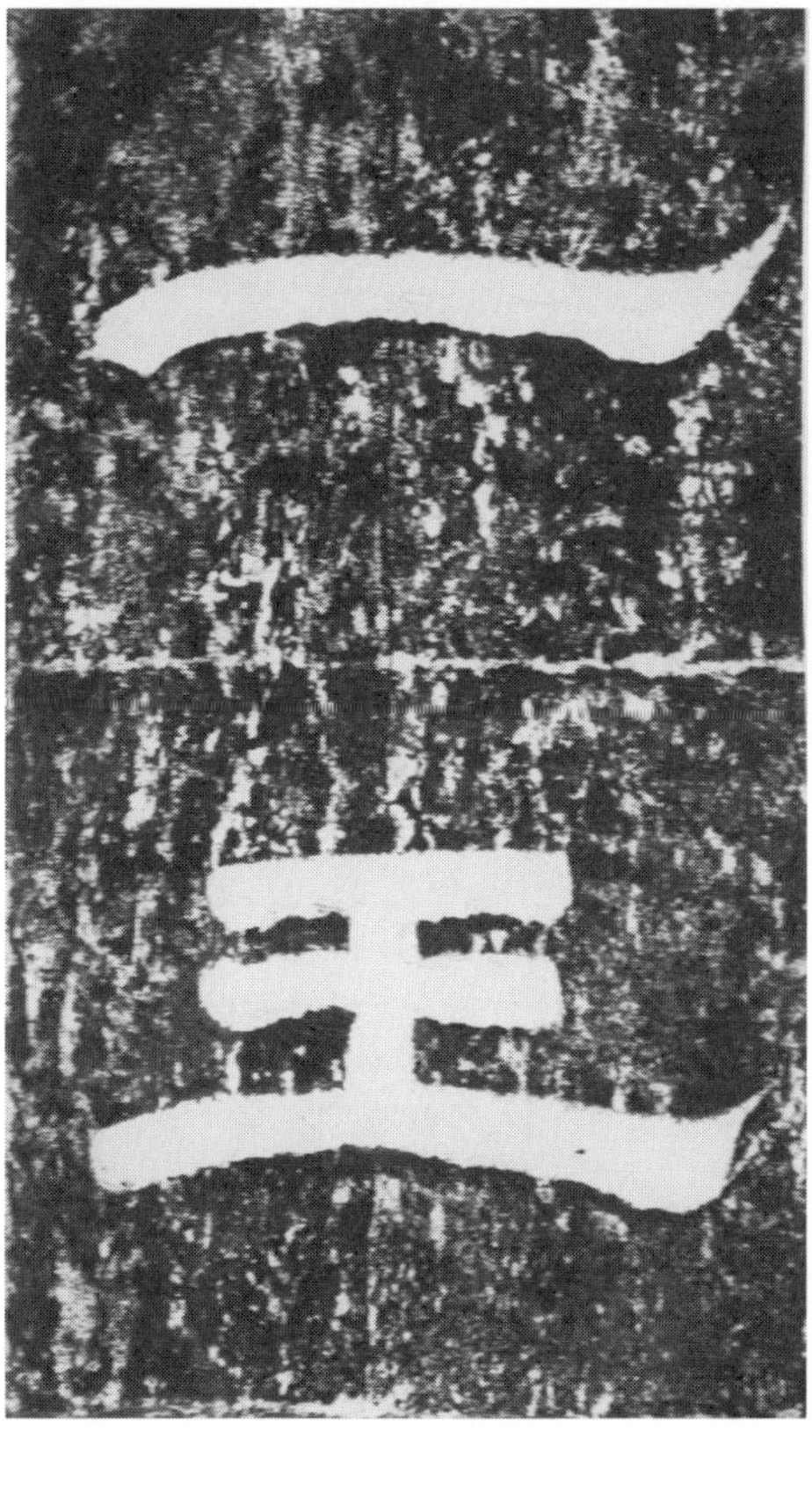
一
王

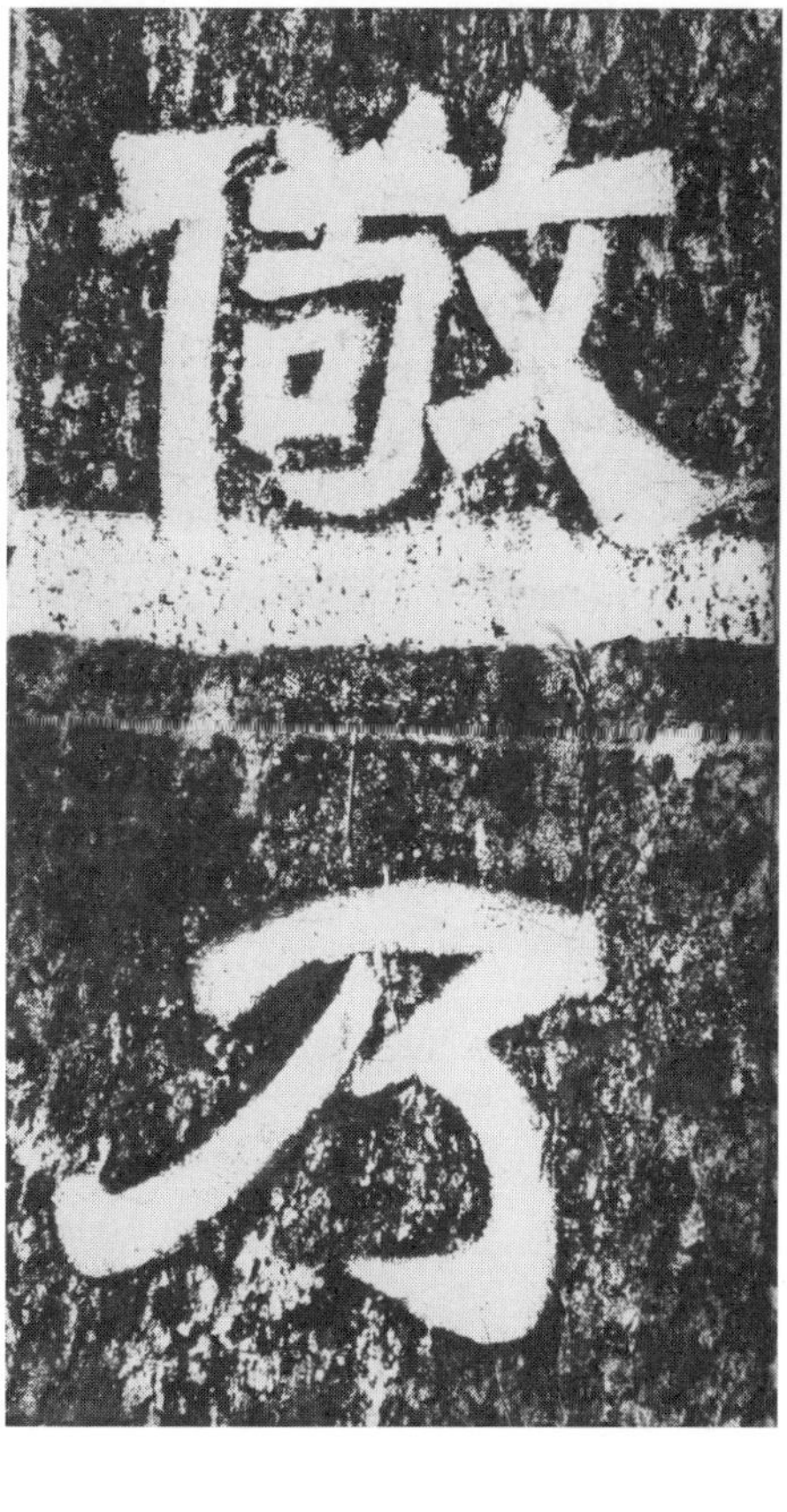
敢
乃

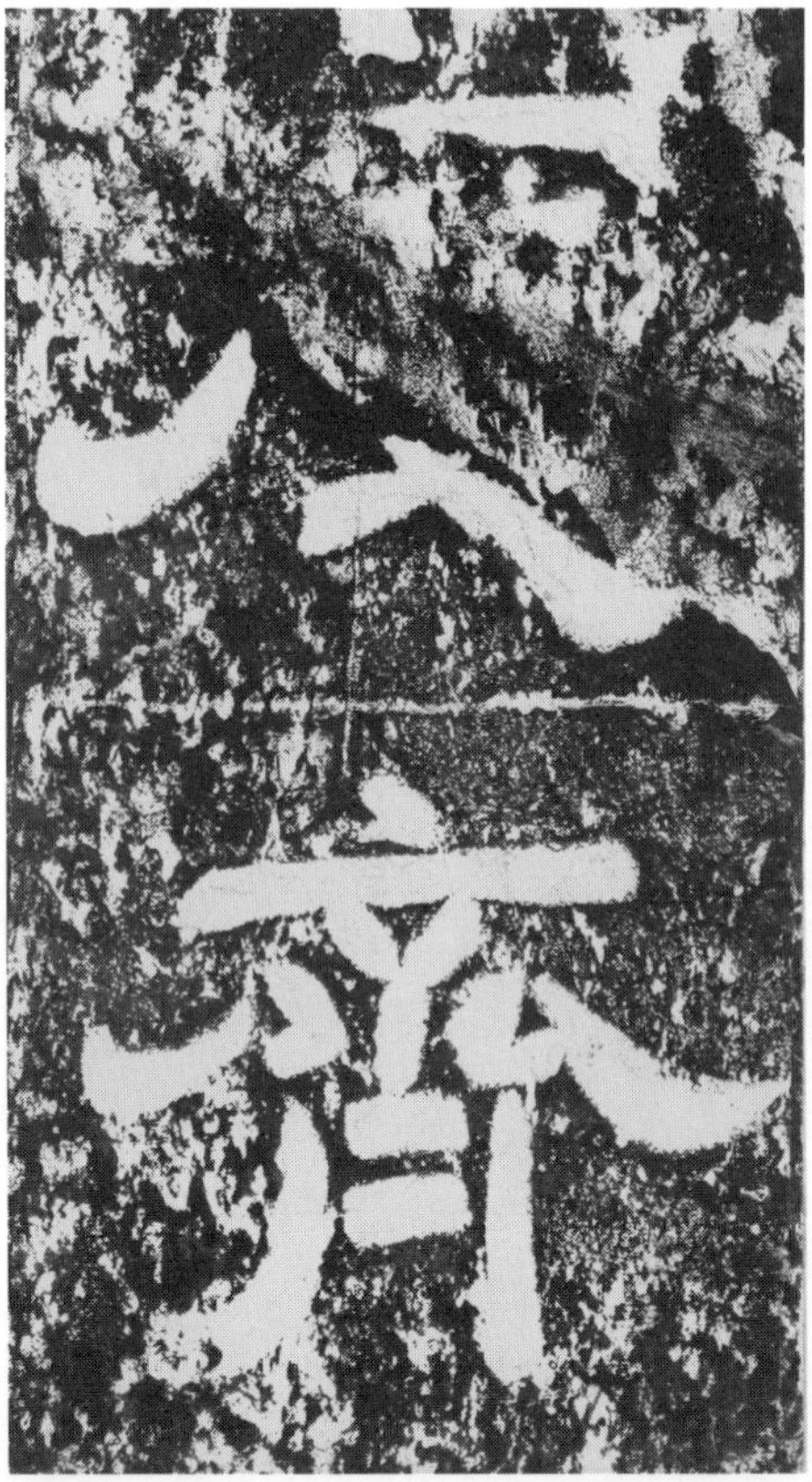

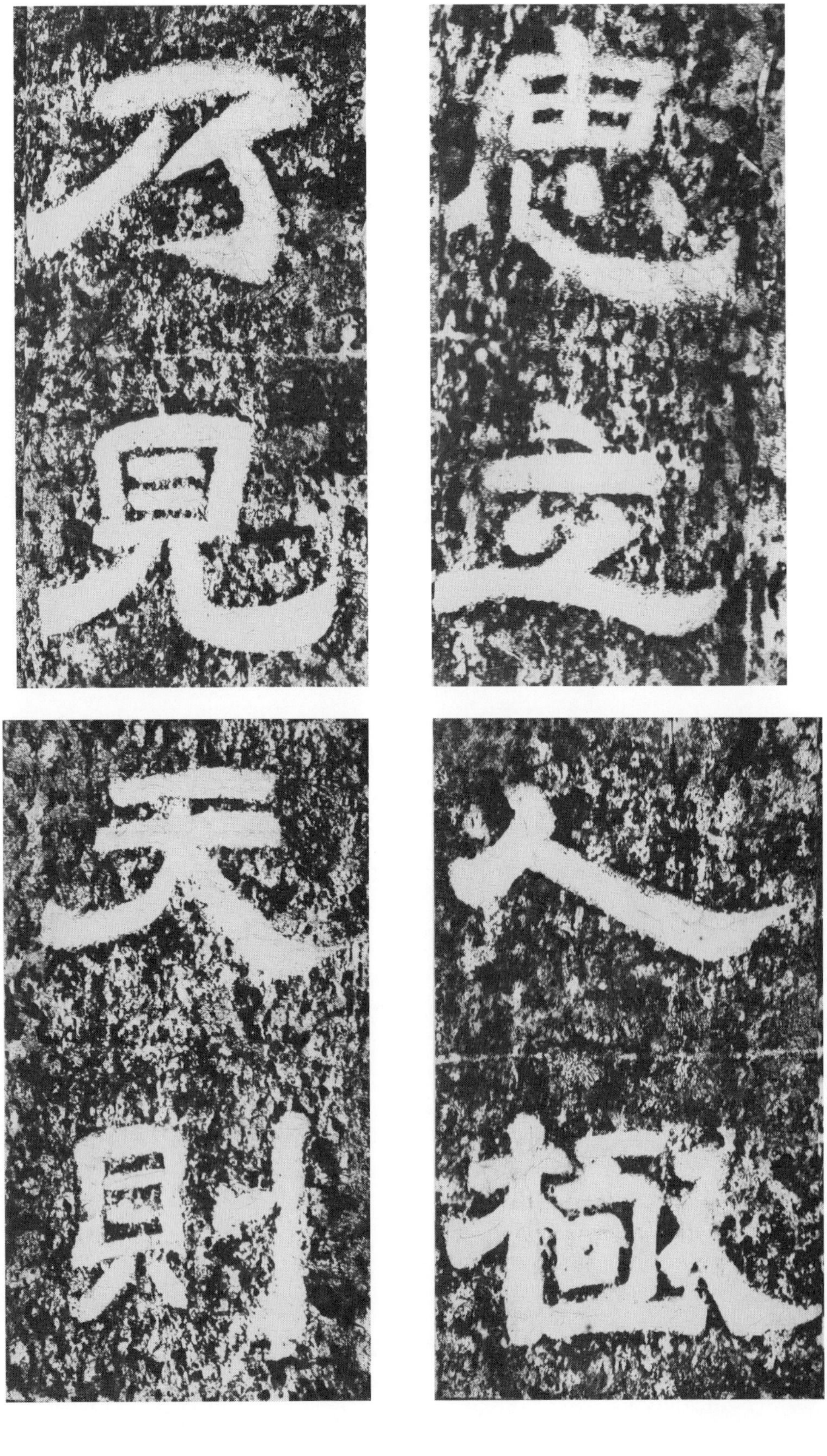
忠之
不見
人極
天則

於戲

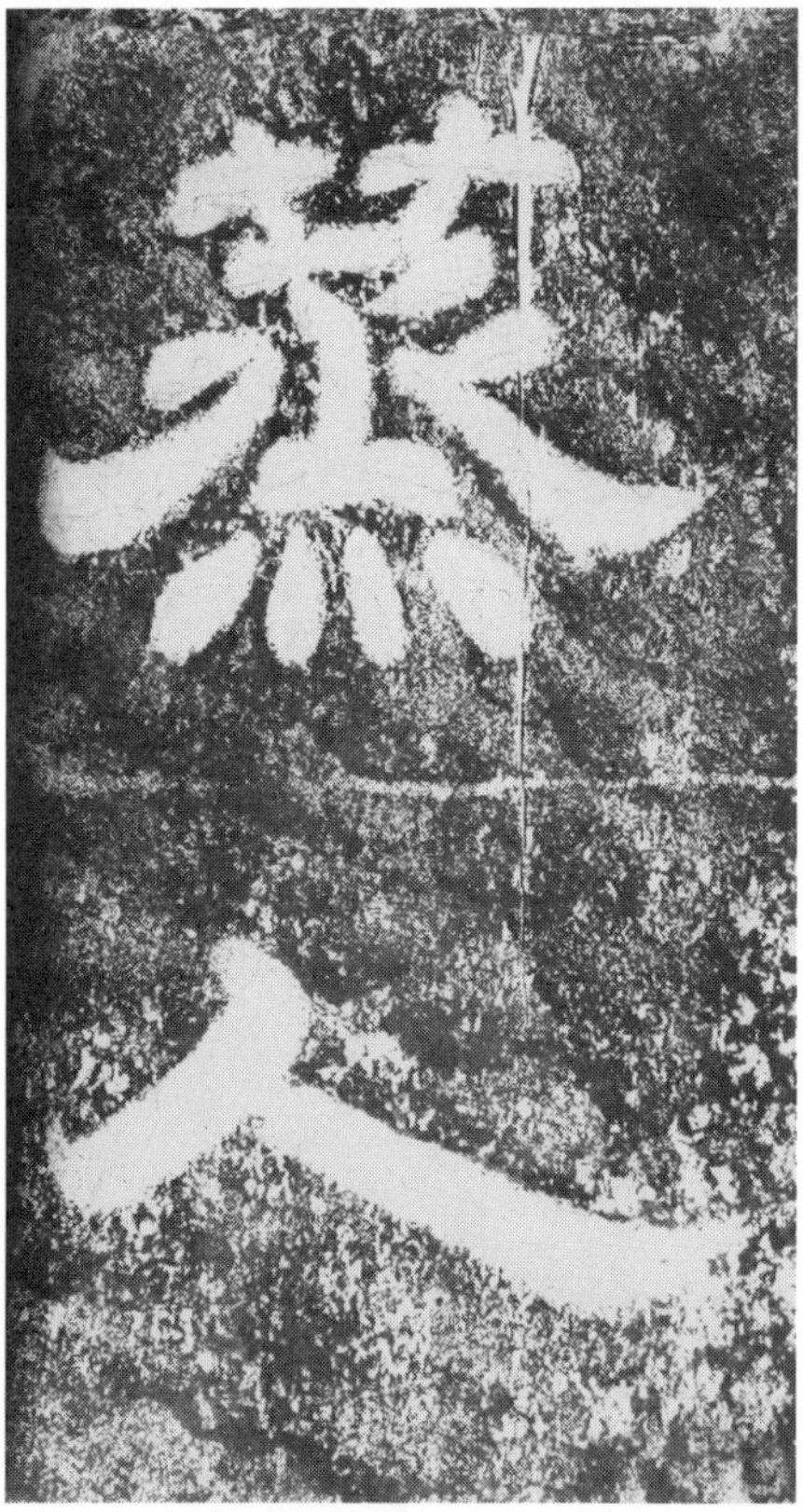
烝人

天生

惟后

事

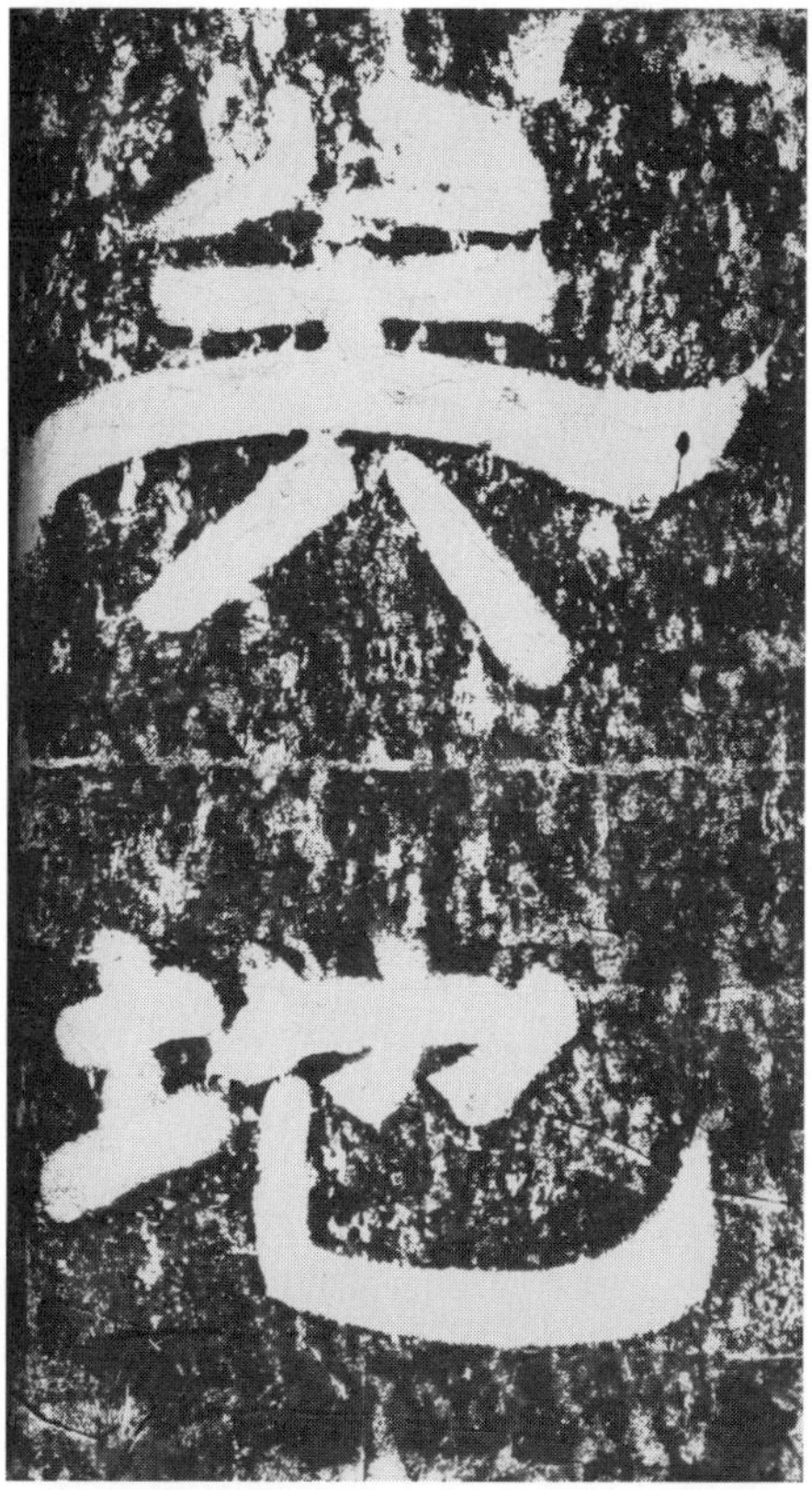
地

天
明

載

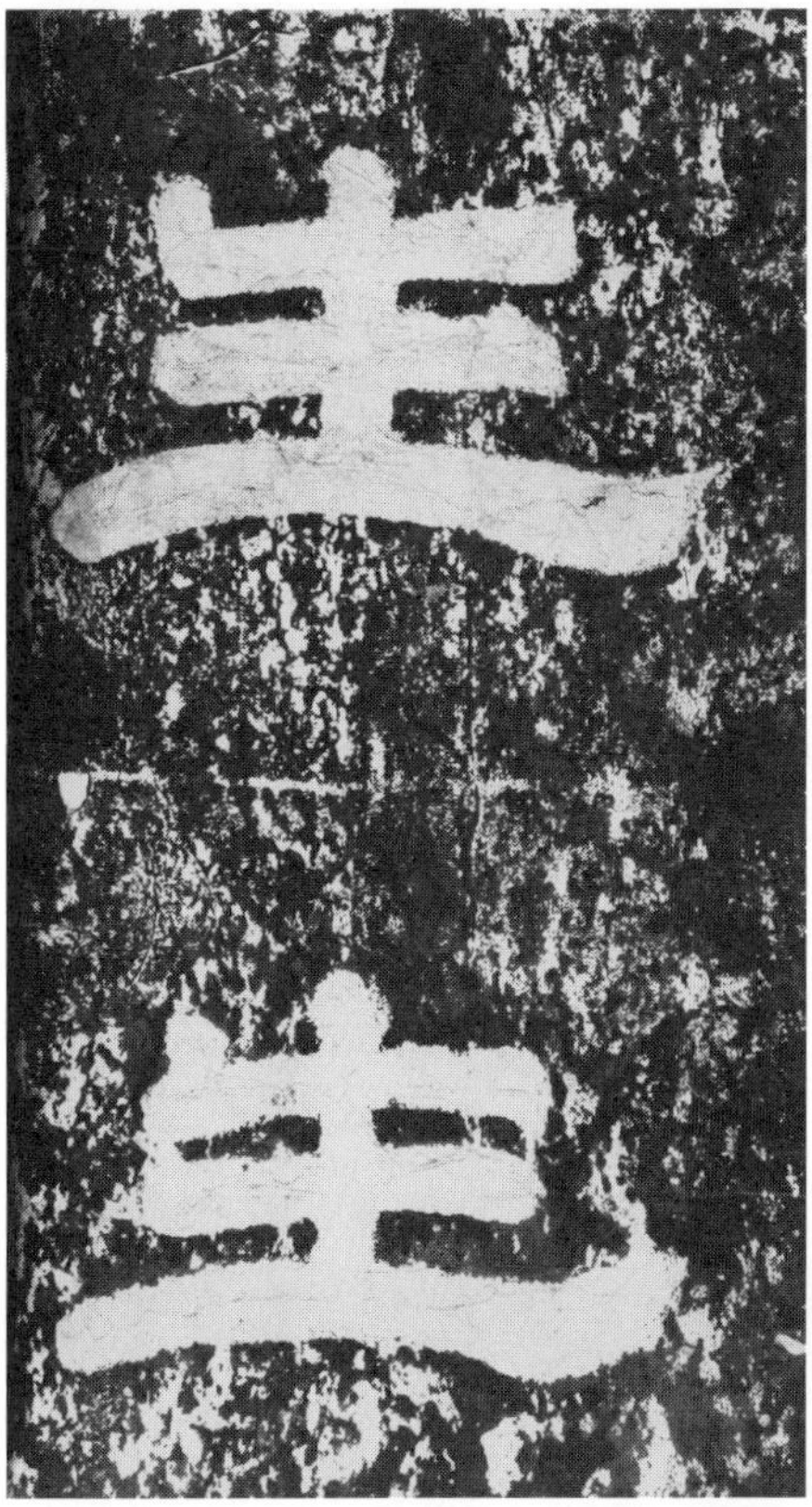
主生

事地

萬人

察

原拓「紀泰山銘」

祖
之

惟

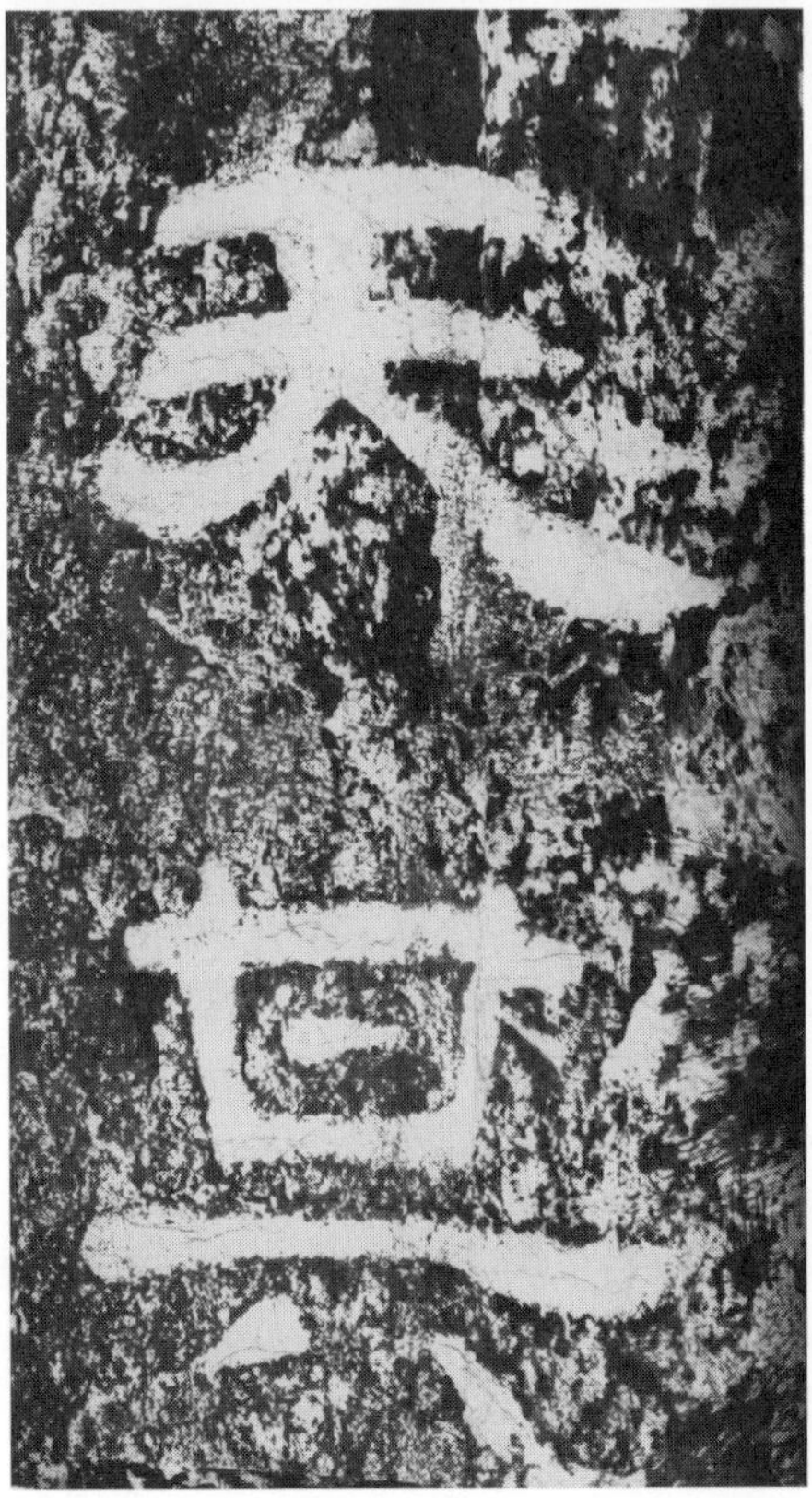

原拓「紀泰山銘」

上
帝

惟

享

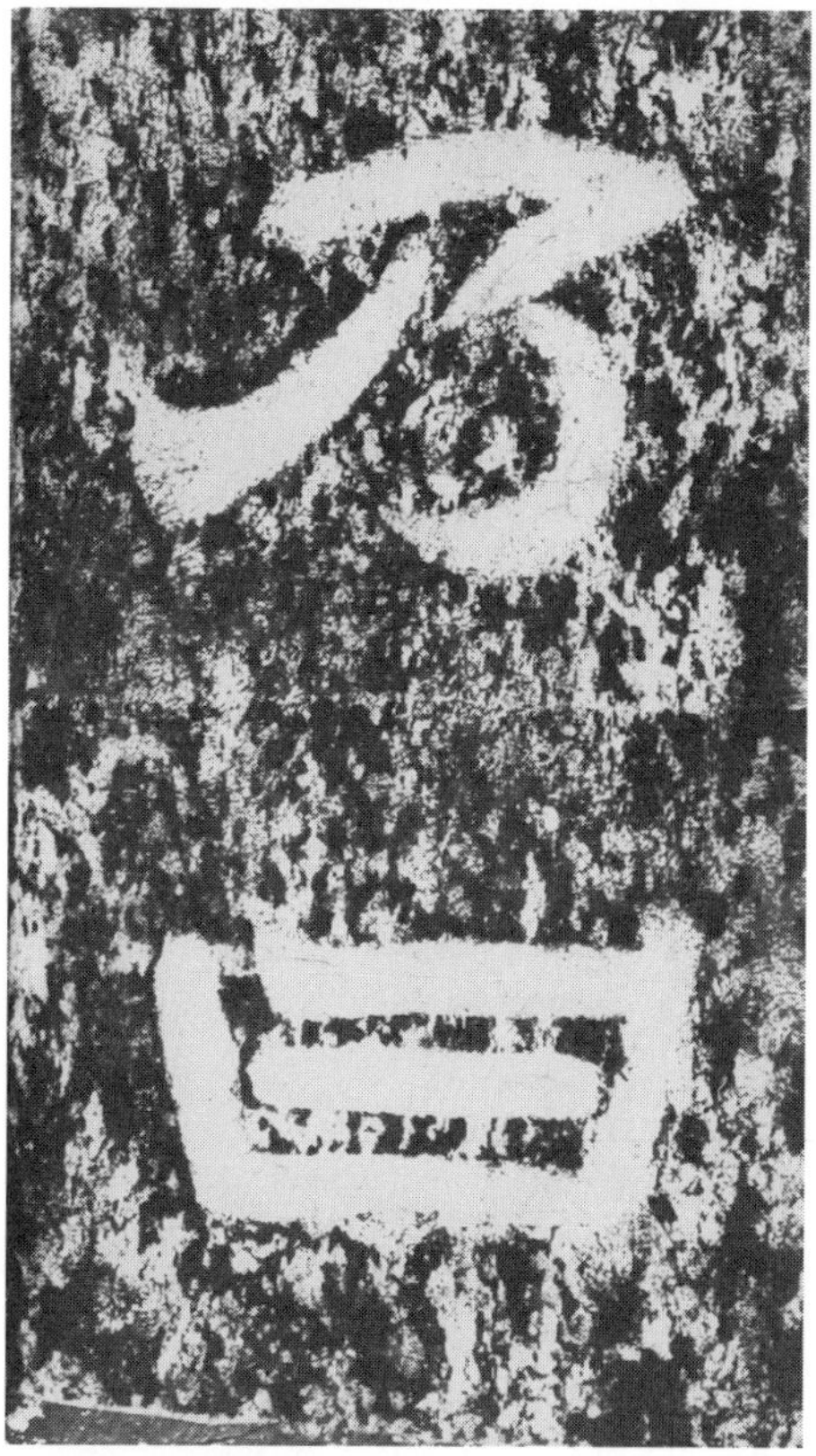
乃
曰

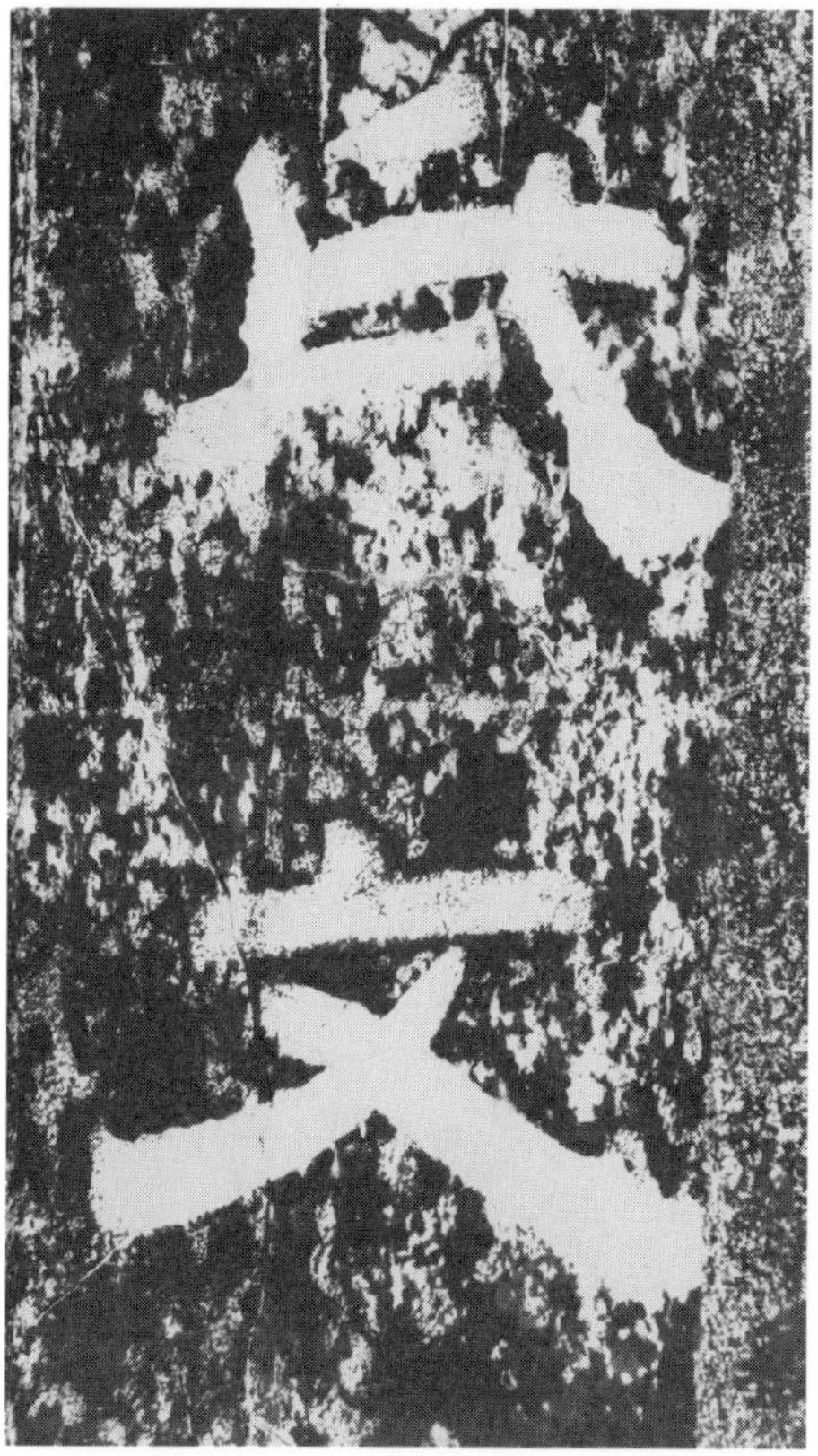
文

唐

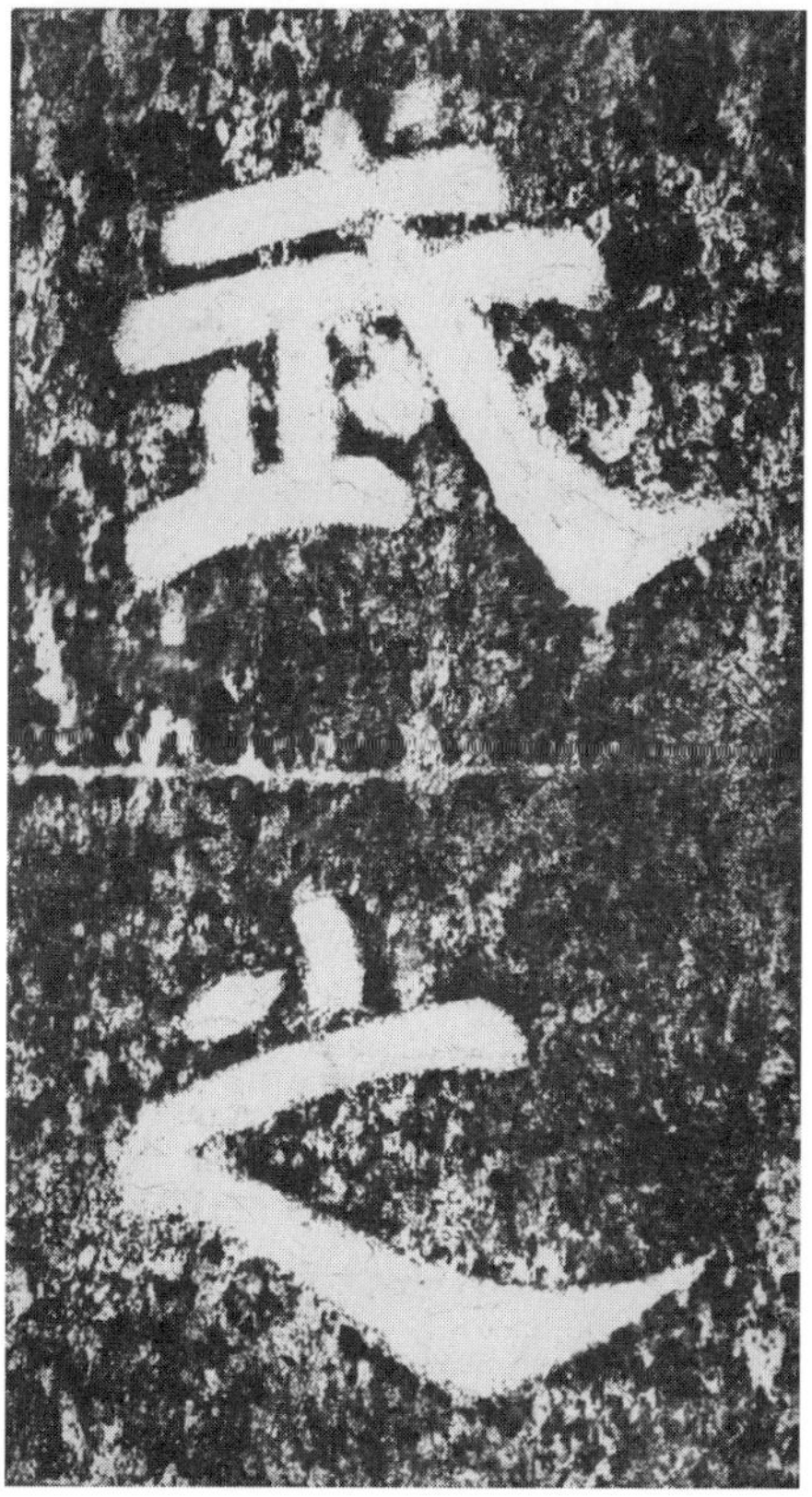
武
之

原拓「紀泰山銘」

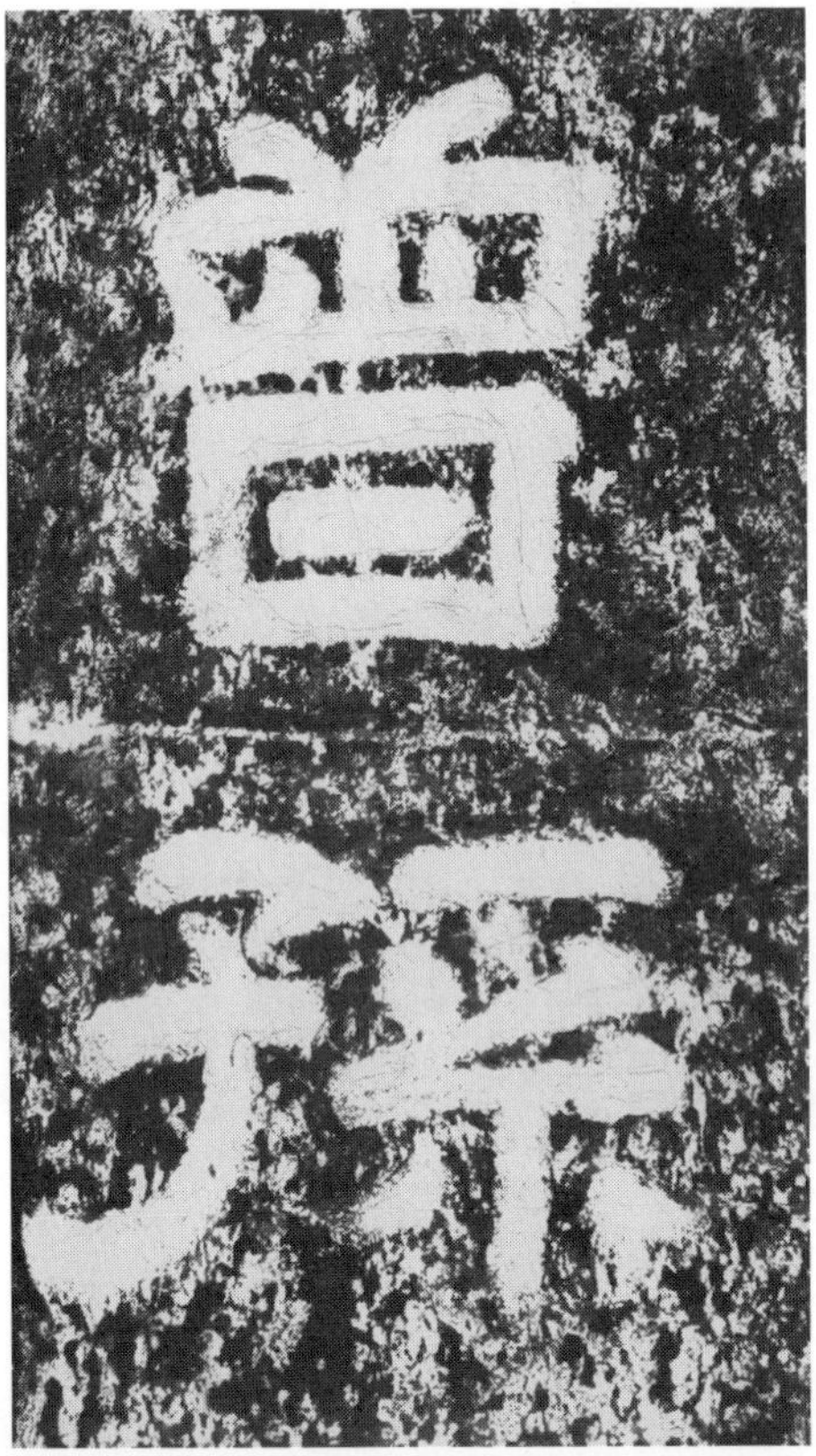

纘戎

弘保

寶業

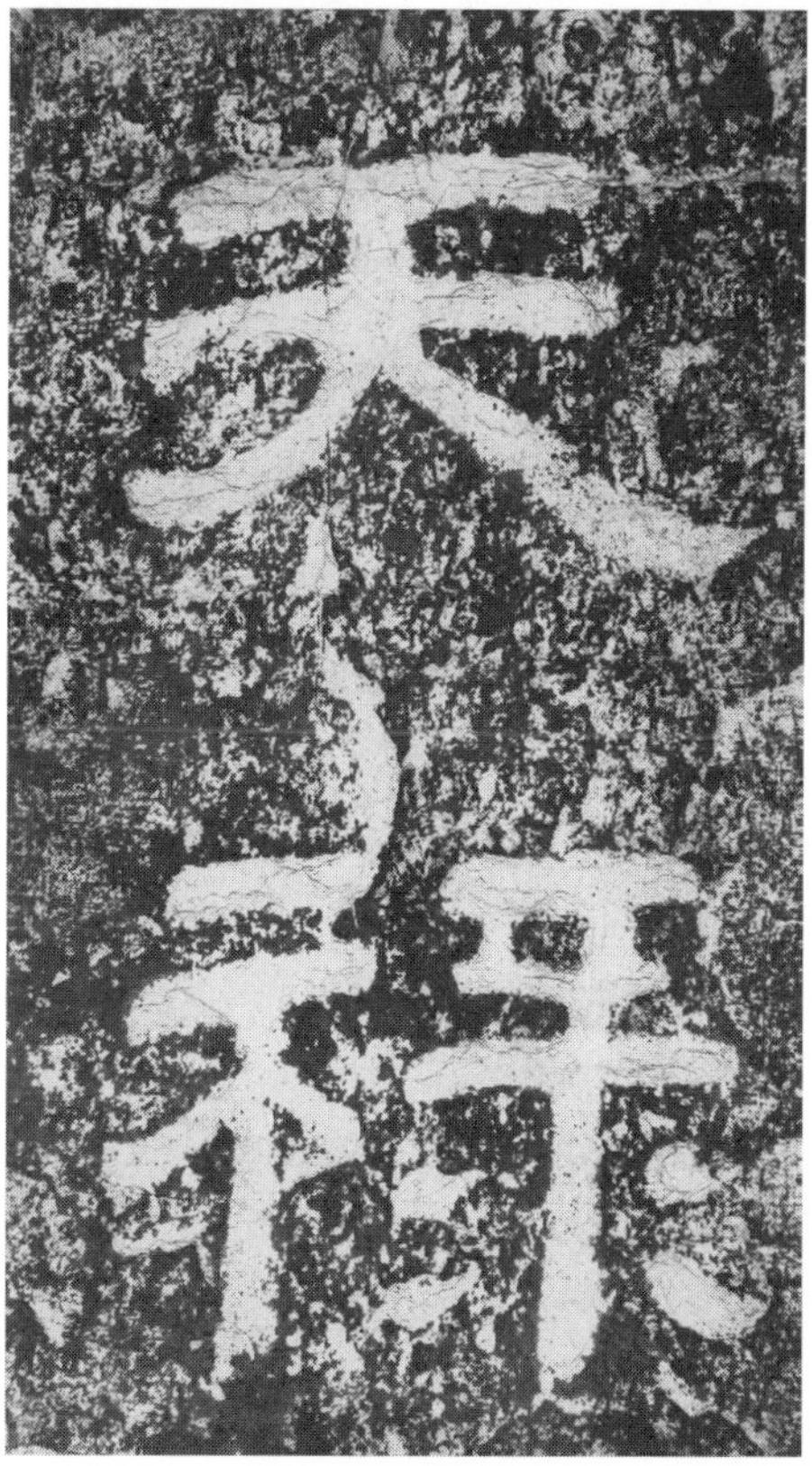
天祿

原拓「紀泰山銘」

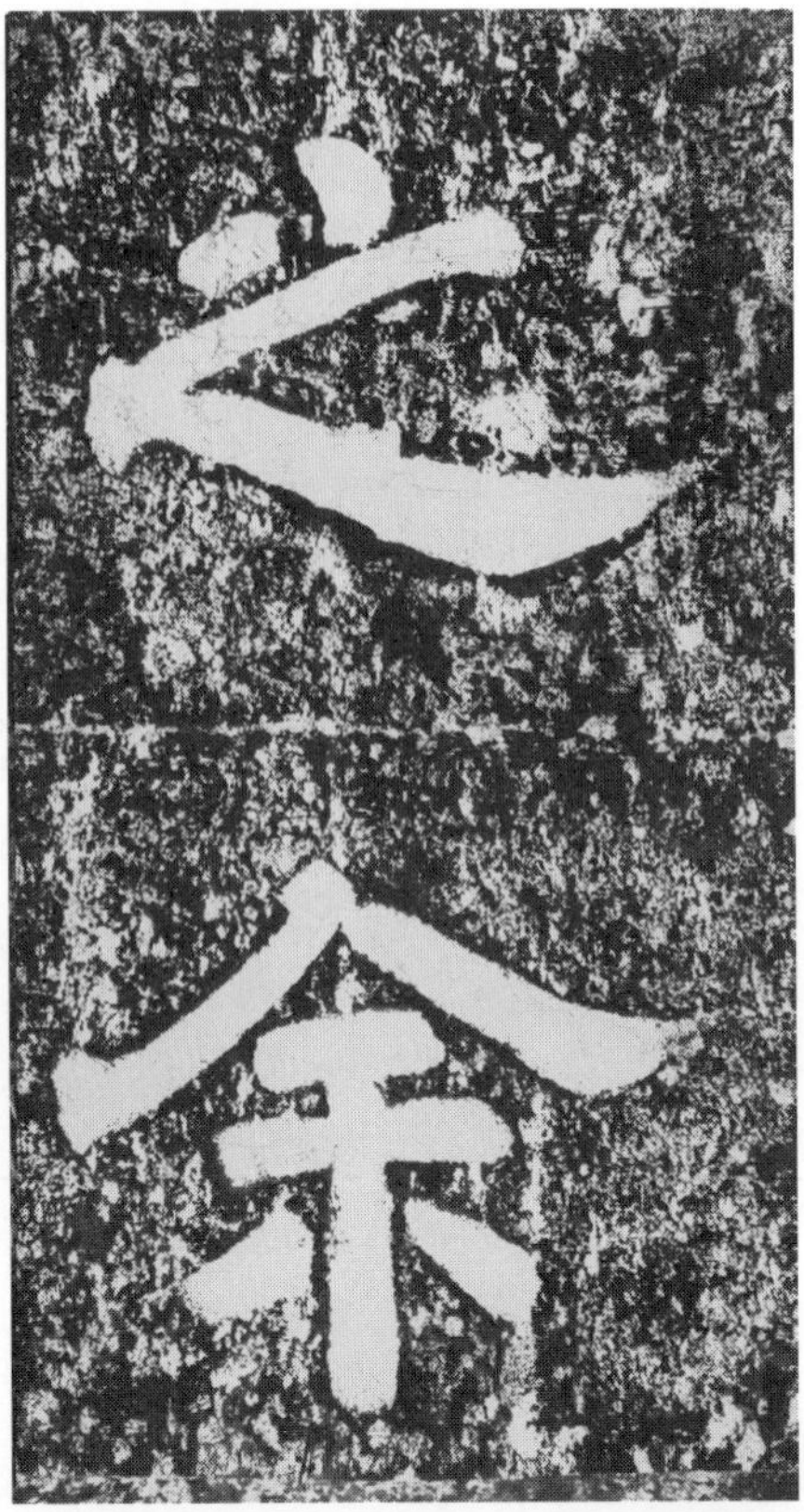

敢
對

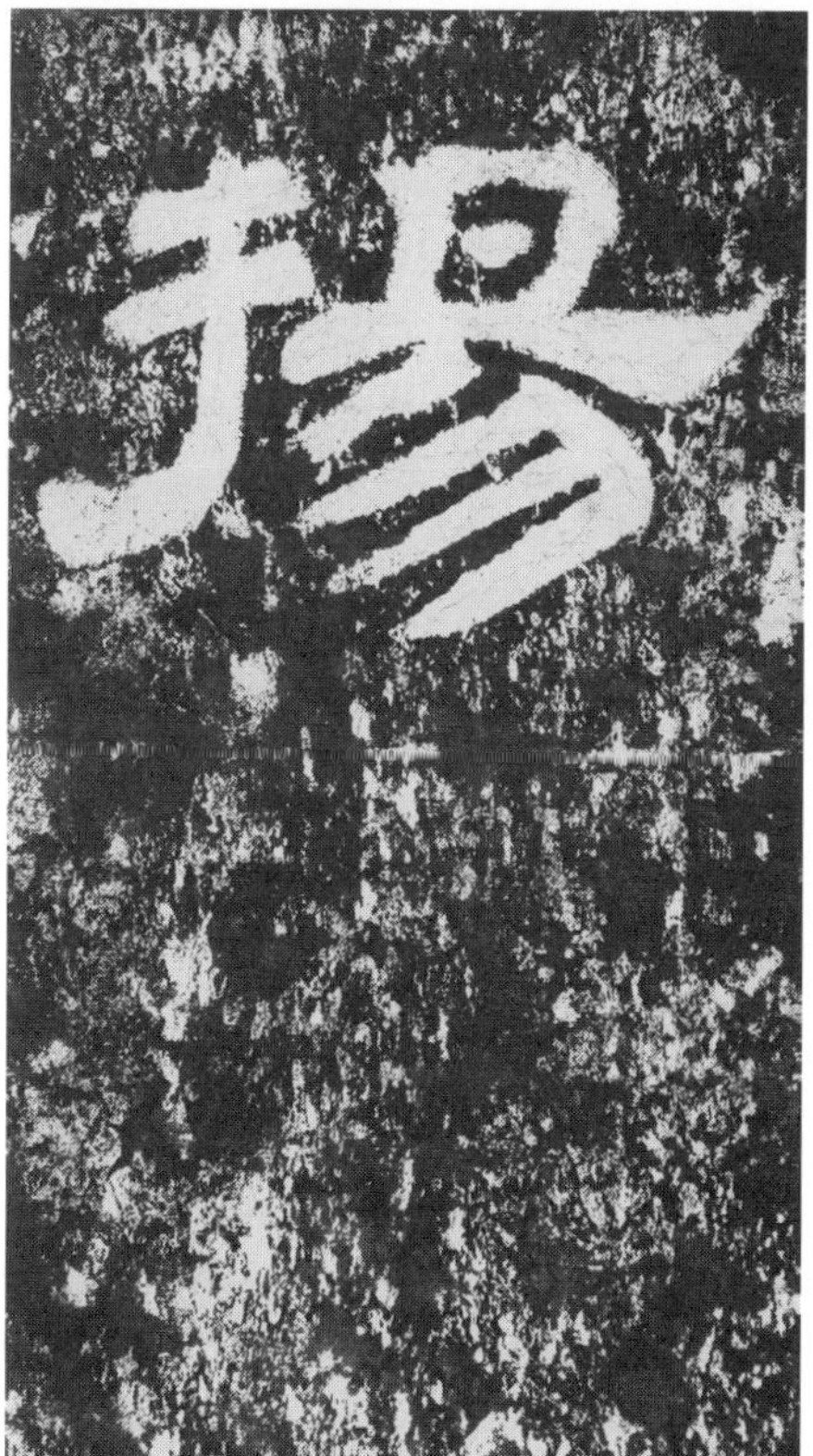
揚

上
宗

之
休

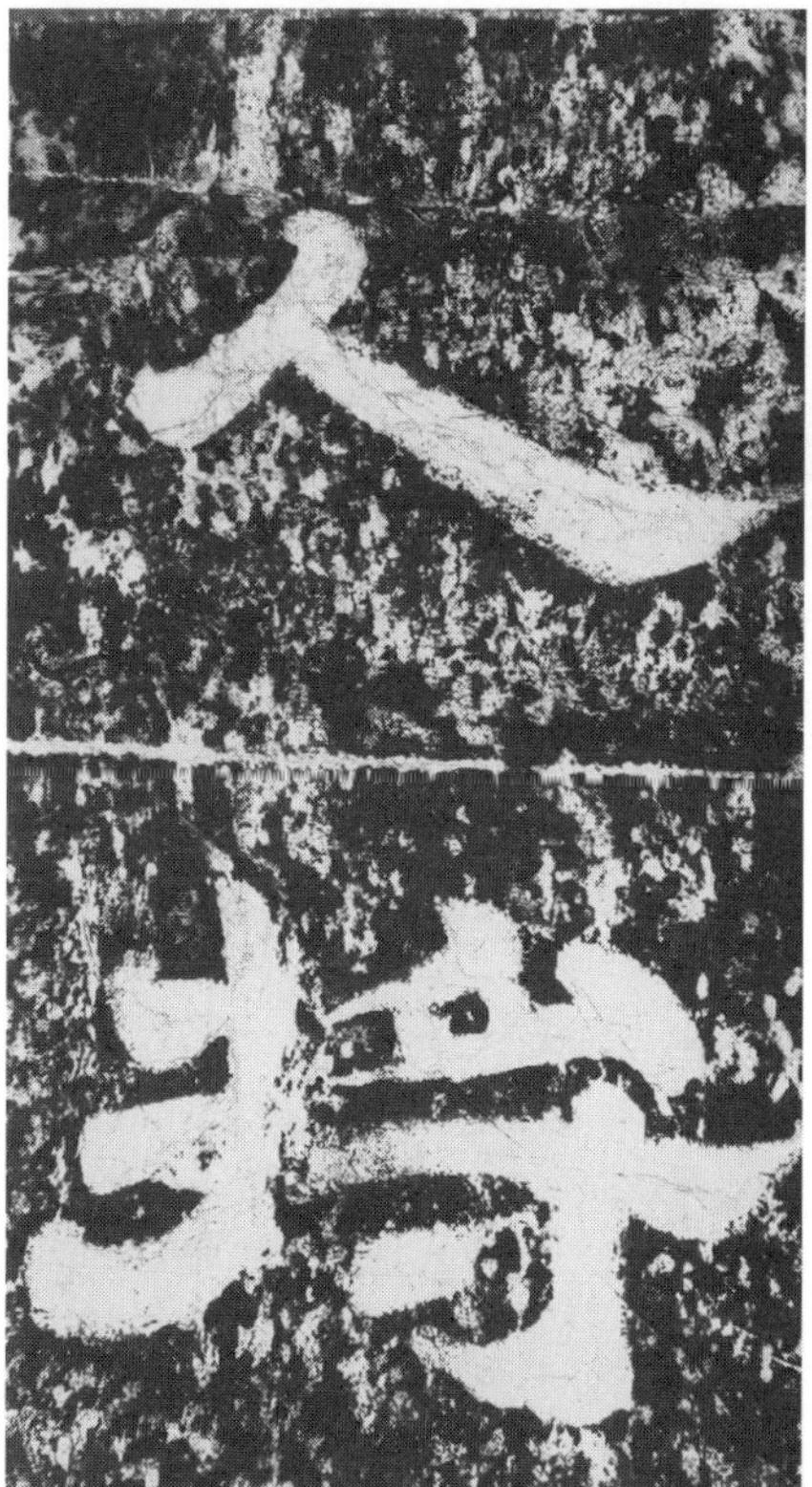

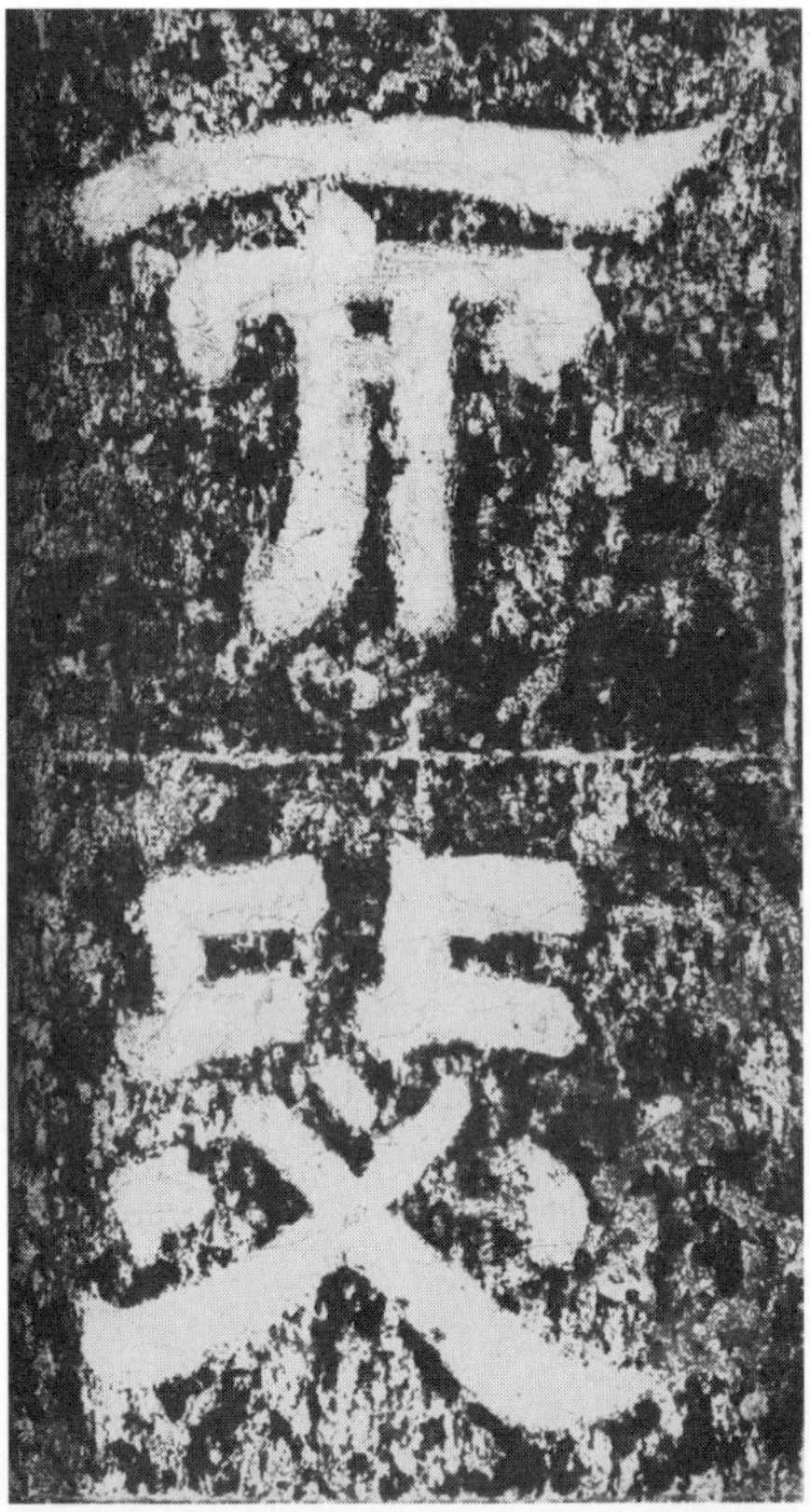

原拓「紀泰山銘」

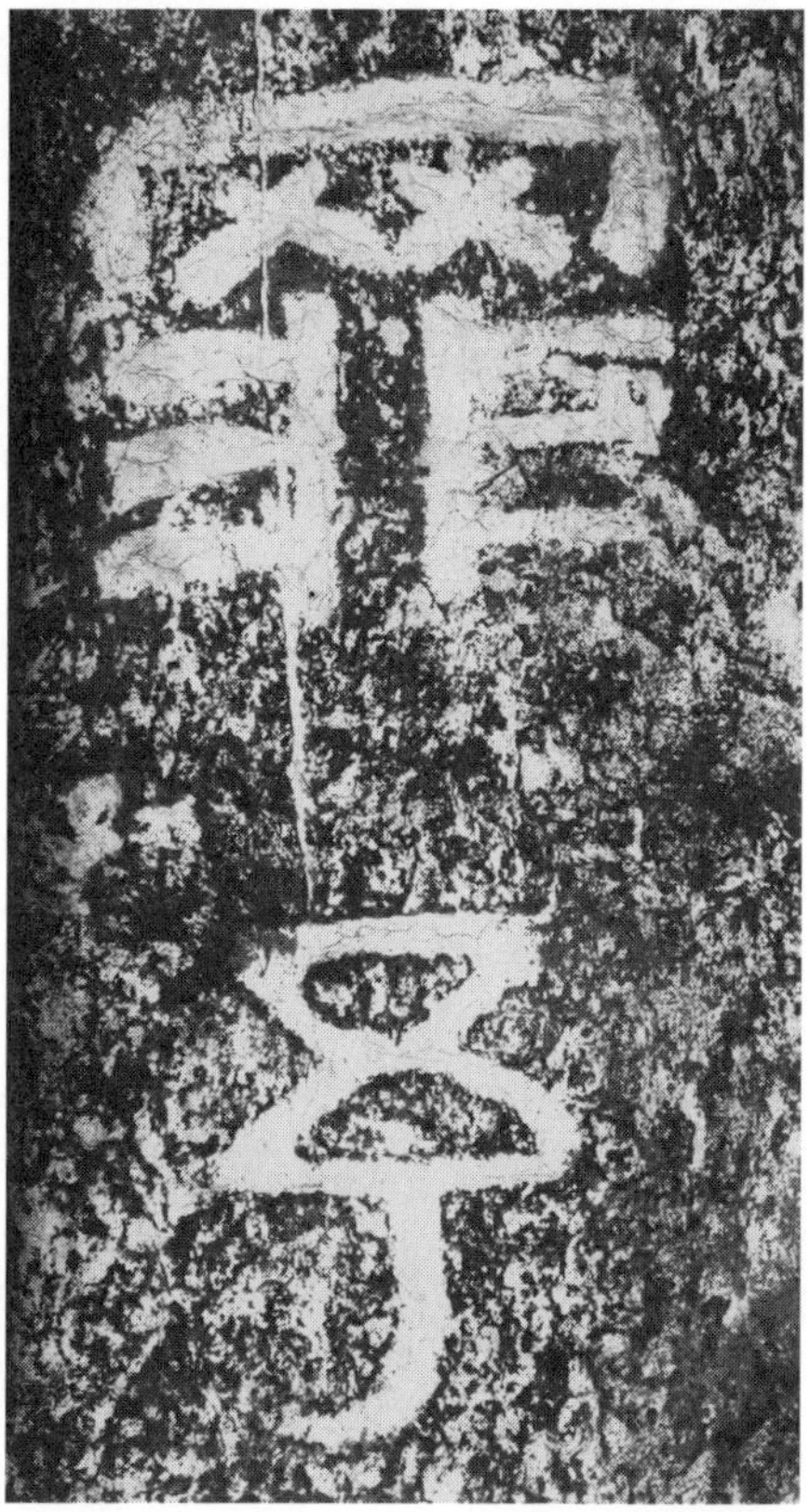

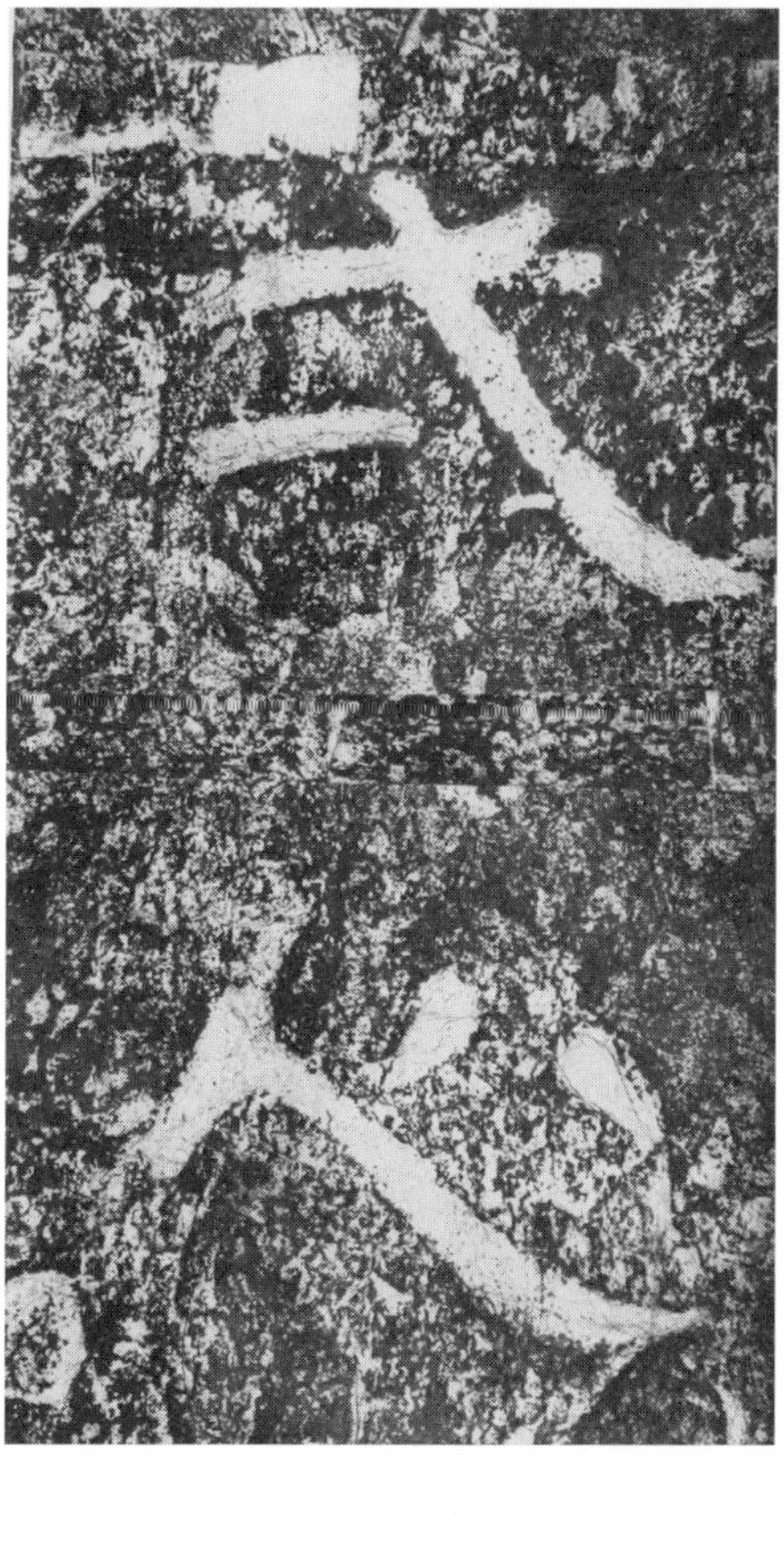

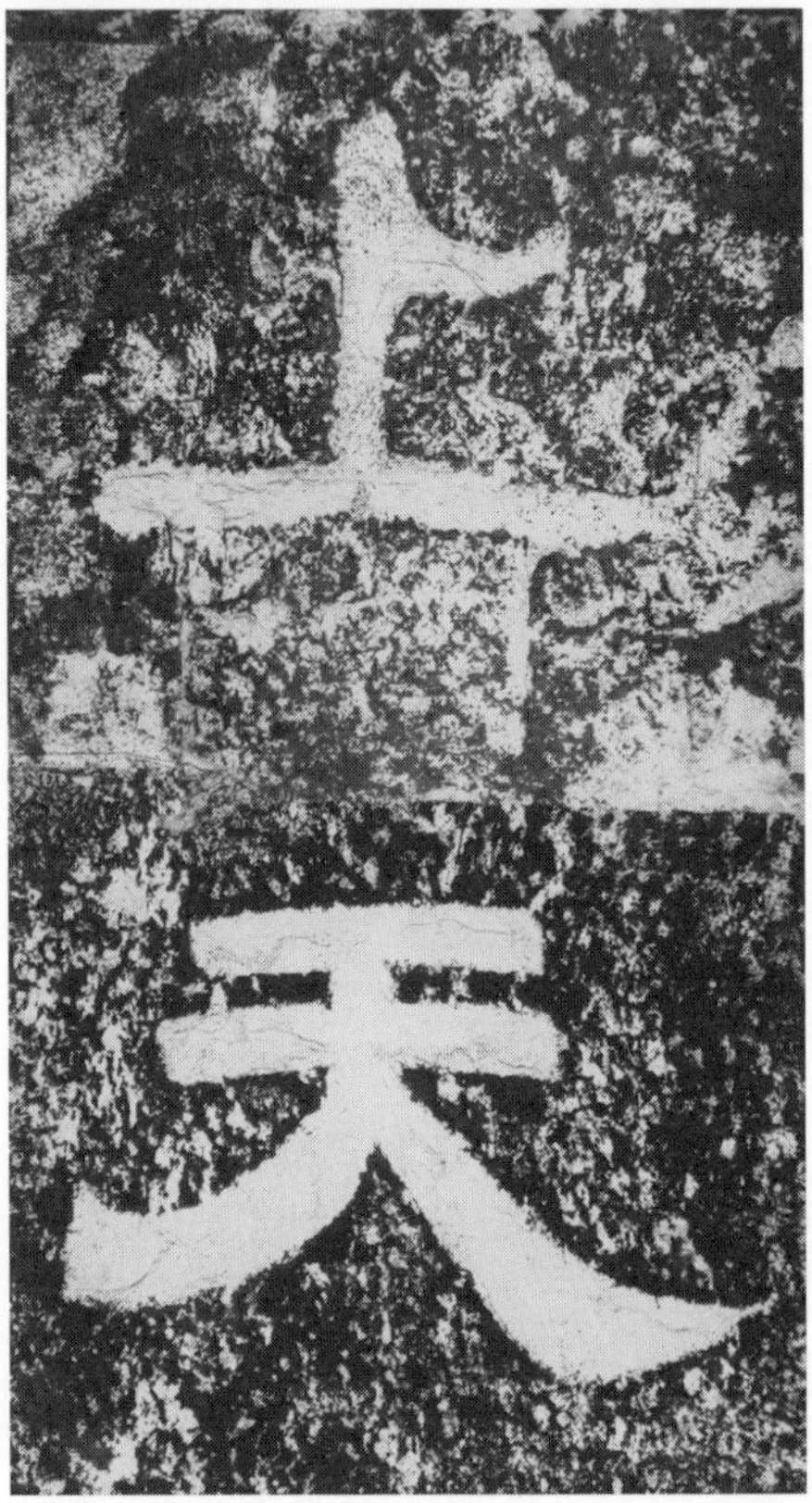

原拓「紀泰山銘」

儉
者

來
之

崇

訓
曰

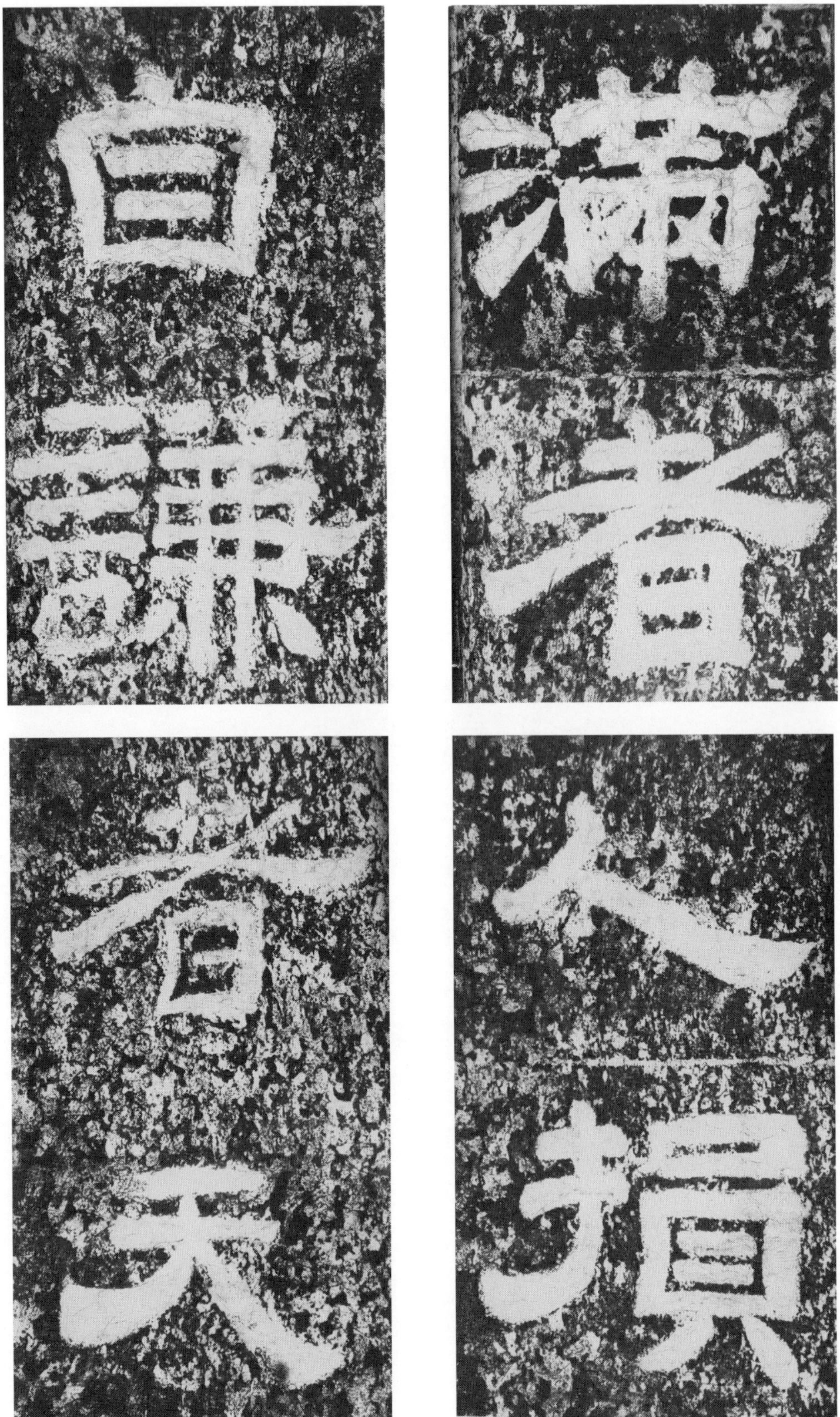

原拓「紀泰山銘」

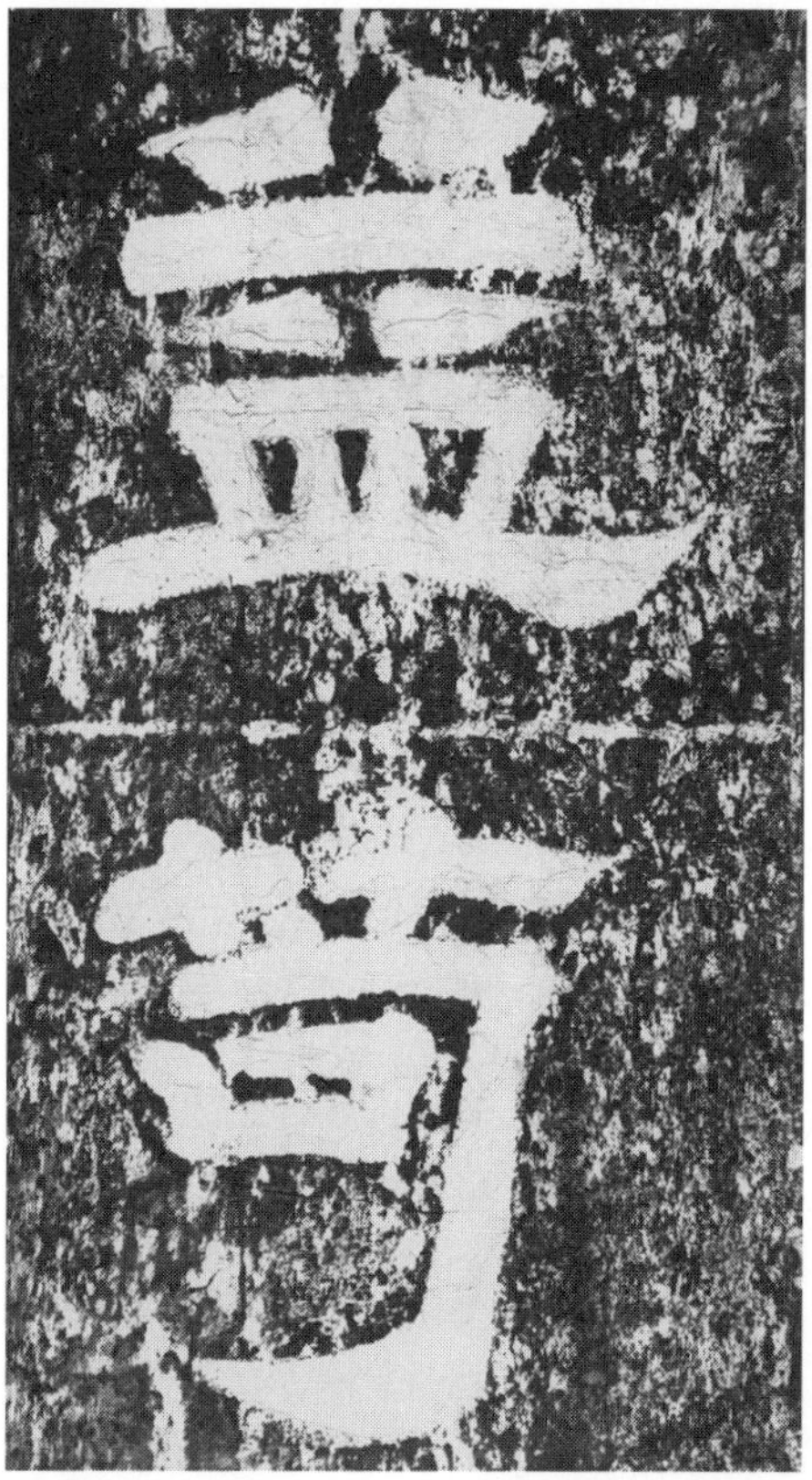

原拓「紀泰山銘」

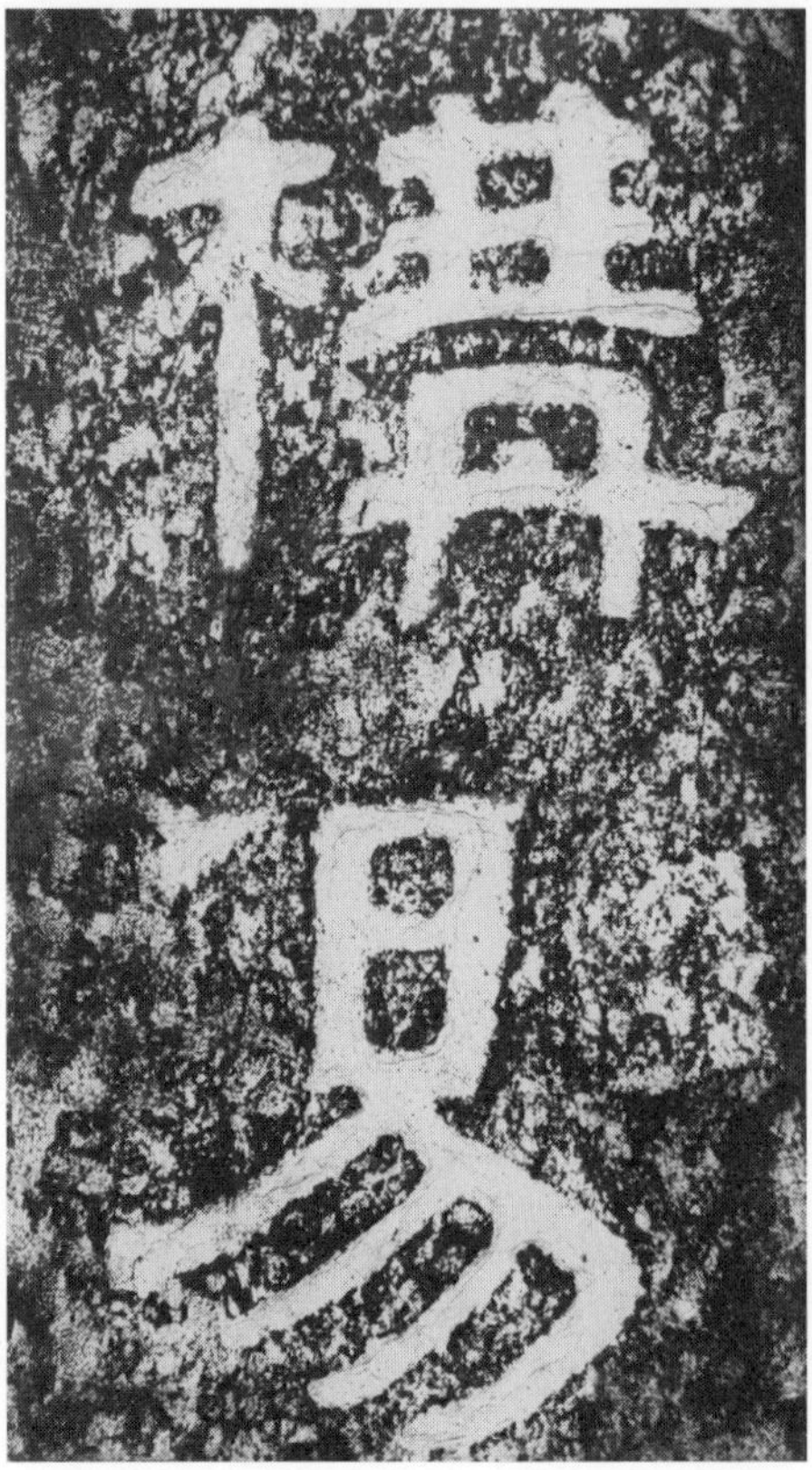

刻
金

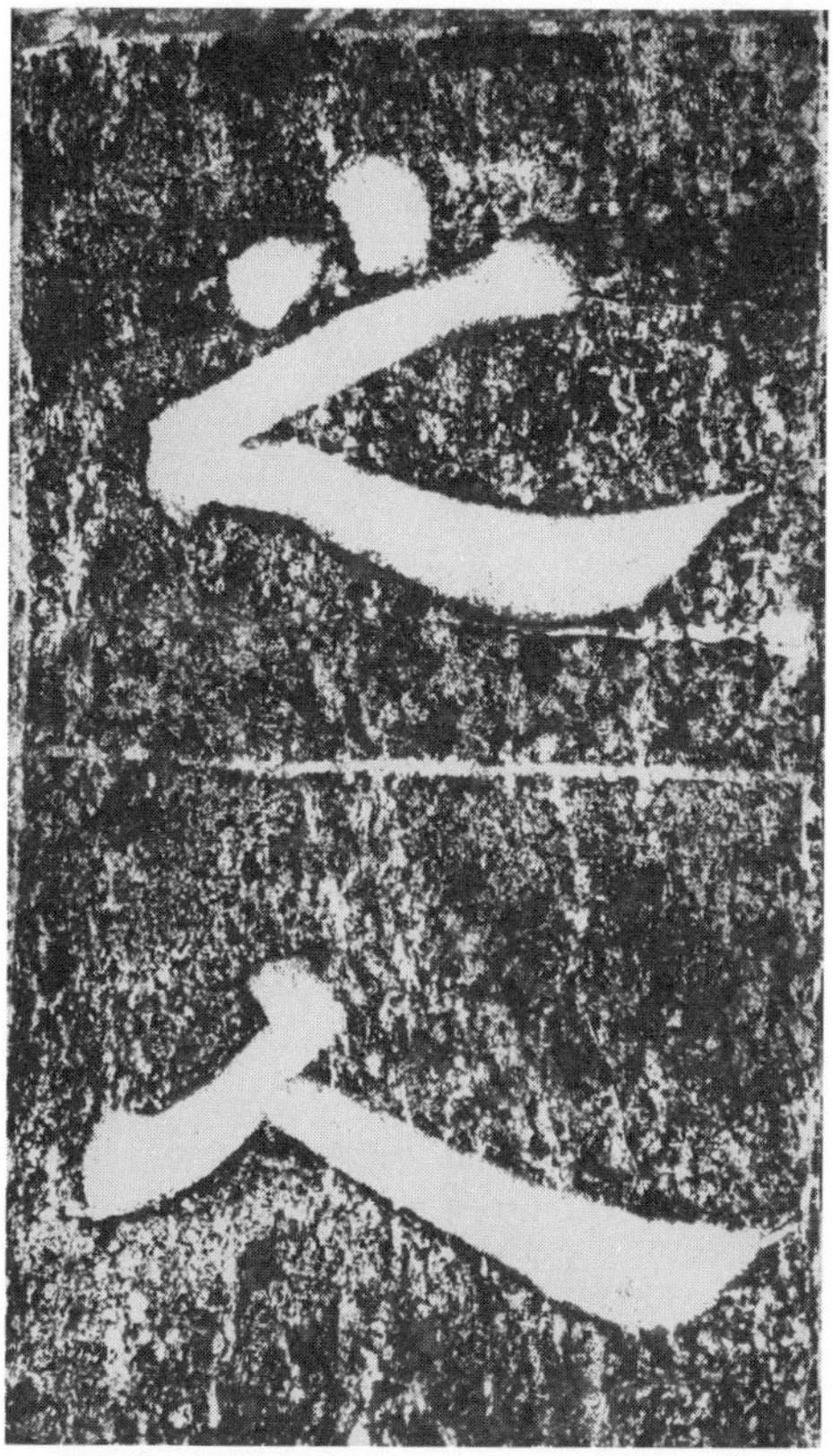
之
人

記
後

聽
詞

原拓「紀泰山銘」

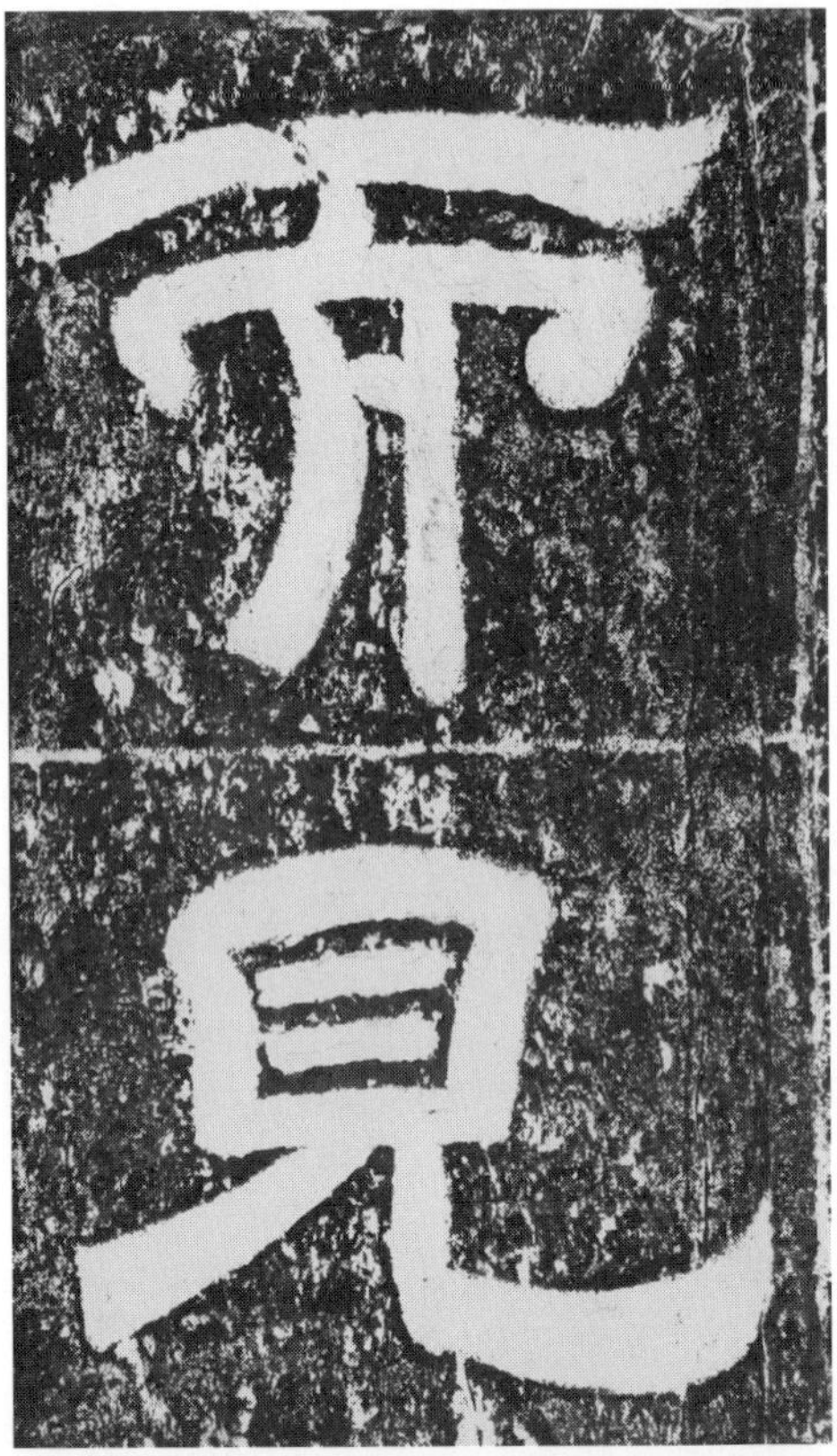

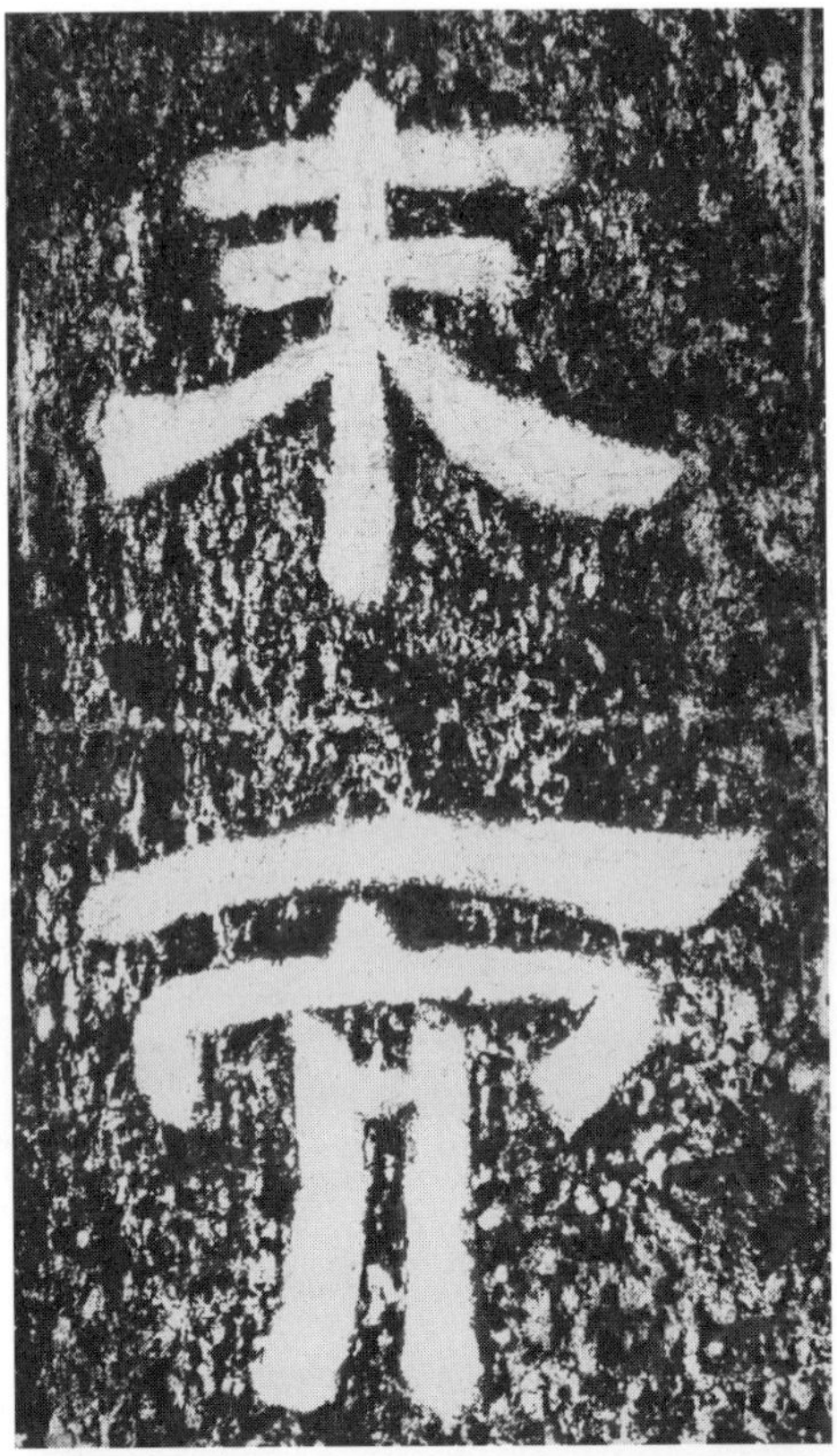

銘
曰

維
天

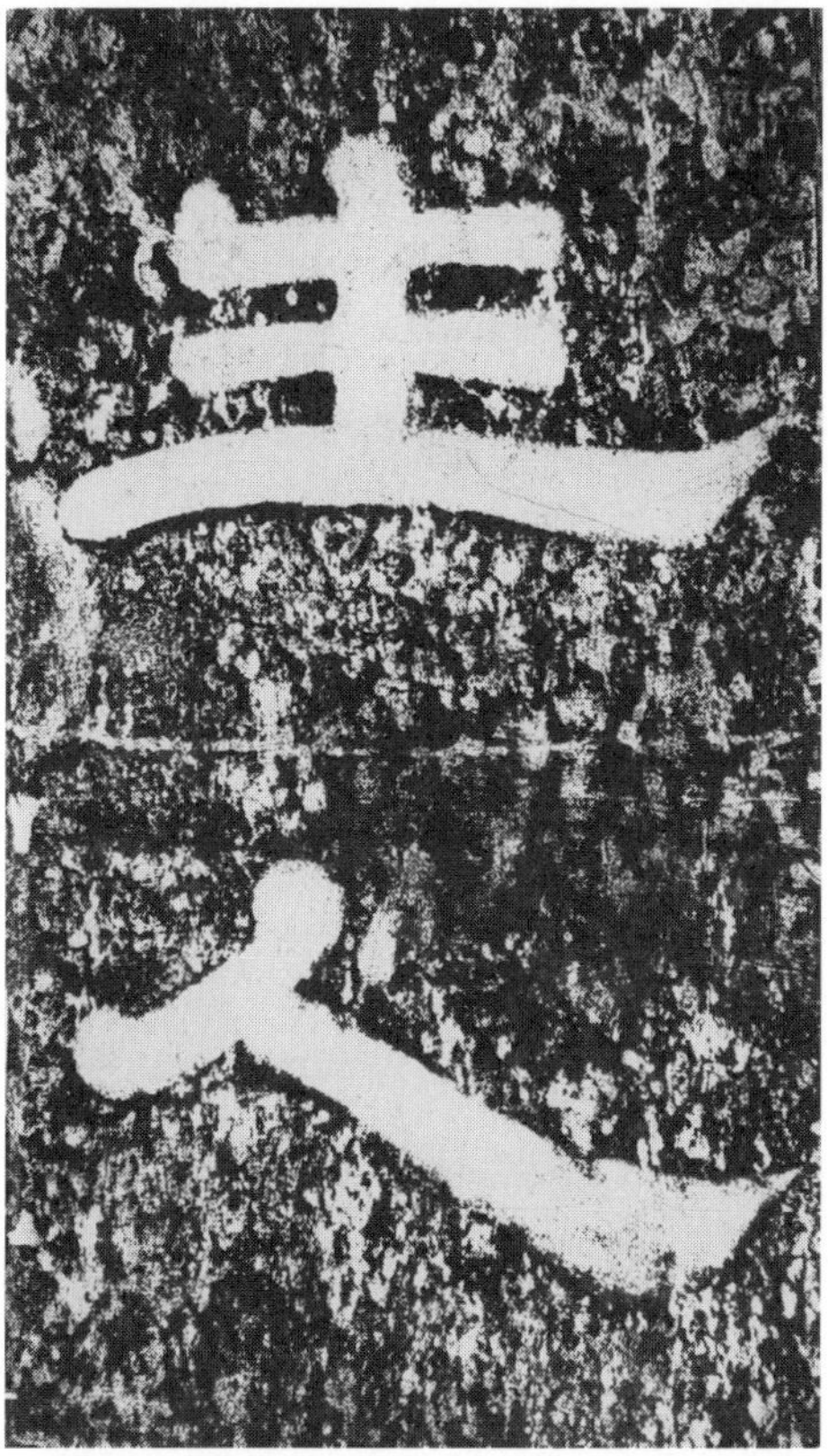
生
人

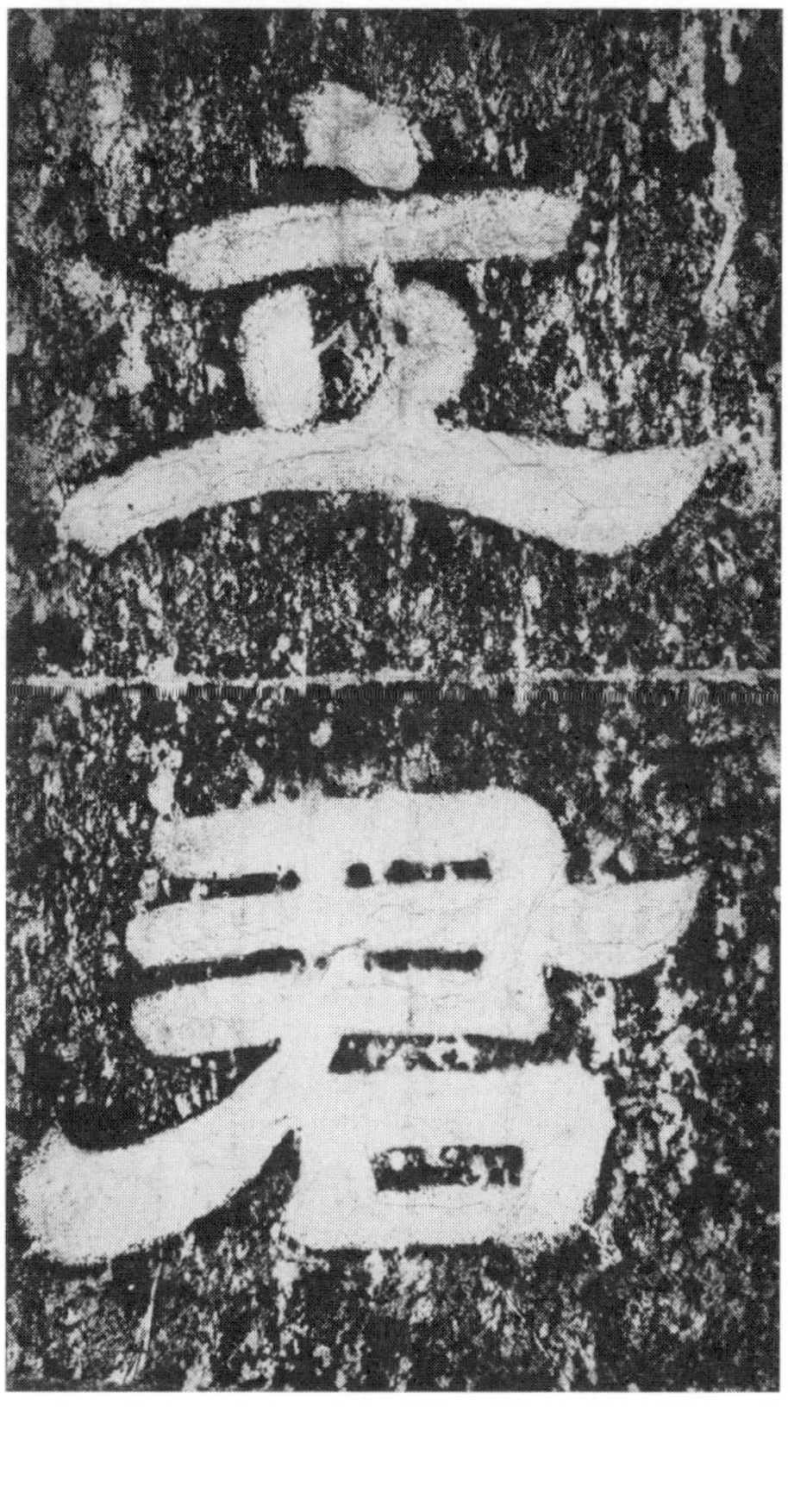
立
君

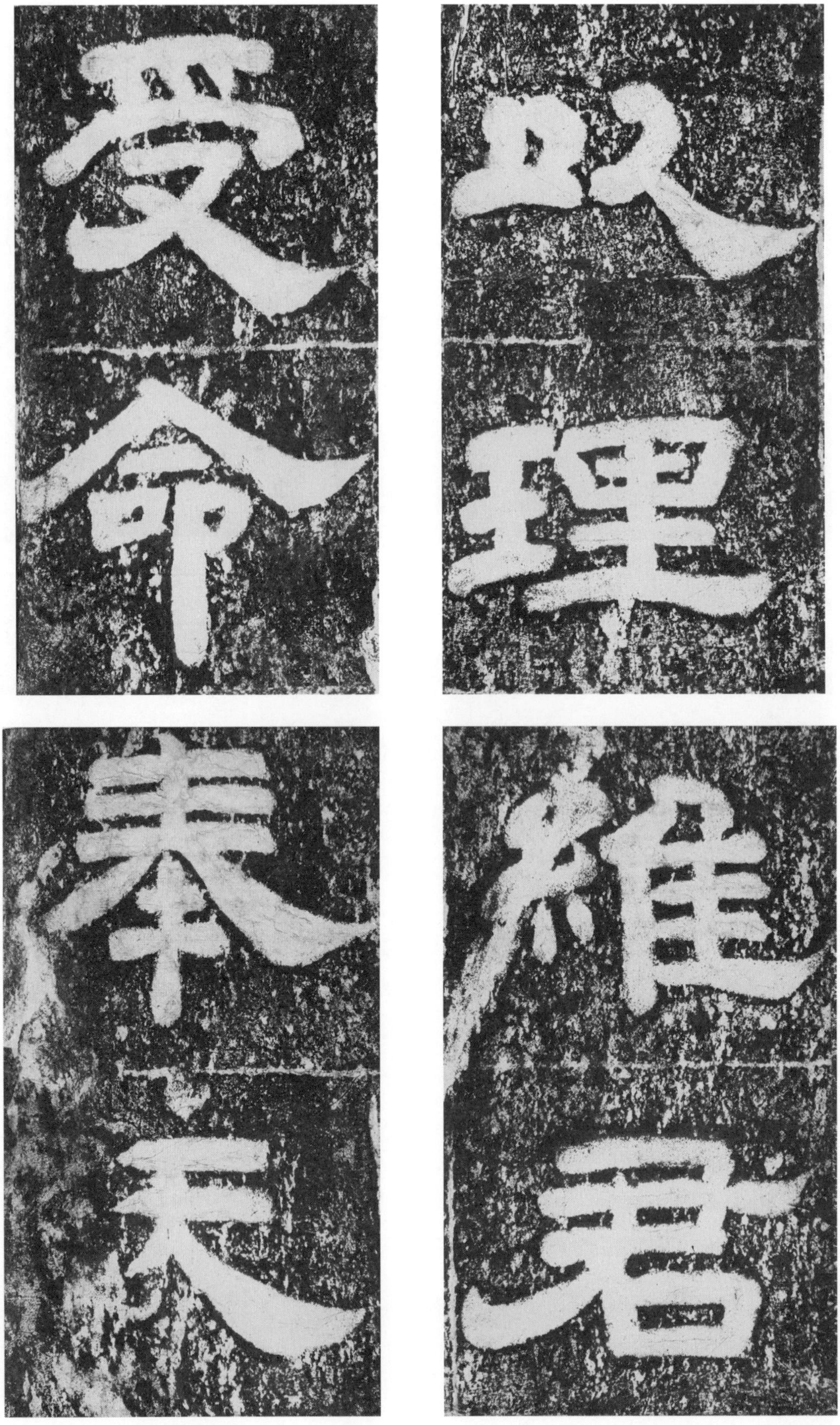

原拓「紀泰山銘」

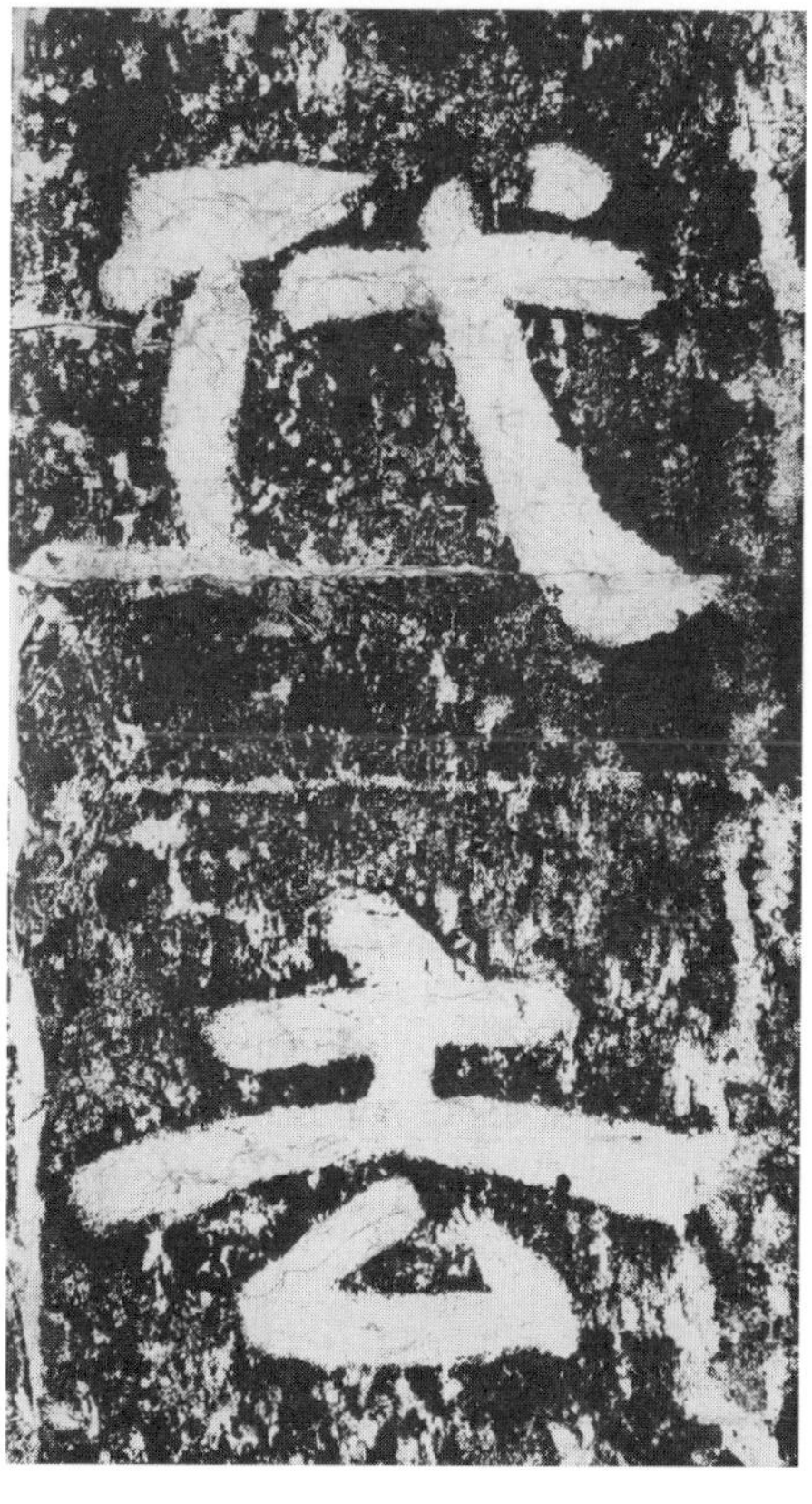
代
去

雷

人
來

原拓「紀泰山銘」

所

高
祖

赫
赫

明
明

原拓「紀泰山銘」

原拓「紀泰山銘」

年
一

脩
封

禮

禪

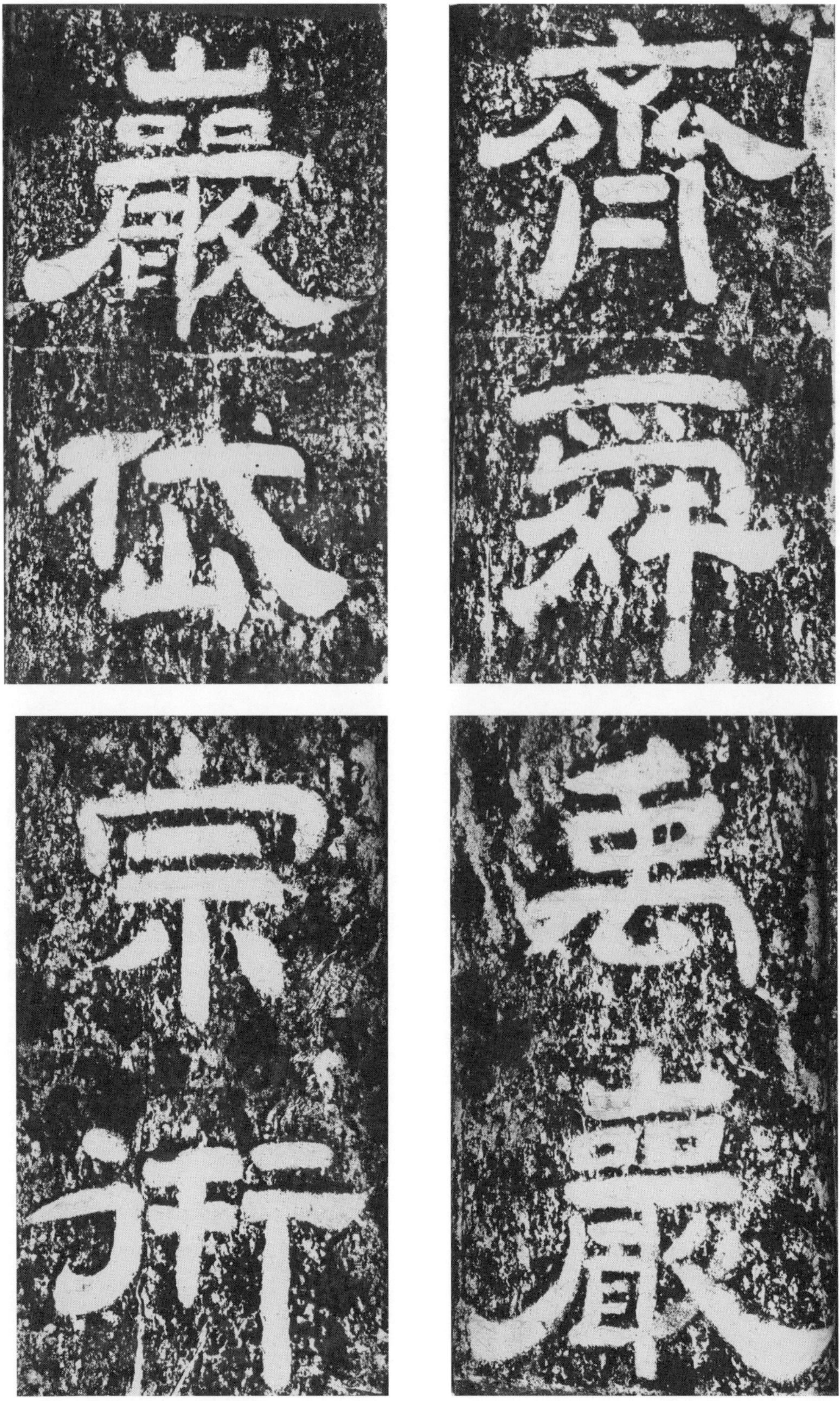

原拓「紀泰山銘」

我
神

中

宗
紹

原拓「紀泰山銘」

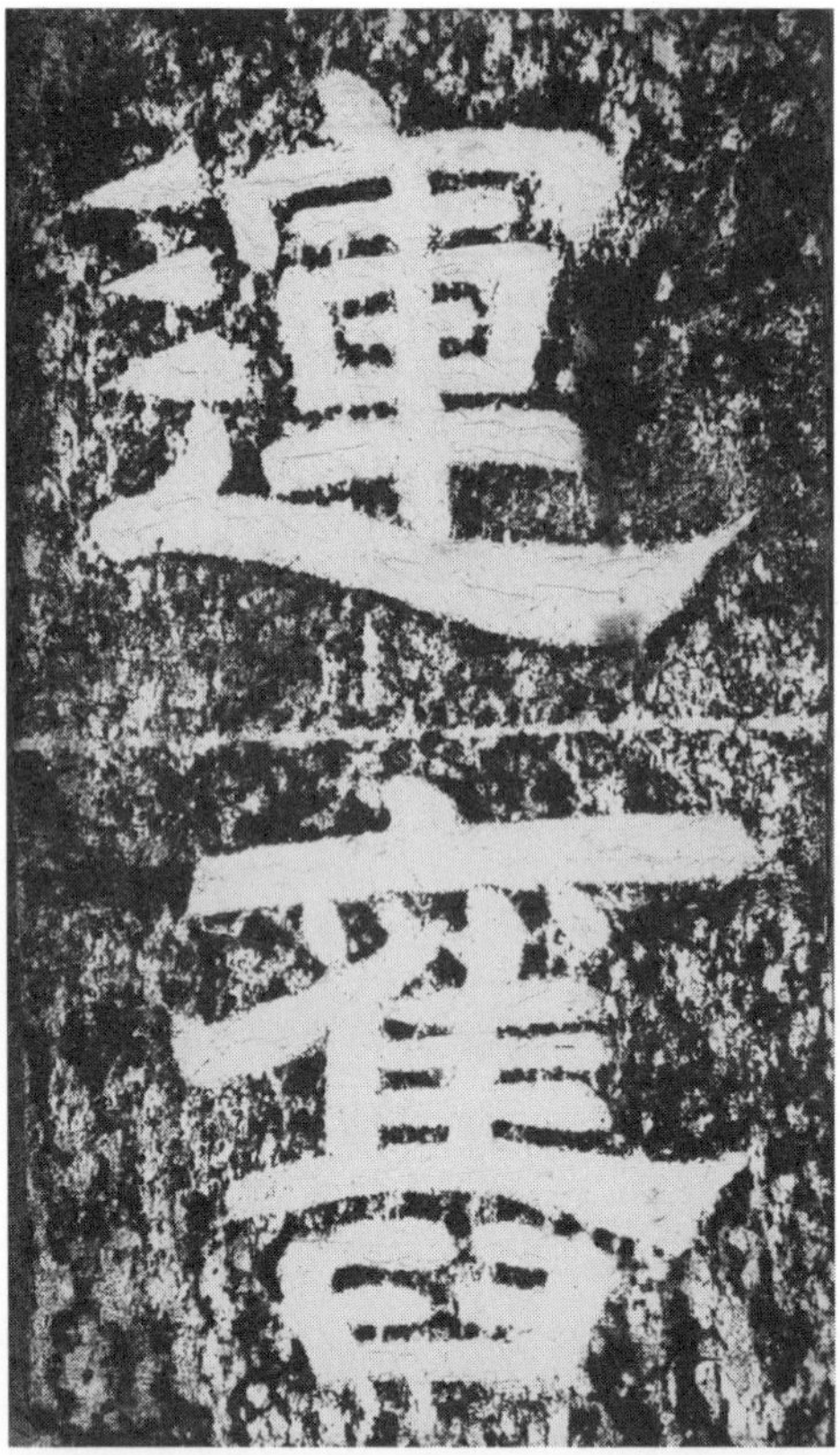

歸
仁

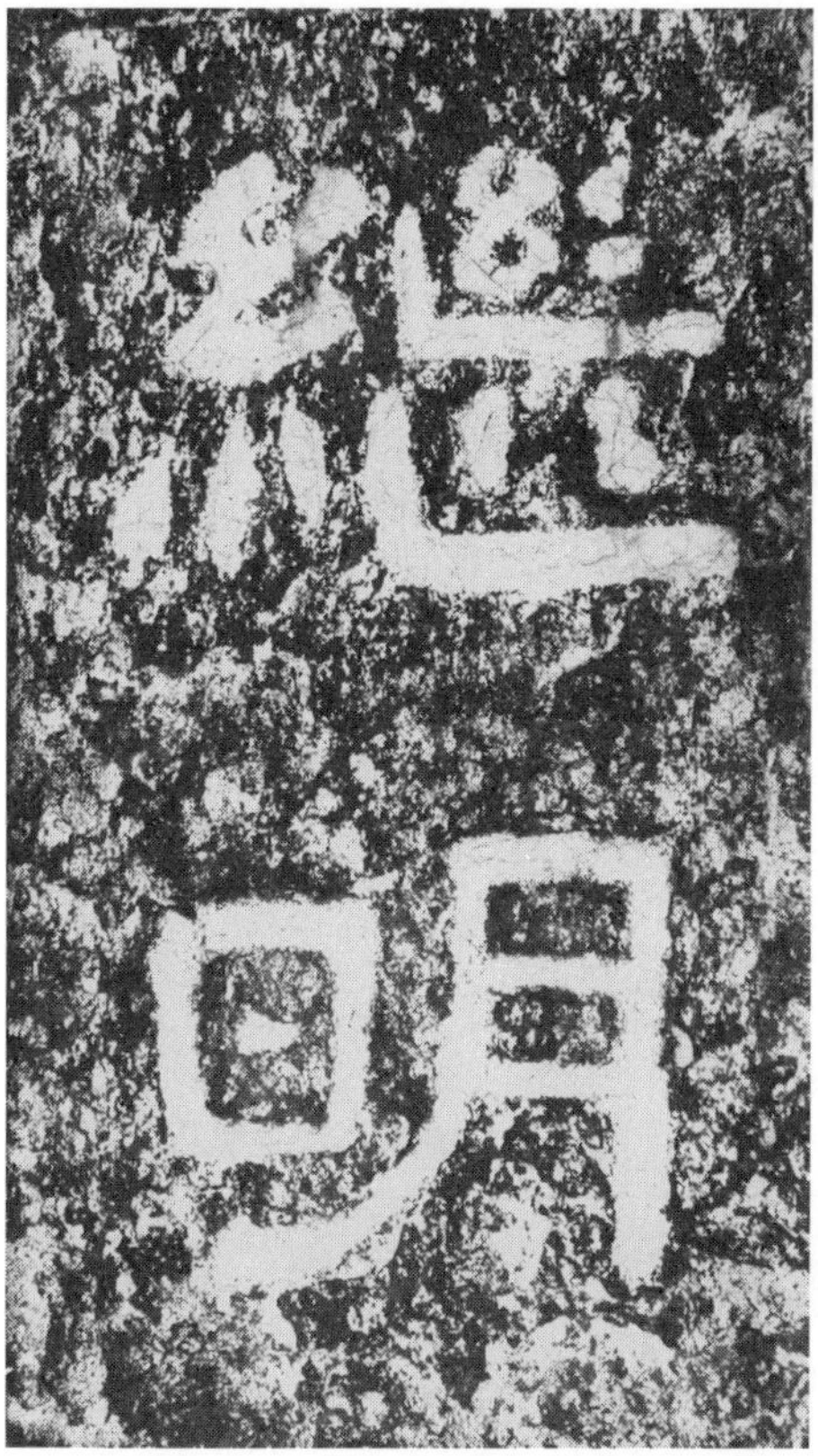
明

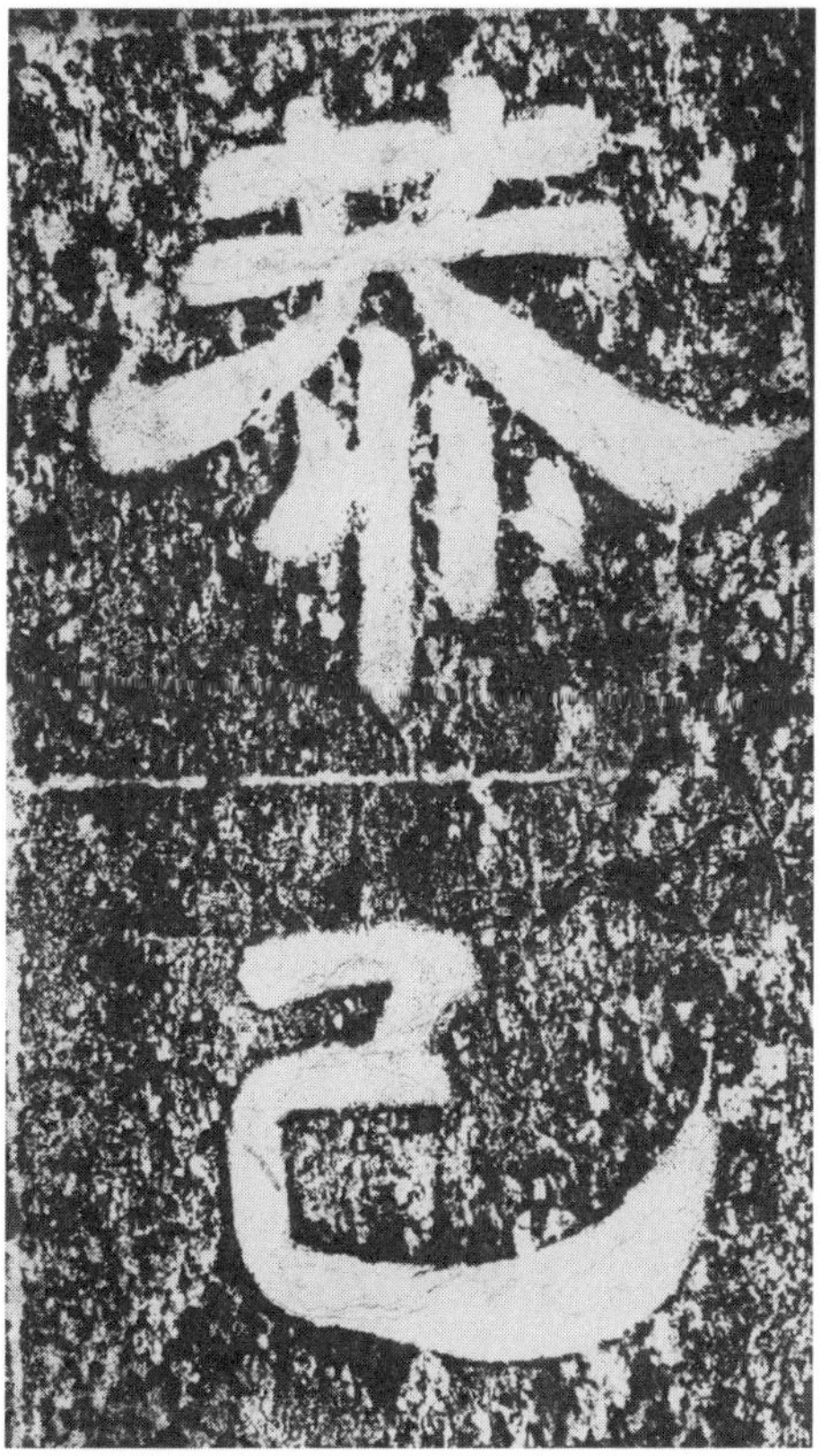
泰

天
下

原拓「紀泰山銘」

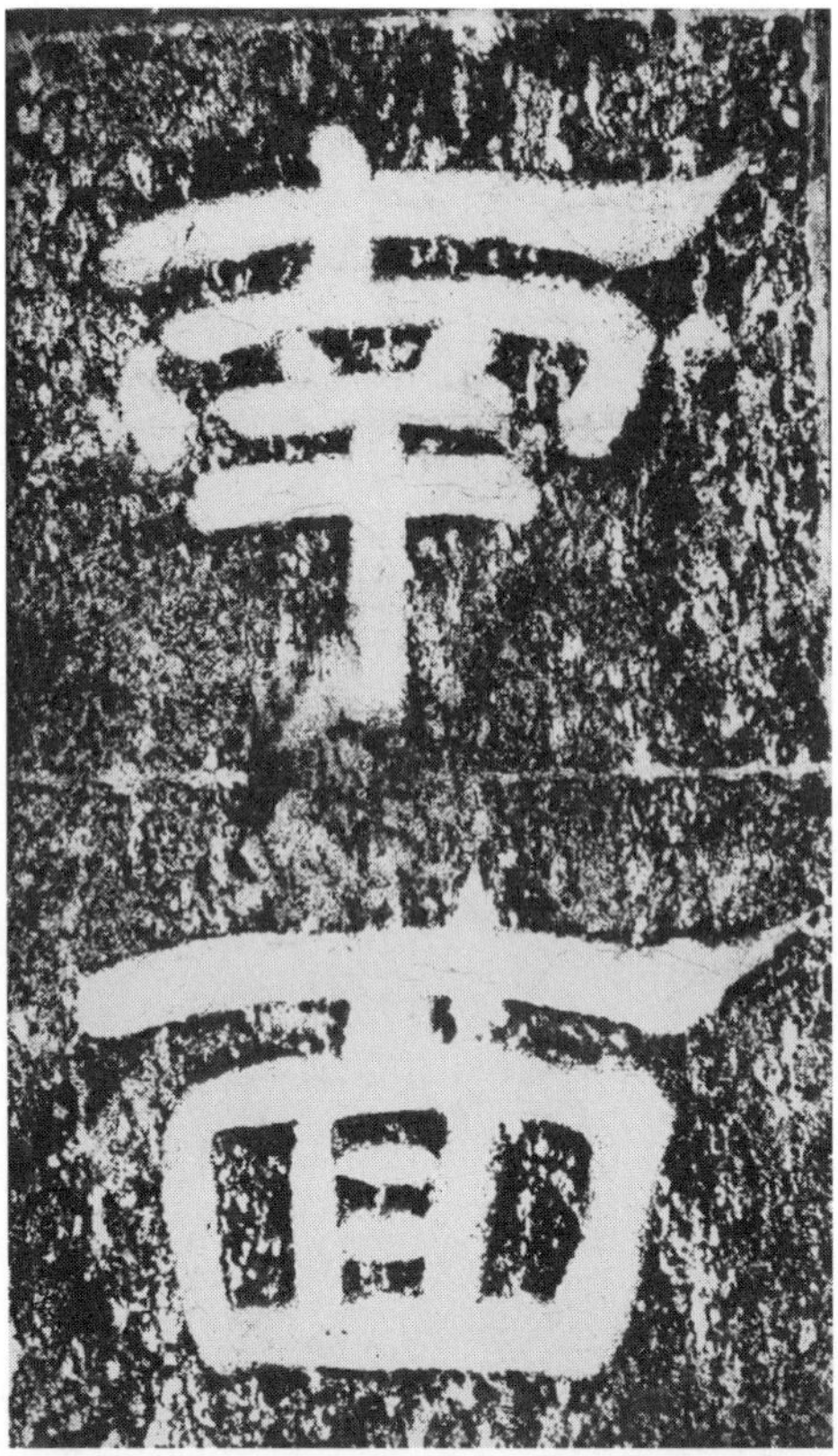

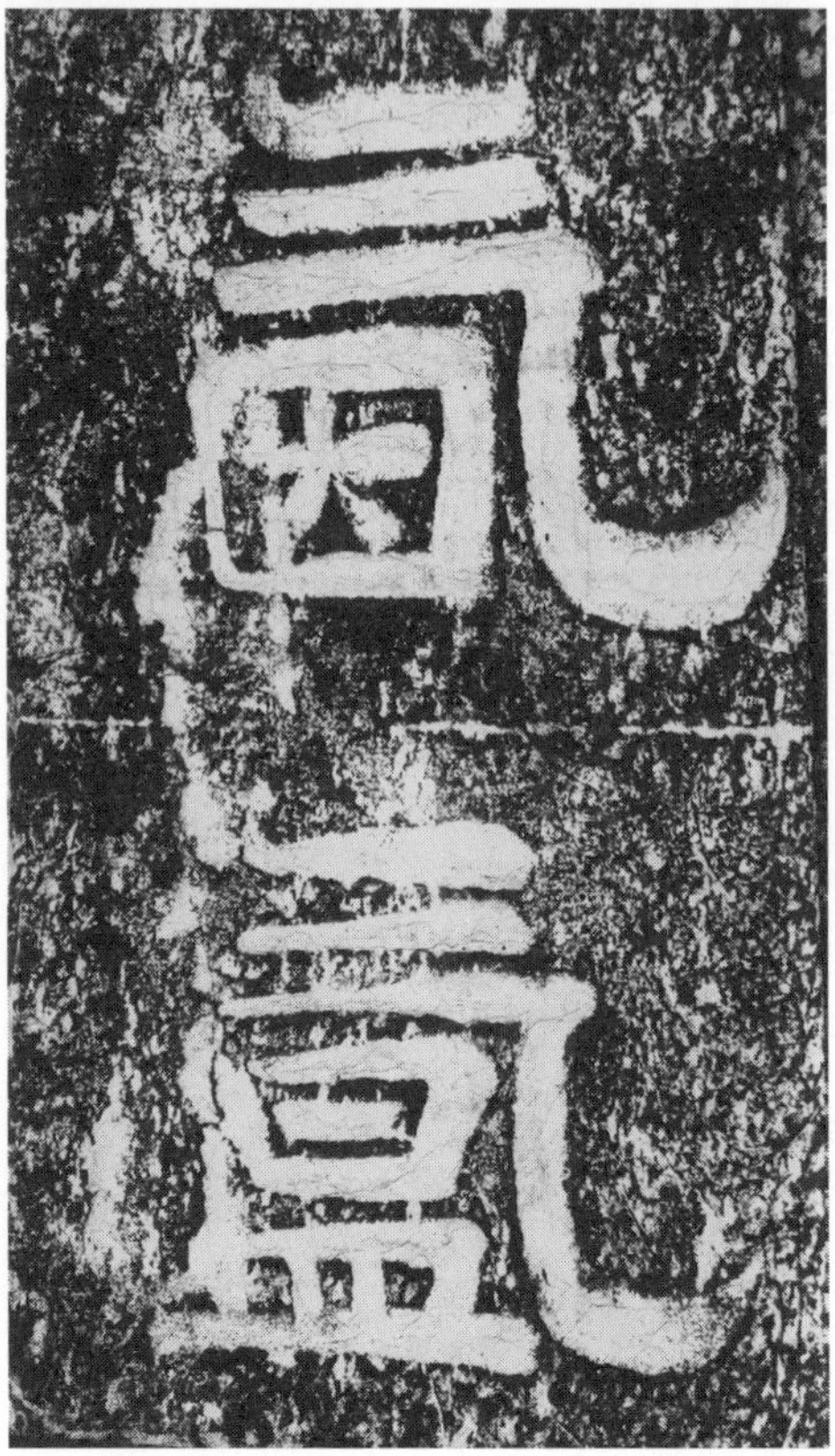

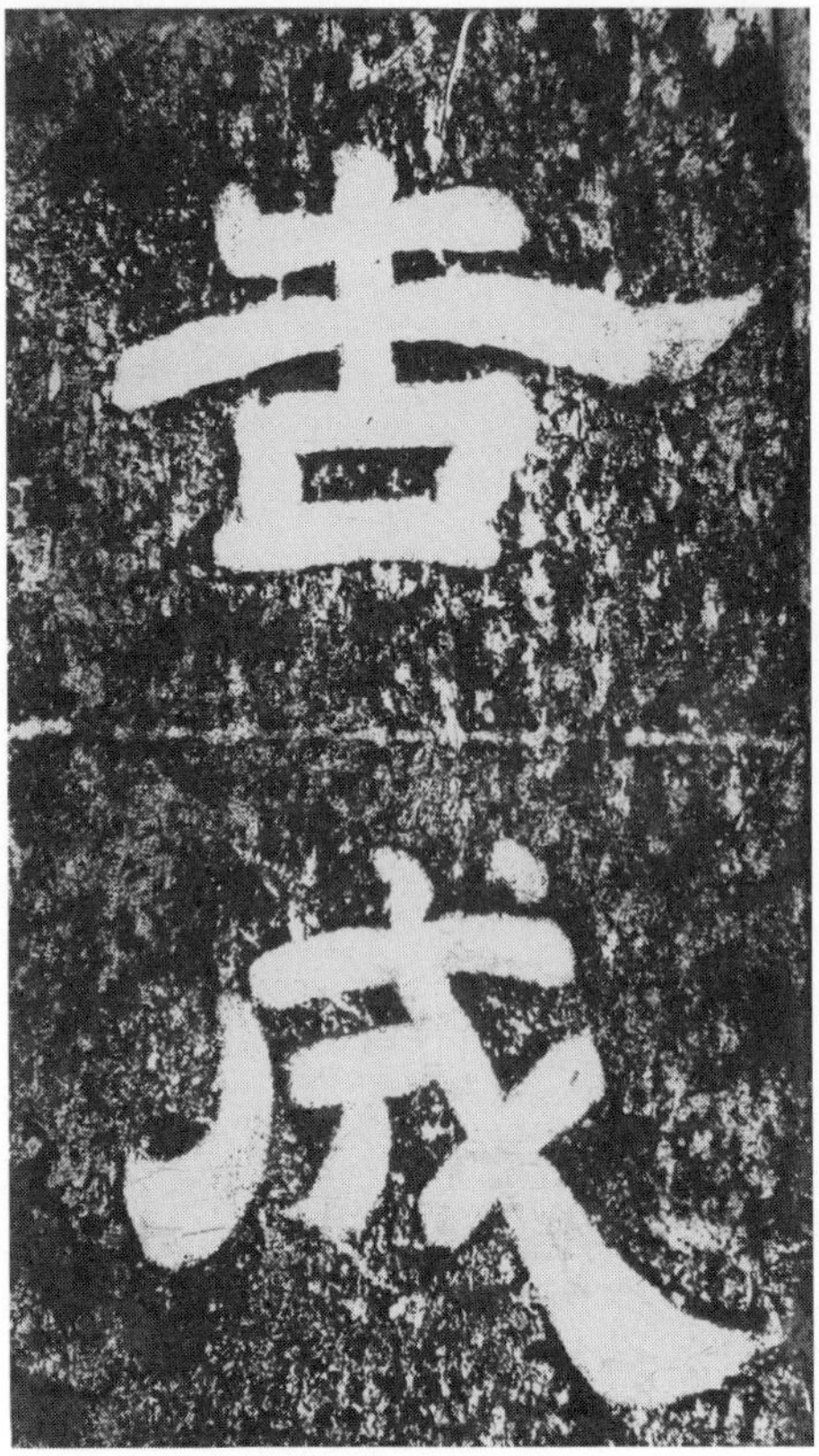

禮

人

諧

緬
余

小
子

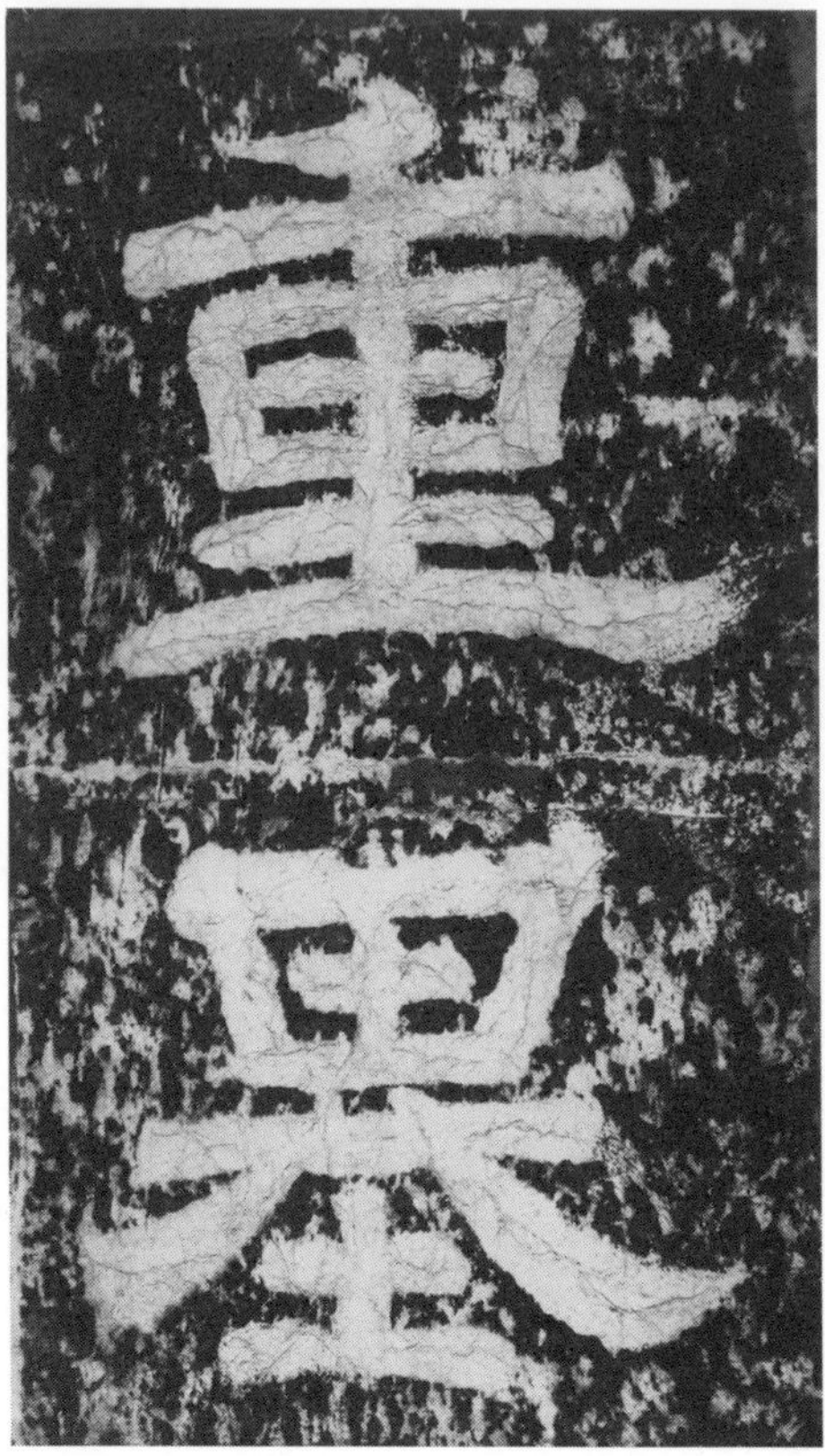
重
基

之
聖

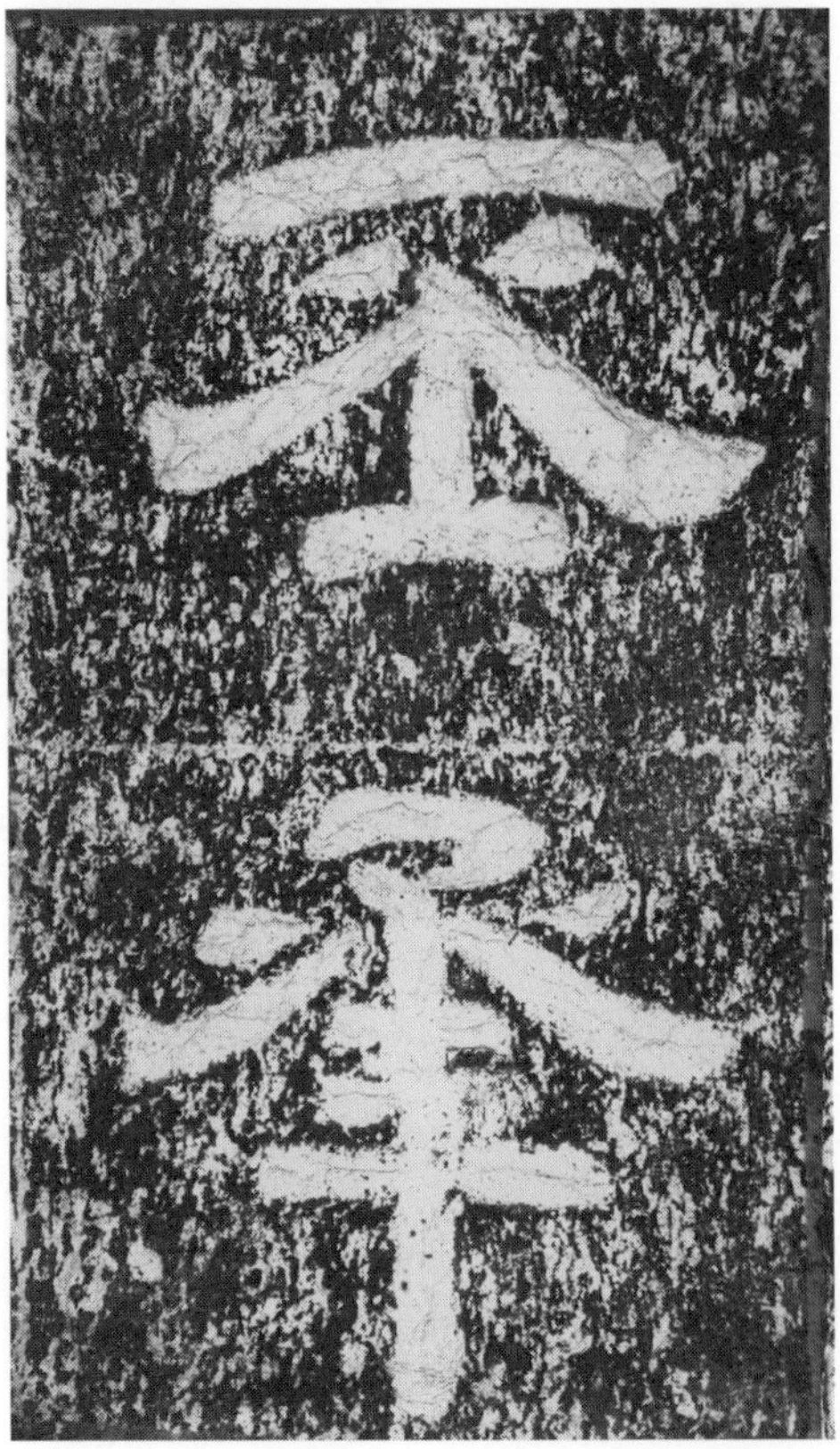

天

之
姓

福

告
封

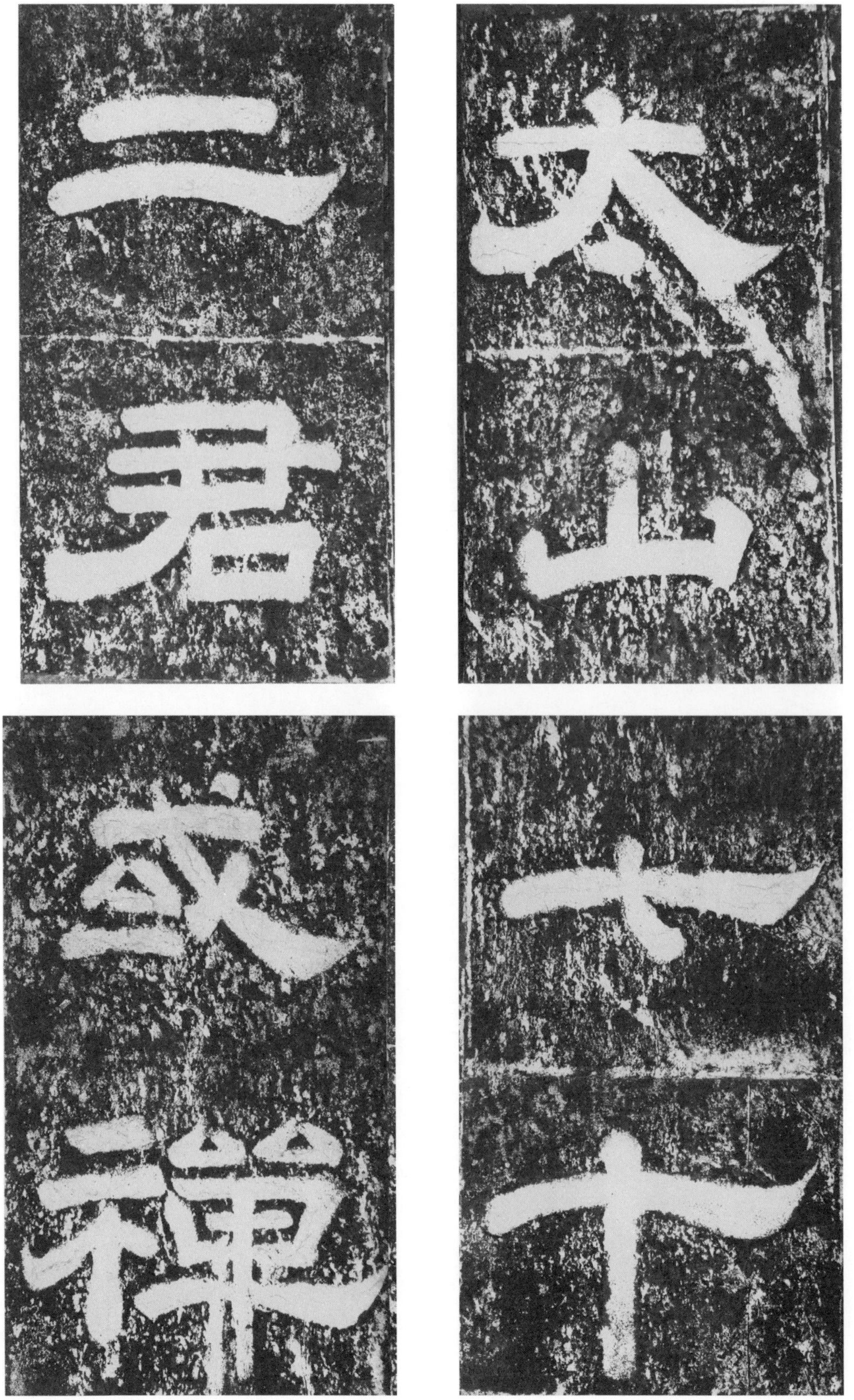

原拓「紀泰山銘」

亦
亦

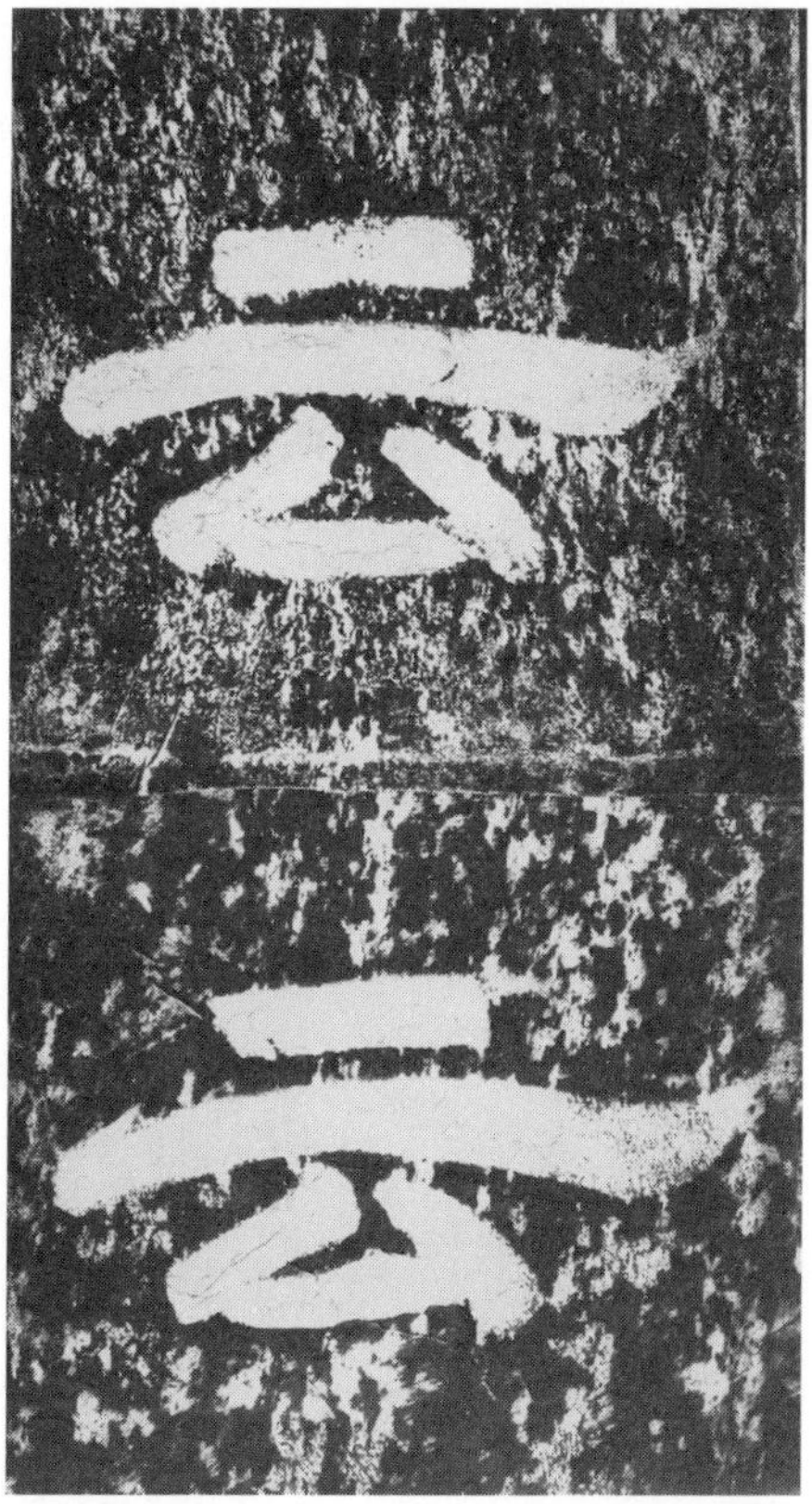
云
云

或
禪

其
逮

原拓「紀泰山銘」

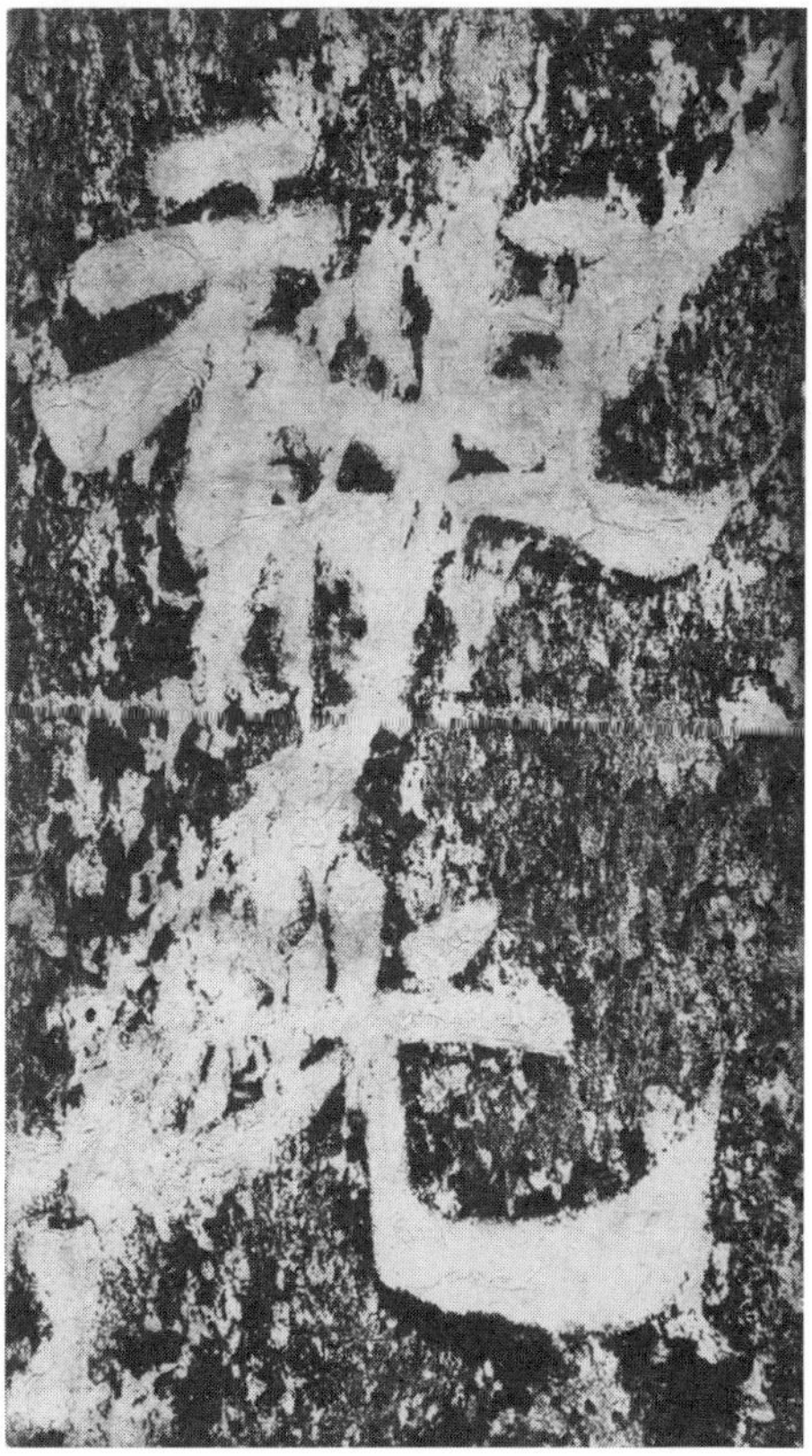

原拓「紀泰山銘」

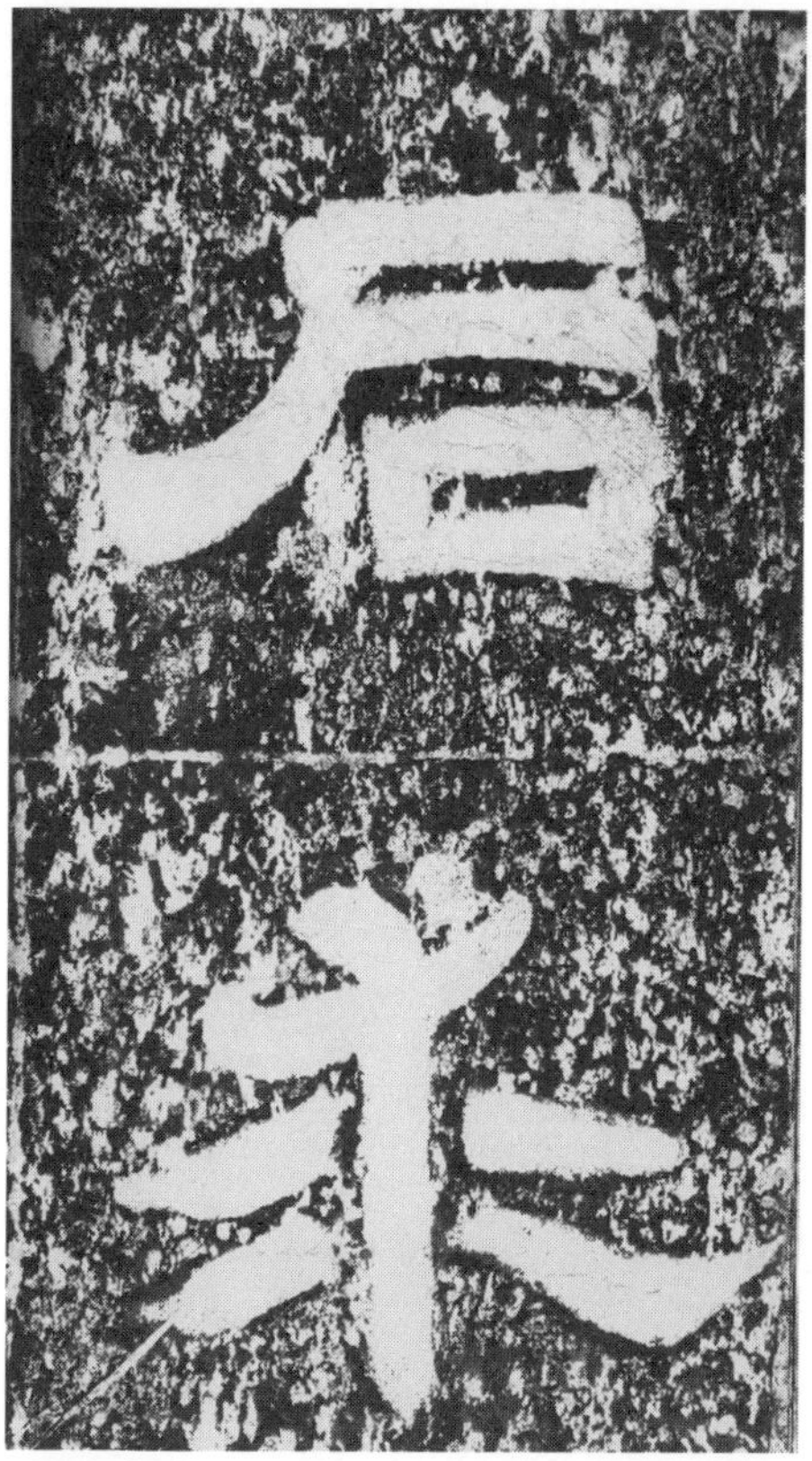

原拓「紀泰山銘」

大
唐

開
元

十
四

年
歳

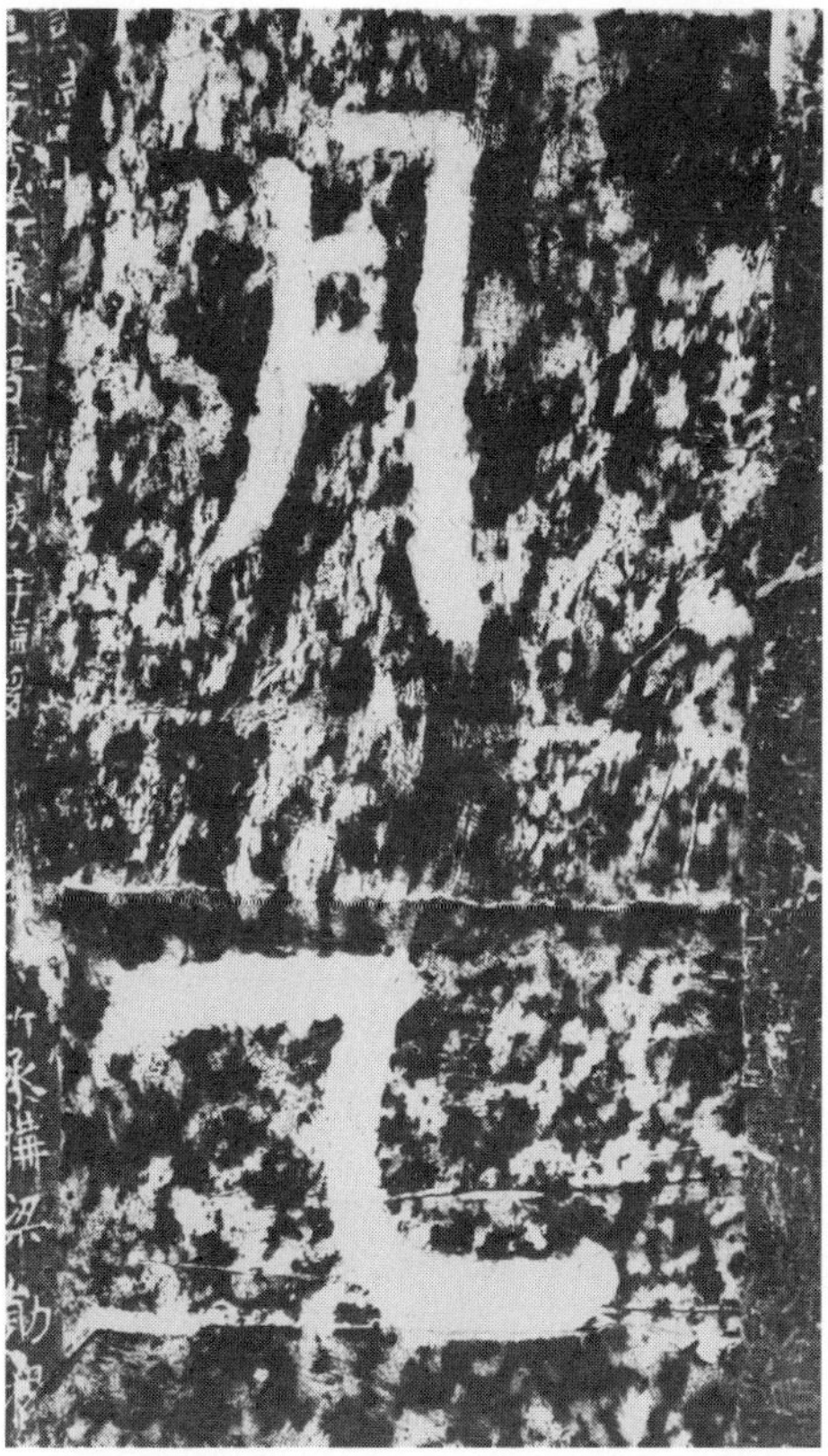

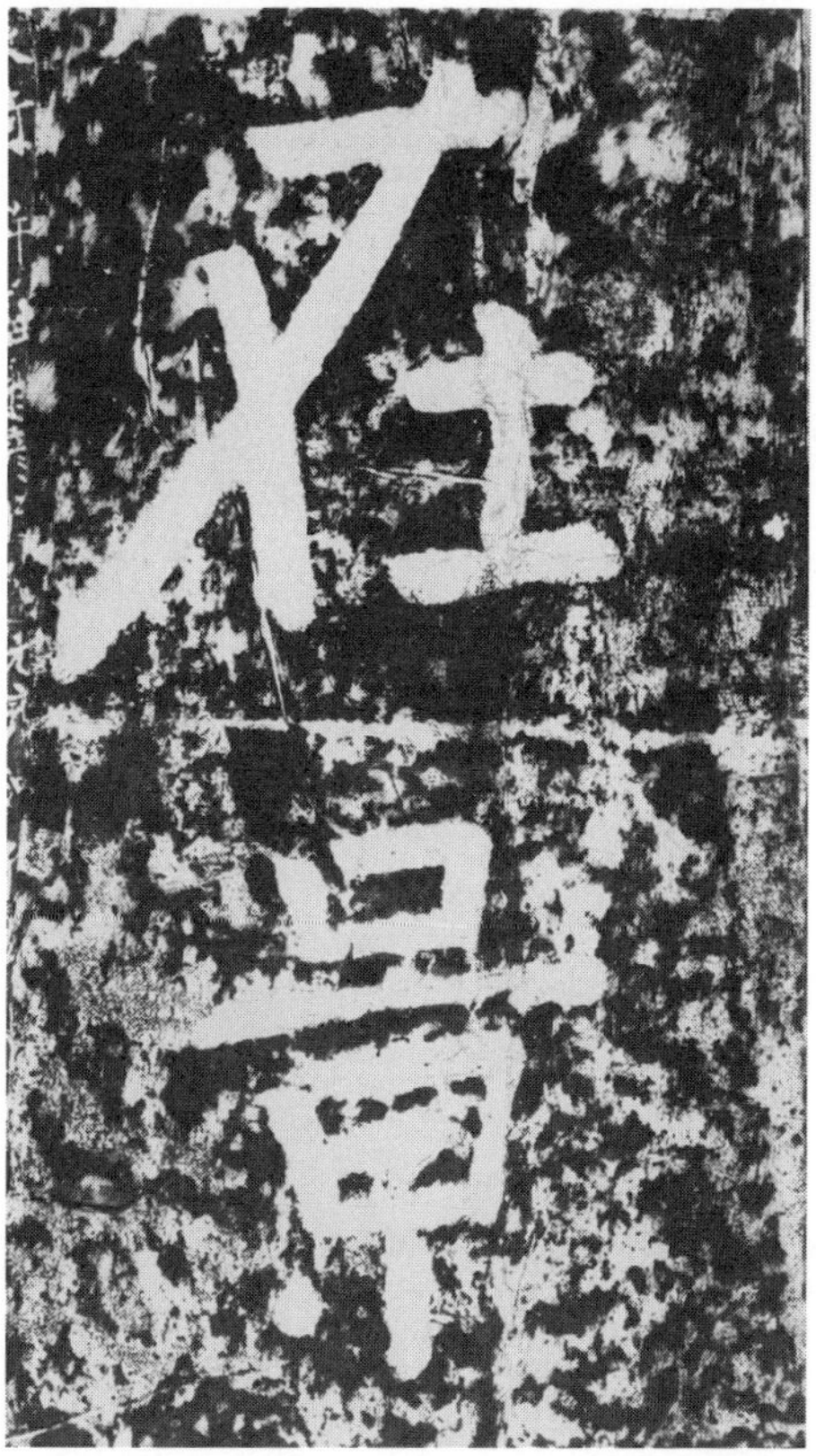

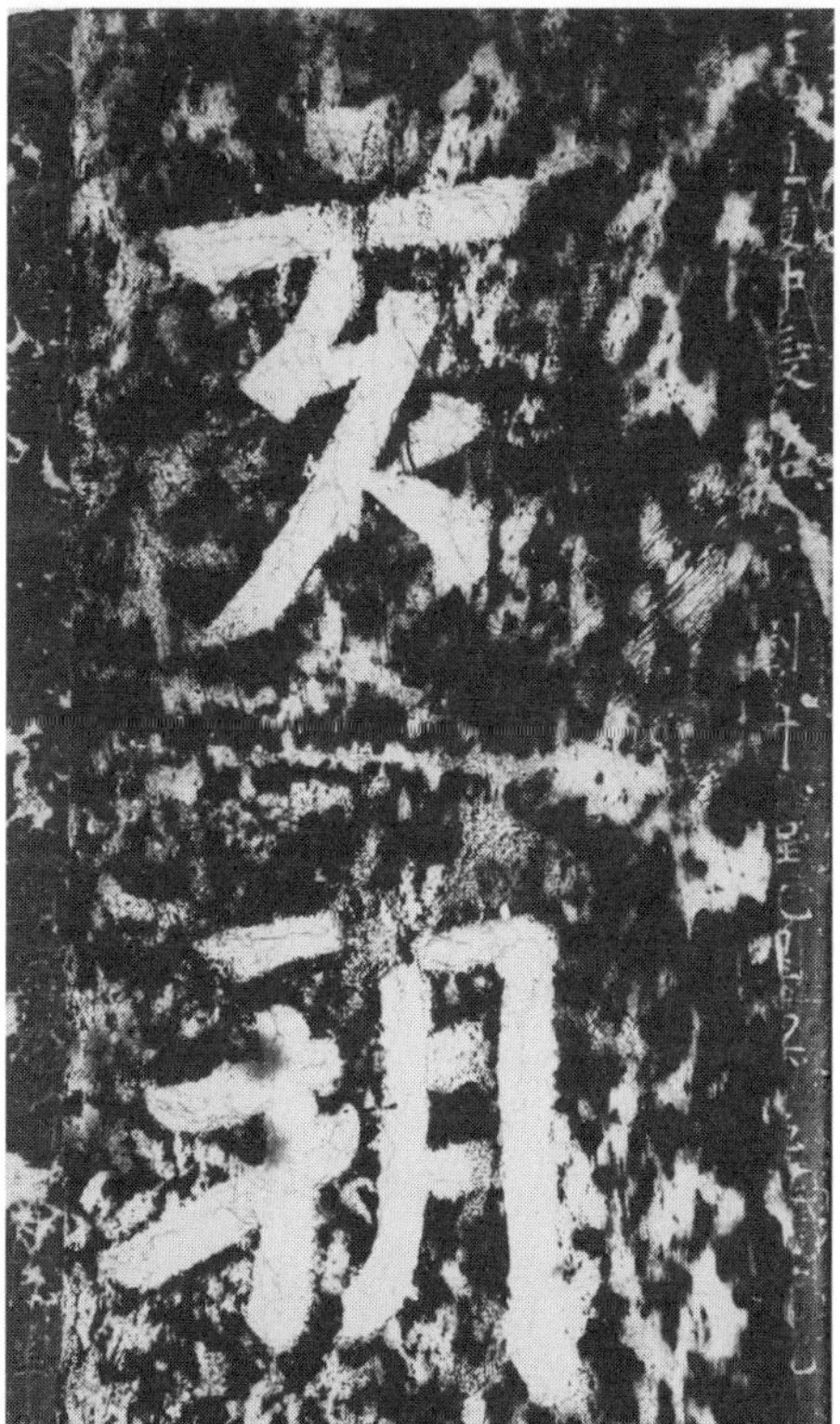

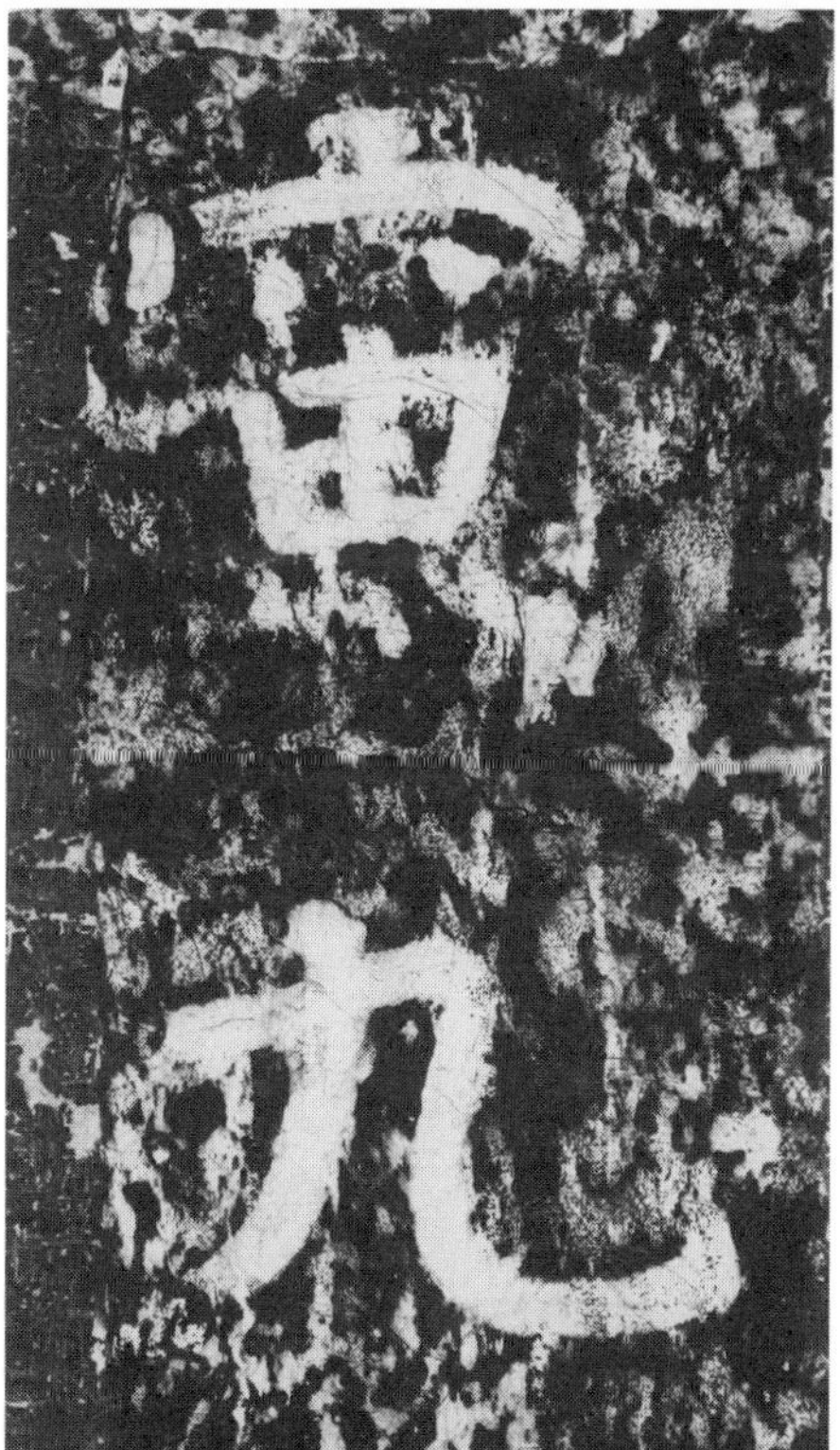

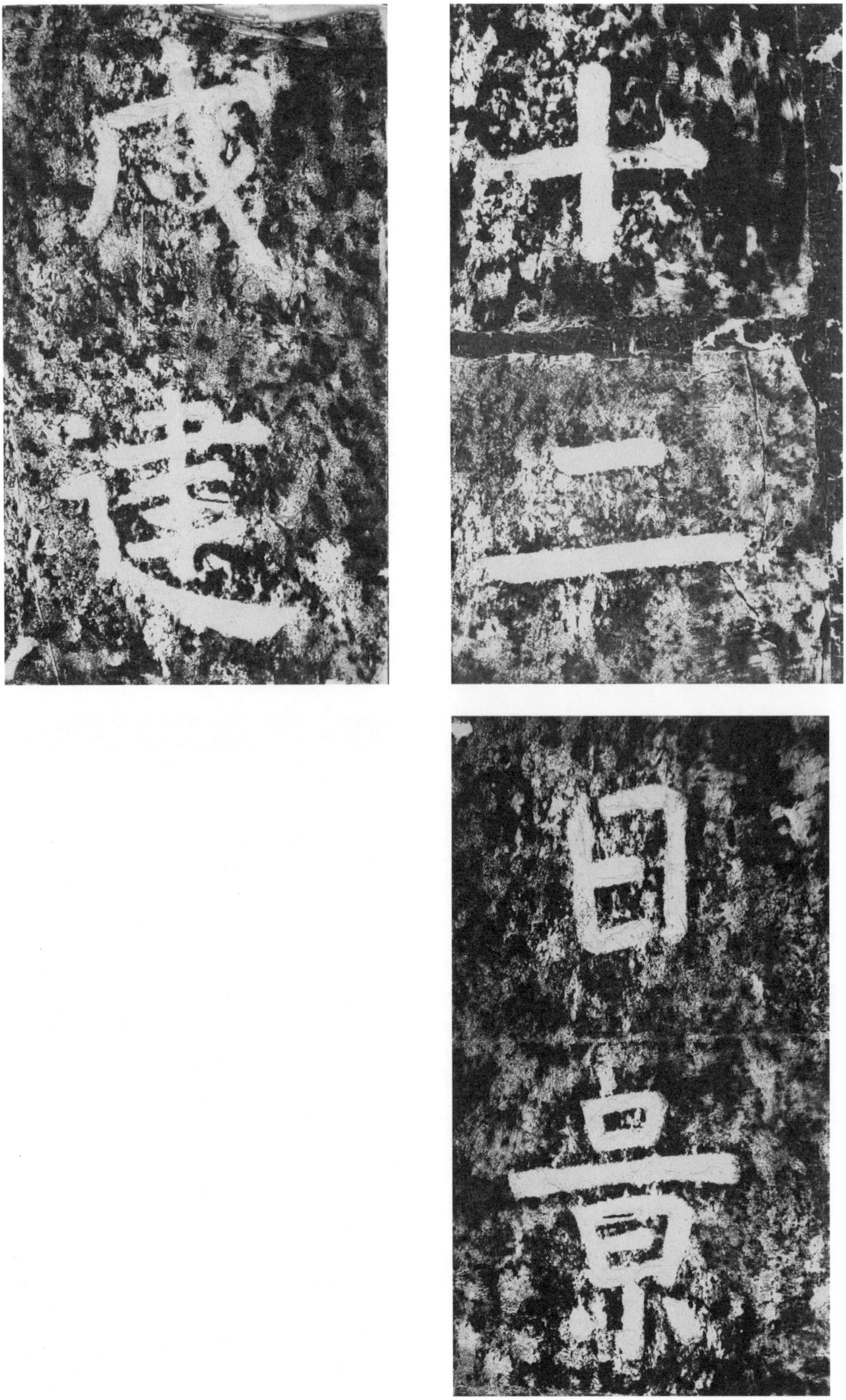

原拓「紀泰山銘」

唐・玄宗の「紀泰山銘」について（訓訳）

一　はじめに

中国山東の名山泰山（一五四五メートル）の山頂近くの岩場に、ほとんど垂直に切り立った屏風岩の全面に彫り込まれた唐・玄宗の「紀泰山銘」がある（**冒頭写真①参照**）。高さ十三、三メートル、幅五、三メートル（後掲の成田山書道美術館資料に拠る）に及ぶ碑刻は、碑文本文のみで二十四行、行五十一字の枠を取り、合計九九六字に及ぶ雄渾かつ典麗な唐代隷書から成っており、玄宗の親筆と伝えられる。その内容は、唐開元十三年（七二五）、この泰山で封禅の儀式を挙行した経緯と意義について、玄宗李隆基が「群岳」に向かって高らかに宣告したものであり、自ら栄えある中国唐朝の歴史を受け継ぎ、天の子として天下を治める皇帝の誇りと責任が率直に吐露されている。この「紀泰山銘」は唐代隷書の貴重な現物資料であると同時に、開元の聖世を導いた玄宗の治政方針を直に知り、また、当時実行された封禅の実態を知る第一級の資料でもある。著者は、二〇〇六年九月に初めてこの「紀泰山銘」を実見することができた。予備調査において、中国五岳の東岳、第一の名山として早に名を知られ、唐以後、今日に至るまで無数の登山者の視線を受けたであろうこの碑刻について、中国や日本において既に多くの訳注等が蓄積されているものと思っていたが、いざ調べてみると、本文の翻刻や石刻資料紹介はともかく、内容にまで踏み込んだ紹介は意外に少ないことが分かった。管見の限りでは、中国の沈維進氏の最近の注釈（二〇〇五年、後掲参考資料参照）を除き、特に日本では、書道法帖としての紹介はともかく、中田勇次郎先生の読み下し文（後掲参考資料）を除いて、ほとんど訳注等が試みられていないようである。そこでこの機会に、非力を顧みず、拙い研究資料を後世に提示するつもりで、「紀泰山銘」全文の翻刻と訓訳を試みることにした。既に有用な先行資料が存在する場合は、著者の調査不足と不明を恥じ、先達の叱正を仰ぐことにしたい。（出典等の注の多くは沈維進氏の労作を参照したが、新たに筆者が加えたものもある。また、概ね二句を一連として付した一～一二〇番までの通し番号や句読点等の標号、及びカッコ、行アケ等は、構造の把握と検索の便のために著者が付したものである。異体字等、今日の常用字を用いたものもある。）

二　唐玄宗「紀泰山銘」（訓訳）

紀泰山銘　泰山に紀するの銘　御製御書

泰山に紀する銘　御製御書

○本訓訳は泰山現地の碑刻（及びその拓本）を底本とした。他に参照したテキスト『旧唐書』巻二十三、『冊府元亀』巻三十六、『唐文粋』巻十九下、『全唐文』巻四十一については、以下書名のみを表記する。○銘題および序について、『旧唐書』には「玄宗製紀太山銘、御書勒于山頂石壁之上。其辭曰、（玄宗、「太山に紀するの銘」を製し、御書して山頂の石壁の上に勒す。其の辞に曰く、）（玄宗は「泰山に紀する銘」を製し、自ら書して山頂の石壁に刻した。その辞にいう、）」とあり、『冊府元亀』は「帝製紀泰山銘親勒於山頂之右壁。其詞曰」（帝「泰山に紀する銘」を製し、親ら山頂の右壁《ママ》に勒す。其の詞に曰く）、また『唐文粋』は「紀泰山銘玄宗御製」、『全唐文』は「紀泰山銘幷序」とする。更に『金石萃編』は「紀太山銘」と題し、以下の割注がある。「摩崖。高二丈六尺、廣一丈五尺、二十四行、行五十一字。額題『紀太山銘』四字並隷書、惟『御製御書』四字及末行年月並正書。在泰山東嶽廟後、石崖南向」（摩崖。高さ二丈六尺、広さ一丈五尺、二十四行、行五十一字。額題の『紀太山銘』四字は並びに隷書にして、惟だ『御製御書』の四字及び末行の年月は並びに正書なり。泰山の東嶽廟の後、石崖の南向きに在り）。但し、高広の尺度は現実に符合しない。○泰山の山名表記は「泰山」「太山」「岱山」いずれも通用する。○「御製御書」の四文字は、当然ながら玄宗以外の別人の書であり、本文の隷書とは字体が異なる。

1　**朕宅帝位、十有四載、　朕　帝位に宅《お》ること、十有四載、**

（朕は皇帝に即位して以来、十有四年、）

○「宅帝位」…『冊府元亀』は「宅位」に作る。

2　**顧惟不徳、懵于至道、　顧《おも》うに惟《た》だ不徳にして、至道に懵《くら》きも、**

（もっぱら不徳であり、至高の道徳にくらかったが、）

○「不徳」…『尚書』伊訓に「爾惟不徳罔大」と。

3　**任夫難任、安夫難安。**

夫れ任じ難きを任じ、夫れ安んじ難きを安んず。

（それでも困難な大任に任じ、不安定な難局を乗り切った。）

4　**茲朕未知獲戻於上下、**

茲《ここ》に朕、未だ戻《つみ》を上下《てんか》に獲《う》るを知らずして

（ここに朕は、天下を混乱させた罪を得たこともわきまえず、天下を平定し、）

5　**心之浩蕩、若渉於大川。**

心は之れ浩蕩として、大川を渉るが若し。

（開元朝を開いたが、そのことで心は広々となり、大河を渉るかのようであった。）

○「茲朕未知獲戻于上下」…『尚書』湯誥に「茲朕未知獲戻于上下、慄慄危懼、若將隕于深淵」と。

○「於」…『旧唐書』は「於」字を欠く。『冊府元亀』は「于」に作る。第三〜五句の叙述は、青年李隆基（玄宗）が韋后や太平公主を誅殺してその勢力を鎮圧し、開元朝を開いたことをいう。

6　**頼□□□□□□□□上帝垂休、□□□□□□先后儲慶、**

頼《さいわい》に□□□□□□□□上帝は休《ふく》を垂れたまい、□□□□□□先后（前帝）は慶を儲《つ》み、

（幸いにも上帝は朕に大幸をもたらし、歴代の皇帝は慶福を積み重ねられ、）

○□は空格記号。この碑文の体裁として、上古上帝等に言及する場合は、その直前に四字、直近の先帝等に言及する場合は直前六字、その中間の場合は直前五字、父帝たる睿宗は八字、唐朝の開祖たる高祖の場合は改行して空格をとり、先帝に対する畏敬を表明している。以下同じ。○「上帝」…ここは八字の空格を取る（『金石萃編』の空格は四字）ことから、最高敬意を示すと思われるが、後出第四一聯の「上帝」は四字の空格である。同じ用語で空格が一定しないが、ここは「天帝、天神」の意に解する。

7 **宰衡庶尹、交修皇極、**

宰相庶尹は、交《こもご》も皇極を修め、

（宰相や百官は、互いに協力して政治の根本道を修め、）

○「宰衡」…『旧唐書』は「宰相」に作る。○「皇極」…政治の根本となる道徳。

8 **四海會同、五典敷暢、**

四海は会同し、五典は敷き暢べられ、

（全国から使者が来朝し、五典の道徳は広く行き渡り、）

○「會同」…『周礼』春官・大宗伯に「時見曰會、殷見曰同」と。また『論語』先進に「宗廟之事、如會同」と。○「五典」…父義、母慈、兄友、弟恭、子孝（左伝）の五教をいう。『尚書』舜典に「敬敷五教在寛」と。易・書・詩・春秋・礼の五経を指すという説もあるが、民人に密接する理念として、ここでは五教説をとる。『冊府元亀』は「伍典」に作る。

9 **歳云嘉熟、人用大和。**

歳《みのり》は云《ここ》に熟するを嘉《よみ》し、人《たみ》は用て大いに和す。

（作物は豊収を喜び、民人は大いに和み安堵する。）

○「熟」…『金石萃編』は「孰」に作る。○「人」…民に同じ。太宗李世民の諱を避けていう。

10 **百辟僉謀、唱余封禪、**

百辟は僉謀し、封禅を唱余し、

（そこで諸侯はみなよく相談して、封禅の儀を提唱し、）

○「百辟」…諸侯をいう。○「唱余」…『唐文粋』『全唐文』は「倡予」に作る。

11 **謂孝莫大於嚴父、**

謂へらく「孝は厳父より大なるは莫く、

（申して謂うことには、「孝は父（母）に対して行う以上に大きいものはなく、）

○「孝莫大于厳父」…『孝経』聖治に「孝莫大于厳父、厳父莫大于配天」と。

12 **謂禮莫尊于告天、**　**謂へらく「礼は天に告ぐるより尊きは莫し、**
（礼は上天に対して告げ祈る以上に盛大なものはない、）
○「謂」…「謂」字、『旧唐書』本に無し。○「尊」…『旧唐書』は「盛」に作る。○「于」…『冊府元亀』『全唐文』は「於」に作る。

13 **天符既至、人望既積、**　**天符既に至り、人望既に積まば、**
（こうして陛下の天命が既に至り、陛下の人望が十分に篤いからには、）
○「符」…『金石萃編』は「苻」に作る。

14 **固請不已、固辭不獲。**　**固く請ひて已まず、固く辞するも獲ず」と。**
（我々は何度も泰山封禅を懇願致しますし、陛下はそれを固辞されませんように」と。）
○『尚書』虞書に「禹拜稽首固辭」と。

15 **肆余與夫二三臣、**　**肆《ここ》に、余は夫《か》の二三の臣と**
（そこで、余は二三人の臣下とともに、）
○「肆余」…『唐文粋』は「肆余」二字を二行分かち書きにする。○「余」…『全唐文』は「予」に作る。

16 **稽虞典、繹漢制、**　**虞典を稽《かんが》み、漢制を繹《きわ》め、**
（虞舜の典礼をよく調べ、漢の制度を考究したうえで、）

17 **張皇六師、震疊九寓。**　**六師を張皇し、九寓を震疊し、**
（軍隊を賑々しく行進させ、九州を震い動かし、）

○「張皇六師」…『尙書』康王之誥に「張皇六師」と。○寓…『金石萃編』は小字に作り、『旧唐書』は「宇」に作る。泰山原刻はこの一字が剥落して読めない。○「震疊」…『旧唐書』は「震讋」に作る。「疊」は震い動かす、「讋」は恐れるの意。

18 **旌旗有列、士馬無譁、**

旌旗に列有り、士馬に譁無く、

（唐朝の御旗をおし並べ、兵士兵馬は一糸乱れること無く、）

19 **肅肅邕邕、翼翼溶溶、**

肅肅邕邕、翼翼溶溶として、

（いかめしくも恭しく、規則正しく水が流れるようにして、）

○「翼翼」…『詩経』小雅・采薇に「四牡翼翼」と。

20 **以至于岱宗、順也。**

以て岱宗に至るは、順なるかな。

（はるか岱宗泰山に順調に到着したのである。）

○「于」…「于」字、『旧唐書』は欠き、『全唐文』は「於」に作る。○「岱」…『金石萃編』は小字の「岱」に作る。

21 **爾雅曰：「太山爲東嶽。」**

『爾雅』に曰く、「太山を東嶽と為す」と、

（『爾雅』に「太山を東岳とする」とあり、）

○「爾雅曰」…『爾雅』釈山に「泰山為東岳」と。○「太山」…『旧唐書』『全唐文』ともに「泰山」に作る。○「嶽」…『旧唐書』は「岳」に作る。○「曰」…『唐文粋』『全唐文』は「云」に作る。

22 **周官曰：「兗州之鎭山。」**

『周官』に曰く、「兗州の鎮山なり」と。

（また『周礼』には「泰山は兗州の鎮山である」とある。）

○「周官曰」…『周礼』夏官・司馬に「河東曰兗州、其山鎮曰岱山」と。

23 **實惟天帝之孫、羣靈之府、**　**実に惟れ　天帝の孫、群霊の府にして**

（実にこの泰山は、天帝天神の血筋を引いた多くの神霊が集まるところであり、）

○「惟」…『旧唐書』は「惟」字を欠く。

24 **其方處萬物之始、故稱岱焉、**　**其の方は万物の始めに處《お》るが故に岱と称し、**

（その東方の方位は万物運行の始まりを示すので、「岱」と称し、）

○「惟天帝之孫、羣靈之府、其方處」の十二字、『旧唐書』本に脱す。○清・郝懿行『爾雅郭注義疏』中七に「東方為岱者、言万物更相代於東方也」と。

25 **其位居五嶽之伯、故稱宗焉。**　**其の位は五嶽の伯に居るが故に宗と称す。**

（その位階は東岳泰山・南岳霍山・北岳恒山・西岳華山・中岳嵩山の五岳の長子格であるので、宗と称する。）

○「其位居」…『唐文粋』は「其居稱」に作る。○「嶽」…『旧唐書』『唐文粋』は「岳」に作る。

26 **自昔王者受命易姓、**　**昔より、王者は命を受けて姓を易《か》ふ、**

（古より、地上の王者は天命を受けて易姓革命を行ってきたし、）

○「王者受命」…『尚書』召誥に「惟王受命」と。

27 **於是乎、啓天地、薦成功、**　**是に於いてか、天地に啓し、成功を薦し、**

（そこで、この泰山において、革命に成功したことを天地の神に告げ、）

○「天地、薦」の三字、底本は脱落する。別本の原拓書影によって補う。

28 **序圖録、紀氏号。**　**図録を序《の》べ、氏号を紀す。**（新帝の氏族を紀した図録を申し立てて来た。）

○「録」…『唐文粋』は「籙」に作る。○「号」…『旧唐書』『唐文粋』『全唐文』『冊府元亀』いずれも「號」に作る。

29 **朕統承先王、茲率厥典、**　**朕、先王を統承し、茲《すなは》ち厥《そ》の典に率《したが》ふは、**（朕は先王の伝統を継承し、先王の封禅の儀典に則ったが、）

○「統承先王」…『尚書』微子之命に「統承先王、修其礼物」と。○「茲率厥典」…『尚書』仲虺之命に「茲率厥典、奉若天命」と。

30 **實欲報玄天之眷命、**　**実に玄天の眷命に報い、**（このことは、実に天神のご加護に報い、）

○「玄」…『唐文粋』は「玄」（最後の一画を欠く）、『金石萃編』は「廟諱」、『全唐文』は「元」に作る。「玄」は清康熙帝の諱である。

31 **爲蒼生之祈福、**　**蒼生の為に、之れ福を祈らんことを欲するものにして、**（万民の幸福を祈ろうとするものであって、）

○「之」…『旧唐書』は「而」に作る。

32 **豈敢高視千古、**　**豈に千古に高視し、**（どうして自分を悠久の歴史上に高く置き、）

33 **自比九皇哉！**　**自らを九皇に比べんや！**

（伝説上の九人の人皇に比べたりなどしようか！）

○「比九皇」…『史記』孝武紀に「高世比徳于九皇」と。

34 **故設壇場於山下、**　**故に壇場を山下に設け、**

（そこで祭壇を泰山の麓に設け、）

○「故設壇場於山下」…『冊府元亀』は、以下「故設壇場、答休命」と続き、拙稿の第三十四句「於山下」～第七十八句「余小子敢對揚上帝之」に至る長文の部分を脱する。

35 **受羣方之助祭、**　**羣方の助祭を受け、**

（四方八方に助壇を配置し、）

36 **躬封燎於山上、**　**躬《みずか》ら燎を山上に封じ、**

（朕自ら泰山の山頂で御神火を焚き、）

37 **冀一獻之通神。**　**一献の神に通ずるを冀《こいねが》ふ。**

（この奉献が天神に通じることを祈った。）

38 **斯亦因高崇天、**　**斯れ亦た高きに因りて天を崇《たっと》び、**

（このこともまた、泰山の高さにあやかって上天を崇拝し、）

39 **就廣增地之義也。』** **広きに就いて地を増すの義なり。**

（広大な大地について、その価値を増大するということを意味する。）

40 **乃仲冬庚寅、有事東嶽、** **乃ち仲冬庚寅、東嶽に事《まつ》る有り、**

（そこで、仲冬庚寅（開元十三年〔七二五〕陰暦十一月十日）に、東岳で封禅の儀を行い、）

○「嶽」…『旧唐書』『唐文粋』『全唐文』は「岳」に作る。

41 **類于□□□□上帝、配□□□□□□我高祖、** **□□□□上帝を類《まつ》り、□□□□□□我が高祖を配すれば、**

（上帝を四方に祭り、そこに我が高祖帝《李淵》を配すれば、）

○「類于上帝」…『尚書』舜典に「肆類于上帝」と。『唐文粋』は「類于昊天二字應乙天帝」とする。割注は倒字「天昊」の指示であろう。「于」、『全唐文』は「於」に作る。○「配我高祖、在天之神」…『唐文粋』は「配我高祖在天之神」とする。○「配」…あわせまつる。配享。

42 **在天之神、罔不畢降。** **天に在るの神は、畢《ことごと》く降らざるは罔《な》し。**

（天上の神は、ことごとく降神しないものはない。）

○「罔」…『金石萃編』は「网」に作る。

43 **粤翌日、禪於社首、** **粤《ここ》に、翌日、社首に禅し、**

（こうして、翌十一月十一日、社首の地で地神を祭り、）

○禅…地をはらって天地神を祭る。○社首…泰山の麓の地名。

44 **侑□□□□□□我聖考、祀於□□□□□皇祇、**

□□□□□□我が聖考を佑して、□□□□皇祇を祀れば、

（我が先帝《睿宗李旦》の加護を祈って、地神を祭れば、）

○「我聖考」…『金石萃編』は空格無し（他のテキストは空格の配慮をしない）。○「侑」…『旧唐書』は「佑」に作る。

45 **在地之神、罔不咸擧。**

地に在るの神は、咸《み》な挙《まつ》らざるは罔《な》し。

（地上の神は、みな祭り尊ばないものはない。）

○「之」…『金石萃編』は小字の「之」に作る。○「罔不咸擧」…『詩経』大雅・雲漢に「靡神不擧」と。○「罔」…『金石萃編』は「网」に作る。

46 **曁壬辰、覲羣后、**

壬辰に曁《およ》び、羣后を覲《み》るに、

（十一月十二日壬辰になると、諸侯に謁見したが、）

47 **上公進曰、天子膺天符、納介福。**

上公は進みて曰く、「天子は天符を膺《う》け、介福を納《い》るべし」と。

（上公は進上して、「天子は天命を受け、大福を得られた」という。）

○「膺天符」…『尚書』武成に「誕膺天命」と。

48 **羣臣拜稽首、千萬歲、**

羣臣は拝して稽首し、千万歳をさけび、

（群臣は拝礼して、千歳万歳を呼号し、）

○「千萬歲」…『旧唐書』は「呼萬歲」、『唐文粋』は「千――萬歲」に作る。○「拜稽首」…『尚書』舜典に「禹拜稽首」と。

49 **慶答歡同、陳誡以德。**

慶答えて歓同じくし、陳誡するに徳を以てせんとす。（共に歓楽し、戒め述べて、全て天子の徳によることを奏上する。）

○「答」…『旧唐書』は「合」、『唐文粋』『金石萃編』は「荅」に作る。答・荅は同じ。○「陳」…『旧唐書』は「乃陳」とする。『金石萃編』は「陳□誡」に作る。○「陳誡于徳」…『尚書』咸有一徳に「伊尹～将告帰、乃陳誡于徳」と。

50 **大渾叶度、彝倫攸敘、**

大渾は度に叶《かな》ひ、彝倫は攸《ゆるやか》に敘するは、（こうして、渾天の運行が協和し、天下の倫理がゆったり整っているのは、）

○「叶」…『旧唐書』は「協」に作る。

51 **三事百揆、時乃之功。**

三事・百揆、時《これ》乃《なんじ》の功なり。（大夫や長官よ、そなたたちの功績である。）

○「三事」…三事大夫。○「百揆」…国政長官。『尚書』舜典に「納于百揆、百揆是敍」と。

52 **萬物由庚、兆人允植、**

万物は由庚し、兆人は允植するは、（万物があるべき所にあり、万民が喜んで植裁に従事するのは、）

○「萬物由庚」…「由庚」は『詩経』小雅の篇名、『詩経』序に「由庚、萬物得由其道也」と。本文は佚。○「兆人」…兆民＝万民。太宗李世民の避諱。『禮記』内則に「降徳于衆兆民」と。

53 **列牧衆宰、時乃之功。**

列牧・衆宰、時《これ》乃《なんじ》の功なり。（多くの州官や県官よ、そなたたちの功績である。）

○「衆」…『唐文粋』は「眾」に作る。

54 **一二兄弟、篤行孝友、**
一二の兄弟は、篤く孝友を行ひ、
（我が一二の兄弟は、父母への忠孝、兄弟への友愛を実行し、）
○「一二」…『尚書』康王之誥に「一二臣衛」と。○「篤行」…『礼記』中庸に「明辨之、篤行之」と。○「篤」…『金石萃編』は蔫に作る。

55 **錫類萬國、時唯休哉！**
類を万国に錫《あた》ふるは、時《これ》唯だ休《よ》き哉！
（万国に善行を示し与えたのは、まことにすばらしい。）
○「錫類」…『詩経』大雅・既酔に「永錫爾類」と。○「唯」…『全唐文』『金石萃編』は「惟」に作る。

56 **我儒制禮、我史作樂、**
我が儒は礼を制し、我が史は楽を作り、
（我が朝の儒者は封禅の儀礼を制定し、史官は封禅の楽章を作り、）

57 **天地擾順、時惟休哉！**
天地擾順なるは、時《これ》惟だ休《よ》き哉！
（天地万物が順和になったのは、まことにすばらしい。）
○「惟」…『旧唐書』は「唯」、『唐文粋』は「維」に作る。

58 **蠻夷戎狄、重譯來貢、**
蠻夷戎狄は、訳を重ねて来り貢するは、
（東西南北の異民族が、通訳を重ねて我が朝に来貢するのは、）
○「蠻夷戎狄」…『禮記』王制に「東方曰夷～、南方曰蠻～、西方曰戎～、北方曰狄～」と。

59 **□□□□□累聖之化、朕何慕焉。**
□□□□□累聖の化にして、朕何ぞ焉を慕はんや。
（歴代帝王の重なる徳化の賜物であって、朕は何にもまして敬慕する。）

60 **五靈百寶、日來月集、**

五霊・百宝、日に来たり月に集まり、

（また聖世を象徴する鳥獣や金銀財宝が、毎日毎月集まり蓄えられ、）

○「五霊」…麒麟・鳳凰・亀・龍・白虎の神霊鳥獣。

61 **會昌之運、朕何慼焉。**

会昌の運たるは、朕何ぞ焉を慼ぜんや。

（盛世の気運が漲っていることに、朕は何とも感動する。）

○「慼」…『旧唐書』は「惑」に作る。

62 **凡今而後、儆乃在位、**

凡そ今より後は、儆《つつし》みて位に在り、

（朕は、これより以後は、いっそう慎んで皇帝の位に在り、）

63 **一王度、齊象灋、**

王度を一にし、象法を斉《ととの》へ、

（王法を統一し、政治の法式を整え、）

○「灋」…『旧唐書』『唐文粋』『全唐文』『冊府元亀』は「法」に作る。「灋」は古字。

64 **摧舊章、補缺政、**

旧章を摧《はか》り、缺政を補ひ、

（旧法を調べて改め、政治の欠陥を補充し、）

○「摧」…『旧唐書』は「権」、『唐文粋』は「推」、『全唐文』『金石萃編』は「推」に作る。共に意は同じ。

65 **存易簡、去煩苛、**

易簡を存し、煩苛を去《のぞ》き、

（平易簡潔な法律を保存して、煩瑣なものを除去することに努め、）

○「易簡」…『易』繫辭伝上に「易則易知、簡則易從」と。『唐文粋』は「簡易」に作る。

66
思立人極、乃見天則。』
思《ここ》に人極を立て、乃ち天則を見《あらわ》さん。』
（ここに、人として至高の基準を立て、天の法則を顕現させようと思うのである。）
○「人極」…『太極図説』に「聖人定之以中正仁義、〜立人極焉」と。また『易経』乾辞に「乾元用九、乃見天則」と。

67
於戲！天生蒸人、惟后時乂、
於戲《ああ》、天は蒸人《ばんみん》を生《はぐく》み、惟だ后《ていおう》のみ　時《これ》　乂《おさ》め、
（ああ、上天が万民を育むなか、地上の聡明な皇帝はよく治め、）
○「天生蒸人」…『詩経』大雅、蒸民に「天生蒸民」と。「民」は太宗李世民の諱により、「人」に改める。
○「時乂」…『尚書』仲虺之誥に「惟天聰明時乂」と。

68
能以美利利天下、事天明矣。
能《よ》く美利を以て天下を利し、天に事《つか》ふること明らかなり。
（よく天下に大利をもたらし、天帝に事えて道理を明らかにしてきた。）
○「能以美利利天下」…『易経』乾卦・文言に「乾始能以美利利天下」と。

69
地徳載物、惟后時相、
地は載物《ばんぶつ》を徳《めぐ》み、惟だ后《ていおう》のみ　時《これ》　相《たす》け、
（また、大地が万物に恵みを与えるなか、聡明な皇帝はこれを相助け、）

70
能以厚生生萬人、事地察矣。
能《よ》く厚生を以て万人を生《はぐく》み、地に事《つか》へて察なり。
（よく万民の生計や衣食を充足させ、地の神に事えてその道理を明らかにしてきた。）
○「事天明」「事地察」…『孝経』応感章に「子曰、昔者明王、事父孝、故事天明、事母孝、故事地察。」と。

71
天地明察、鬼神著矣。
天地明察なれば、鬼神著《あらは》れん。
（天の上下共にこのように明察であれば、天神も降臨して大福をもたらすであろう。）

72 **惟□□□□□我藝祖文考、精爽在天、**

惟《そ》れ我が□□□□□芸祖・文考は、精爽天に在り、

（さて、我が芸祖たる高祖（李淵）や文考たる睿宗（李旦）は、その霊魂は天上にあらせられるが、）

○「藝祖」…文徳才芸ある先祖の美称。『尚書』舜典に「格子藝祖」と。○精爽＝霊魂、みたま。

73 **其曰「懿余幼孫、克享□□□□上帝。」**

其れ曰く「懿《ああ》余が幼孫、克《よ》く□□□□上帝を享《う》けよ、

（その仰せに曰く、「おお、我が幼孫（＝玄宗李隆基）よ、しっかりと天帝を祭るのだ、）

○「余」…『旧唐書』は「爾」、『唐文粋』『全唐文』は「予」に作る。

74 **惟□□□□帝時若、馨香其下」。**

惟《そ》れ□□□□帝は時若《これしたが》ひ、其の下に馨香す」と。

（天帝は従順であるので、祭壇に篤くお祭りをすれば、必ず福をもたらすであろう。）」と。）

○「時若」…『詩経』大雅、蒸民に「天子是若」と。是と時は同義、若は順の意。○「惟帝時若」…『唐文粋』は二行分かち書きにする。○「馨香」…『尚書』酒誥に「弗惟徳馨香」と。

75 **丕乃曰、「有唐氏文武之曾孫隆基、**

丕乃《すなは》ち曰く、「有唐氏文武の曽孫たる隆基、

（そこで、私が答えて申すには、「有唐李氏の文王武王の曽孫たる李隆基は、）

○「丕乃」…そこで。『尚書』盤庚上に「丕乃敢大言、汝有積徳」と。

76 **誕錫新命、纘戎舊業、**

誕《ここ》に新命を錫《たま》はり、戎《なんじ》が旧業を継がん、

（ここに新たに天命を授け、前代帝王の偉業を継承し、）

○「戎」…汝に同じ。『旧唐書』『唐文粋』は「我」に作る。

77 **永保天禄、子孫其承之」。** **永く天禄を保ち、子孫其れ之を承けん。」と。**

（永く福禄を保持し、その子孫も長く之を継承致したい」と。）

78 **余小子、敢對揚□□□□上帝之休命、** **余小子、敢て□□□□上帝の休命を対揚し、**

（私小子（玄宗）は敢えて上帝の美しき天命に答え奉るために、）

○「余小子」…余小子は古代帝王の謙称。『尚書』太甲に「余小子不明与徳」と。『唐文粋』『全唐文』は「予小子」に作る。○「上帝之休命」…『尚書』説命に「敢対揚天子之休命」と。

79 **則亦與百執事、尚綏兆人、** **則ち亦た百の執事と兆人を尚綏し、**

（多数の役人たちと、万民を安んじ、）

○「兆人」…前五十二句の注に同じ。

80 **將多于前功、而毖彼後患。** **将に前功より多く、而して彼の後患を毖《つつし》まん。**

（前王の功績を更に抜きんで、後の患いを慎みたい。）

○『詩経』周頌・小毖に「予其懲、而毖後患」と。○「于」…『全唐文』は「於」に作る。

81 **一夫不獲、萬方其罪予。** **一夫獲ざれば、万方其れ予を罪せん。**

（万民が一人でも適所を得なければ、天下は私の罪するであろう。）

○「一夫不獲」…『尚書』説命に「一夫不獲、則曰、時予之辜。」と。○「萬方其罪予」…『尚書』湯誥に「其爾萬方有罪、在予一人、予一人有罪、無以爾萬方」と。○「予」…『冊府元亀』は「余」に作る。

82 **弌心有終、上天其知我。** **弌心にて終わる有るは、上天其れ我を知らん。**
(私がこのように一心を貫くのは、上天も私の真心を解って下さるであろう。)

○「弌心」…『旧唐書』『冊府元亀』は「一心」、『唐文粋』『全唐文』『金石萃編』は「一人」に作る。

83 **朕惟寶行三德、曰慈、儉、謙。** **朕は惟だ三徳を宝行するのみ、曰く慈、倹、謙と。**
(朕はただ三つの徳を重点実行するのみ、曰く、慈、倹、謙と。)

○「惟」…『金石萃編』は「維」に作る。

84 **慈者、覆無疆之言、** **慈なる者は、無疆の言を覆し、**
(茲とは、慈愛深く、無限の玉言を反復して心に刻み、)

85 **儉者、崇將來之訓、** **倹なる者は、将来の訓を崇び、**
(倹とは、謙虚につづましく、将来の訓戒を尊び守る意である。)

○「倹」…『冊府元亀』は「険」に誤る。

86 **自滿者人損、自謙者天益。** **自ら満つる者は人損《そこな》ひ、自ら謙なる者は天益す。**
(自ら満足すれば他人に批判され、自ら謙虚であれば天が味方する。)

○「自満者人損、自謙者天益」…『尚書』大禹謨に「満招損、謙受益」とあり、その孔氏伝に「自満者人損之、自謙者人益之」と。

87 **苟如是、則軌迹易循、基構易守。** **苟《いやしく》も是の如くあれば、則ち軌迹も循《したが》ひ易く、基構も守り易からん。**
(もしこのようであれば、先人の軌跡も従いやすく、国家の組織も保持しやすいで

○「苟如是」…『冊府元亀』は「如是」に作る。○「基構」…『冊府元亀』は「基搆」に作る。

あろう。）

88 **磨石壁、刻金記、**　**石壁を磨し、金記を刻し、**

（そこで、泰山山頂の玉石の巌を磨き、そこに金字を銘記することにすれば、）

○「刻金記」…『旧唐書』は「刻金石」、『冊府元亀』は「刻金字」とする。

89 **後之人、聴詞而見心、**　**後の人の詞を聴きて心を見、**

（後世の人が、朕の言辞を聴いて朕の真心を見、）

○「後之人、聴詞」…『旧唐書』は「冀後人之聴辭」、『冊府元亀』は「冀後之人聴詞」とする。

90 **観末而知本。』**　**末を観て本を知らん。**

（表現された文字の底意を汲んで、朕の本心を知ることができるであろう。）

91 **銘曰、維天生人、立君以理、**　**銘に曰く、維《こ》れ天は人を生じ、君を立て以て理《おさ》め、**

（銘文に云う、それ天は万民を生育するが、君王を立てて代わりに天下を治めさせ、）

○「維天生人」…『尙書』仲虺之誥に「惟天生民有欲」と。○「維」…『唐文粋』『全唐文』は「惟」に作る。

92 **維君受命、奉天爲子。**　**維れ君は命を受け、天を奉じて子と為る。**

（君王は天命を受け、天を奉って天子となるものである。）

○「維」…『唐文粋』『全唐文』は「惟」に作る。

93 **代去不留、人來無已、**

代去りて留まらず、人来りて已む無く、

（天子は代々移り行き、留まることがないなか、）

94 **徳涼者滅、道高斯起。」**

徳の涼《うす》き者は滅び、道の高きは斯れ起く。

（徳の薄い天子は滅び、高徳の天子の御代は栄えるであろう。）

○「徳涼」…『左伝』荘公三十二年に「虢多涼徳」と。

95 **赫赫□□□□□□□□□□□□□□□**
高祖、明明□□□□□□太宗、

赫赫たる□□□□□□□□□□□□□□□
高祖、明明たる□□□□□□太宗、

（輝かしくも唐朝を建国された高祖（李淵）、明察であられた太宗（李世民）皇帝は、）

○「高祖」…唐朝の開祖李淵。碑刻原文では、字前に十七字の空格を置き、「高祖」から改行する（**付録写真⑥参照**）。第四十一句の「我高祖」が六字の空格であり、以下の「高宗」（六字空格）「睿宗」（八字空格）に比しても、空格が異常に長いのは、「高祖」への最高畏敬を示す以外の理由は考えられない。空格の部分に凹みやひび割れ等は認められない。『金石萃編』の空格は八字で改行する。

96 **爰革隋政、奄有萬邦。**

爰《ここ》に隋政を革《あらた》め、奄《おお》ひて万邦有り。

（隋朝を革命し、その威令は全国を覆った。）

○「隋」…『金石萃編』は「隨」に誤る。○「奄有萬邦」…『詩経』周頌・執競に「奄有四方」と。

97 **罄天張宇、盡地開封、**

天を罄《つ》くして宇を張り、地を尽くして封を開く。

（そして天の果てまで国境を伸張し、地の極みまで領土を拡張された。）

98 **武稱有截、文表時邕。」**

武は有截に称され、文は時邕に表《あら》はる。

（その武功は海外にまで称せられ、その文治は太平を表明している。）

○「有截」…『詩経』商頌、長発に「海外有截」と。

99 **□□□□□□高宗稽古、徳施周溥、**

□□□□□□高宗は古に稽《かんが》み、徳を施すこと周溥《あまね》く、

（高宗〔李治〕はよく古学を修められ、その道徳の恩沢は遍く施され、）

○「高宗」…『冊府元亀』は「高祖」に誤る。○「徳施」…『易』乾に「見龍在田、徳施普也」と。

100 **茫茫九夷、削平一鼓。**

茫茫たる九夷を、削平すること一鼓なり。

（無限に広大な九州中国を、短期間のうちに平定し統治された。）

101 **禮備封禪、功齊舜禹、**

礼は封禅に備はり、功は舜禹に斉《ひと》し。

（その儀礼は泰山の封禅に備わり、その功績は古の舜や禹にも等しいものであった。）

○「禮備封禅」…乾封元年（六六六）、高宗が泰山で封禅を挙行したことをいう。

102 **巖巖岱宗、衎我神主。」**

巖巖たる岱宗、我が神主を衎《たのし》ましむ。

（以来、高峻な岱宗泰山に護られ、我が唐朝の神位は喜び楽しんでいる。）

○「巖巖」…『詩経』魯頌・閟宮に「泰山巖巖」と。『旧唐書』は「巖巍」に作る。○「衎」…楽しむ。『詩経』商頌・那に「衎我烈祖」と。『旧唐書』は「衛」に作る。

103 **□□□□□□中宗紹運、舊邦維新、**

□□□□□□中宗は運を紹《つ》ぎ、旧邦維《こ》れ新たなり、

（中宗〔李顕〕は皇位を継承し、武則天の周を一新したし、）

○「舊邦維新」…「舊邦」は則天武后の周を指す。『詩経』大雅・文王に「周雖舊邦、其命維新」と。○「維新」…『全唐文』『金石萃編』は「惟新」に作る。

104 **□□□□□□□□睿宗繼明、天下歸仁。**　**□□□□□□□□睿宗は明を継ぎ、天下は仁に帰す。**（先帝の睿宗（李旦）は中宗の後を承け、天下はその仁徳に帰服した。）

○「天下帰仁」…『論語』顔淵に「一日克己復礼、天下帰仁焉」と。○「睿宗繼明、天下歸仁」…この二句八字は『冊府元亀』に欠く。

105 **恭己南面、氤氳化淳、**　**己を恭《つつし》んで南面すれば、氤氳として化淳するも、**（中宗、睿宗は自己を戒めて万民に接し、万物が成長発展する風気が醸成されたが、）

○「恭己南面」…『論語』衛霊公に「恭己、正南面而已矣」と。○「氤氳」…『易経』繋辞伝下に「天地絪縕、万物化醇」と。『唐文粋』『全唐文』は「絪縕」につくる。○「化淳」…『全唐文』は「化醇」に作る。

106 **告成之禮、留諸後人。」**　**告成の礼は、諸《これ》を後人に留む。**（国家中興の達成に係る封禅の儀礼は、これを後の皇帝に託された。）

○「告成」…『詩経』大雅・江漢に「經營四方、告成于王」と。

107 **緬余小子、重基□□□□□□五聖、**　**緬《おも》へば余小子、重ねて□□□□□□五聖に基づき、**（遙かに思えば、小子たる朕は、これらの五皇帝の礎を承けて即位したが、）

○「余」…『唐文粋』『全唐文』は「予」に作り、『冊府元亀』は「餘」に誤る。○「五聖」…高祖李淵、太宗李世民、高宗李治、中宗李顕、睿宗李旦の五帝を指す。

108 匪功伐高、匪徳矜盛。

功の高きを伐《ほこ》るに匪《あら》ず、徳の盛んなるを矜《ほこ》るに匪《あら》ず。

（それらの先帝に比べれば、朕は高い功績も、誇るべき道徳も無かった。）

109 欽若祀典、丕承永命、

祀典に欽若《つつし》み、永命を丕承すれば、

（ただ先祖の儀典を謹み順い、永遠の天命を奉じたところ、）

○「欽若」…敬い順う。『尚書』尭典に「欽若昊天」と。○「永命」…『尚書』召誥に「祈天永命」と。

110 至誠動天、福我万姓。」

至誠は天を動かし、我が万姓を福《たす》く。

（朕の至誠が上天を動かし、我が唐朝の万民を加護して下さったのである。）

○「万」…『旧唐書』『唐文粋』『全唐文』『冊府元亀』は「萬」に作る。

111 古封太山、七十二君、

古《いにしえ》より太山を封ずるは、七十二君、

（古来、泰山で封禅を挙行した君王は七十二名おり、）

○「太山」…『唐文粋』『全唐文』『冊府元亀』は「泰山」に作る。○「七十二」…『史記』巻二十八、封禅書に「古者封泰山禅梁父者七十二家」と。

112 或禅奕奕、或禅云云。

或いは奕奕に禅し、或いは云云に禅す。

（それらは、泰山山麓の亭亭や云云で封禅の儀式を行った。）

○「奕奕」「云云」…いずれも泰山山麓の地名。『旧唐書』『冊府元亀』は「亭亭」「云云」に作る。

113 其迹不見、其名可聞、

其の迹は見えざるも、其の名は聞くべく、

（その遺跡は不明だが、その地名は今日にまで伝わっている。）

114　**祇遹□□□□□□文祖、光昭舊勳。」**

□□□□□□文祖に祇遹《つつしみしたが》ひて、旧勲を光昭《かがやか》せんとす。

（朕はこれら文徳のある祖先に謹み順い、前代帝王の偉業を更に輝かせたく思う。）

○「祇遹」…つつしみ、したがう。『尚書』康誥に「今民將在祇遹乃文考」と。

115　**方士虚誕、儒書齷齪、**

方士は虚誕にして、儒書は齷齪《あくせく》、

（従来、道教の方士の言は偽りが多く、儒家の書はこせついて狭く、）

○「齷齪《あくせく》」…『旧唐書』『冊府元亀』は「不足」に作る。○この一節は焚書坑儒を行った秦始皇帝や方士の讖緯説を信じた後漢光武帝の先例を指して言うと思われるが、これから約三十年後、玄宗自ら、馬嵬で死した楊貴妃の霊魂を方士に探させた（白居易「長恨歌」）のは痛烈な歴史の皮肉である。

116　**佚后求僊、誣神檢玉。**

佚后僊を求め、神を誣し玉を検せしむ。

（以前の放佚な天子は神仙を追求するあまり、神霊を欺き、地下に玉函を埋めたりした。）

○「求僊」…『旧唐書』『唐文粋』『全唐文』『冊府元亀』は「求仙」に作る。○「誣神」…『冊府元亀』は「巫神」に誤る。○「検玉」…『漢書』漢六、武帝紀に「登封泰山」とあり、その孟康注に「王者功成治定、告成功於天。～刻石紀号、有金策・石函・金泥・玉検之封焉」と。検は函に同じ。『冊府元亀』『金石萃編』は「撿玉」に作る。また『資治通鑑』巻四十四、光武帝中元一年（AD五十六）にも光武帝の同様の記事が見える。

117　**秦災風雨、漢汙編錄、**

秦は風雨に災され、漢は編録を汙《けが》す。

（その結果、天の怒りを受けた秦始皇帝は泰山封禅時に風雨に祟られ、後漢の光武帝は歴代の封禅の儀典を汚すこととなった。）

○「漢汙編録」…『資治通鑑』巻四十四、光武帝建武三十年（AD五十四）に、「羣臣上言：『即位三十年、宜封禪泰山。』」

詔曰：『即位三十年、百姓怨気満腹、～何事汚七十二代之編録！』」と。『後漢書』巻七、祭祀上もほぼ同じ。

118 **徳未合天、或承之辱。**

徳の未だ天に合はざれば、或いは之を辱に承くるなり。

（皇帝の道徳が天帝の要望に合わない時は、皇帝は恥辱によって天罰を受けるのである。）

119 **道在観政、名非従欲、**

道は政を観るに在り、名は欲を従《ほしいまま》にするに非ず。

（皇帝の道徳は政治に反映されるものであり、皇帝の名声はほしいままな欲望からは生まれないであろう。）

120 **銘心絶巌、播告羣嶽。」**

心を絶巌に銘《きざ》み、群岳に播告せんとす。

（朕は、この教訓を泰山山頂の切り立った巌壁に刻み、以て諸岳に布告するのである。）

○「播告」…『尚書』商書、盤庚上に「王播告之」と。○「羣嶽」…『唐文粋』は「羣岳」の後に「従石刻本校正」の二行分かち書きの注を入れる。「石刻本」が何を指すか不明。或いは泰山の原刻を指すか。○「羣嶽」…『旧唐書』『唐文粋』は「羣岳」、『冊府元亀』は「群牧」に作る。

大唐開元十四年歳在景寅、九月乙亥朔十二日景戌建。

大唐開元十四年（七二六）、歳は景（丙）寅に在り、九月乙亥朔の十二日、景戌建つ。

（大唐開元十四年（七二六）、丙寅、九月乙亥朔の十二日景戌に建てる。）

○この識語は『旧唐書』『唐文粋』『全唐文』『冊府元亀』ともに無い。字体も本文の雄渾な隷書とは異なる。『唐文粋』は末尾に「従石刻本校正」（石刻本によりて校正す）と注する。

三　備忘のためのメモ

この訓訳は、著者が曽て担当した市民講座（朝日カルチャーセンター、テーマは「中国黄河の風土と文学」、二〇〇六年）において、講読用に作成した資料を、二〇〇六年九月の泰山現地での確認、更に十月の成田山書道美術館での拓本確認を経て、いくらかの修正を施して成ったものである。

全ての学習において、特にそれが外国文化の学習であれば尚一層、現地学習の必要性と有用性が増大するが、当時の講座の「修学旅行」が秋の好天に恵まれ（時に日本は台風の渦中であった）、千三百年を経て今も泰山山頂に鎮座する玄宗の「紀泰山銘」を実見できたことは、生涯に何度もは得難い大きな幸せであった。山東の旧跡を巡る「修学旅行」は、この他に黄河や曲阜、梁山泊の名所、或いは蒲松齢・李清照・諸葛亮・王羲之等の故居、更には山東・青州・城子崖・銀雀山博物館や古墓遺跡等を専用バスで周遊する一七〇〇㎞の強行軍であった。今日、ともすれば北京と上海のメイン観光ルートから逸れた山東が古来中国文明の豊かな源泉であったことが実感できたが、ここでは、あとがきに代え、当時の旅行の主目的であった玄宗「紀泰山銘」について、その訓訳作業中に気づいた幾つかの瑣事を以下にメモし、読者の参考に供したい。

（一）「紀泰山銘」成立の経緯、及び関係者等について

「紀泰山銘」成立の経緯、及び関係者等については、『旧唐書』巻二十三、礼儀志の記録をもとに、許道勛『唐明皇与楊貴妃』（人民出版社、一九九〇年）一五九～一六六頁に詳細に述べるが、より簡潔には、清・朱彝尊「開元太山銘跋」（『曝書亭集』巻四十九）中に次のようにある。

開元天子、允文武百寮之請、於十三年冬十一月、式遵故實、有事于太山。詔中書令張説・右散騎常侍徐堅・太常少卿韋縚・祕書少監康子元・國子博士侯行果、於集賢書院撰儀注、己丑、日南至、法駕詣山下、御馬以登、行升中之禮。天子製「紀泰山銘」親札勒于山頂之石。以十四年九月景戌告成。於是中書令張説撰「封祀壇頌」、侍中源乾曜撰「社首壇頌」、禮部尚書蘇頲撰「朝覲壇頌」。

開元天子、文武百寮の請を允《ゆる》し、（開元）十三年冬十一月、故実に式遵し、太山に事《まつ》る有り。中書令張説・右散騎常侍徐堅・太

常少卿韋縚・祕書少監康子元・國子博士侯行果に詔して、集賢書院に於て儀注を撰せしめ、己丑、日の南至するころ、法駕山下に詣《いた》り、馬をして以て登り、升中之禮を行なふ。天子、「紀泰山銘」を製し、親しく山頂の石に札勒す。十四年九月景戌を以告成す。是に於て中書令張説は「封祀壇頌」を撰し、侍中源乾曜は「社首壇頌」を撰し、禮部尚書蘇頲は「朝覲壇頌」を撰す。

これに拠れば、玄宗が泰山で封禅を挙行したのは開元十三年（七二五）十一月、「紀泰山銘」の石刻が完成したのは翌十四年九月の事であり、封禅の儀式や封禅文に主に関わったのは中書令の張説である。本「紀泰山銘」第15句に、封禅の儀を調べて定めた臣下として「二三臣」とあるのは、ここに言う張説・徐堅らを含むであろう（因みに徐堅は『初学記』の編者でもある）。中でも張説は封禅立案の中心人物であり、張説「大唐封祀壇頌」（『全唐文』巻二二一所収）や蘇頲「封東嶽朝覲頌」（『全唐文』巻二五〇所収）は、直近の臣下による頌文であり、玄宗の「紀泰山銘」と併せ読めば、泰山封禅の経緯と実態がより鮮明になるであろう。

（二）「紀泰山銘」に見る玄宗の開元治政方針

「紀泰山銘」には、二十九歳で開元朝を開いて十数年後の開元十三年、いよいよ揺るぎない唐朝繁栄の基礎を固めた四十一歳の玄宗の自信に満ちた治政方針が、率直に且つ謙虚に述べられている。太祖や高宗、睿宗への尊崇の念の表明はもとよりであるが、第81句「一夫不獲、萬方其罪予。一夫獲ざれば、万方其れ予を罪せん。」や、第83句「朕惟寶行三德、曰慈、儉、謙。朕は惟だ三徳を宝行するのみ、曰く慈、倹、謙と。」、また第86句「自滿者人損、自謙者天益。自ら満つる者は人損《そこな》ひ、自ら謙なる者は天益す。」、および第94句「徳涼者滅、道高斯起。徳の涼《うす》き者は滅び、道の高きは斯れ起く。」等の表現は、その起草に当たって張説等の臣下の助言があったことも考えられるが、最終的には玄宗の綸言として決定した、重い意味を持つ治政方針の表明であると筆者は考える。

（三）「紀泰山銘」文の出典の特徴

「紀泰山銘」文の出典引用は際立った特徴を持つ。それは『書経』（『尚書』）からの引用（転用）が極めて多いことである。この訓訳では、沈維進氏の労作に基づき、筆者の追加分を含め、努めて引用例を表示するようにした。このことは、『書経』が尭舜以来の古代帝王の言行録である以上、或いは当然のことであり、実際に『書経』文言の採用によって「紀泰山銘」に今上皇帝としての重々しさが付加された効果がある。「紀泰山銘」文は、その原稿の段階こそ何人かの臣下の下原稿があったとしても、最終的には玄宗が決定し、親しく揮毫した勅書である。そこに、古代帝王の言行を記録した『尚書』からの引用・転用を多く含むことは、玄宗の開元治政に対する、また泰山封禅による天帝の下命を受けたとする玄宗の天子としての並々ならぬ決意表明を伺うことができるであろう。

（四）「紀泰山銘」の異文、文字の異同について

本訓訳では、泰山山頂の石刻「紀泰山銘」文を底本とし、『旧唐書』『冊府元亀』『唐文粋』『全唐文』『金石萃編』諸本の「紀泰山銘」文を用いて校合した。これ以外に参照すべき校本の脱落は筆者の不明による。万―萬、維―惟―唯、予―余、太―泰、于―於、嶽―岳等の表記の異同は問題ないとしても、現（原）石刻本と『旧唐書』本との異同は、他の諸本と比べれば時間が近いだけに注目される。現（原）石刻本と『旧唐書』本に決定的な表現の差異は認められないのであるが、天子の詔文における表記の異同は、世が世ならば大変な責任問題に発展する可能性を含むのではないか。このことについて、筆者の推測は以下のようである。それは、今日の複写万能の時代と違い、一篇ごとに抄写による複本が必要であった当時において、恐らく「紀泰山銘」の正本は遥か東方の泰山にまで運ばれ、現実に彫工による石刻へと作業が進行した。それは今日の泰山山頂の唐摩崖に結果している。一方、唐の宮殿に珍蔵されたであろう副本は、その後の政変等による管理の変動や再製等を経て文字の異同が生じ、しかも当時の通信情況からは泰山現地の正本との照合もままならぬまま、今日の状態を招いたとは考えられないか。以上は明確な裏付けもない筆者の勝手な憶測であるが、ここにメモして後日の再考に備えたく思う。

（五）「紀泰山銘」に記された儒者、方士批判、及び天宝末年の兵乱の皮肉

玄宗は泰山封禅が挙行できたことについて、「紀泰山銘」第56句に「我儒制禮、我史作樂、我が儒は礼を制し、我が史は楽を作り」と謝辞を述べるが、銘文の末尾に近い第115句では「方士虚誕、儒書齷齪、方士は虚誕にして、儒書は齷齪《あくせく》」として、道教の方士や儒家の書に対する不信感を露わにする。この部分は、次に続く天帝の信任を失した秦の始皇帝や後漢の光武帝の故事に直結し、最終部の第118句「徳未合天、或承之辱。徳の未だ天に合はざれば、或いは之を辱に承くるなり。」、119句「道在觀政、名非從欲、道は政を観るに在り、名は欲を従《ほしいまま》にするに非ず。」に収斂するが、唐朝における一連の方士偏重や続く天宝期における楊貴妃への偏愛、及びその結果として勃発した馬嵬の乱等を想起すると、「紀泰山銘」では玄宗は過去の例を教訓に述べたはずのものが、皮肉にも、その後の治政において、玄宗自身の教訓として自らの運命を「予見」したもののようにも思える。即ち、開元から天宝期に発

生した楊貴妃への偏愛、楊国忠の重用こそは安禄山の乱を惹き起こした直接の原因であり、一時とはいえ、天子の蒙塵を余儀なくし、そのまま楊貴妃殺害に直結した。その意味で、この第118、119句の表現は、皮肉にも玄宗自身の痛烈な教訓として跳ね返るものである。また、唐朝における道教、方士偏重については、唐朝が老荘思想を重んじ、果ては憲宗・穆宗・宣宗を含む歴代皇帝が道士の調合した不死の仙薬を服して、見事に〝昇天〟したこと、はたまた玄宗楊貴妃の故事を詠んだ陳鴻の「長恨歌伝」に、方士自ら〝方士はしばしば偽物を天子に進呈する（新垣平之詐）〟ことを述懐していること等を挙げれば十分であろう。これらのことを総合して考えれば、「徳未合天」「名非従欲」とは過去一般の教訓ではなく、皮肉にも玄宗自身の戒めであったように筆者には読み取れるのである。

※　参考資料

○五代・劉昫等撰『旧唐書』（中華書局、一九七五年）巻二十三、礼儀志三
○宋・王欽若等撰『冊府元亀』（中華書局、一九五九年、拠明刻本影印）巻三十六、帝王部、封禅二
○宋・姚鉉撰『唐文粋』（浙江人民出版社、一九八六年、拠光緒十六年許氏楡園刻本影印）巻十九下、封禅
○清・董誥等撰『全唐文』（中華書局、一九八三年、拠嘉慶十九年内府刊本影印）巻四十一、元宗皇帝
○清・王昶撰『金石萃編』（陝西人民美術出版社、一九九〇年、拠民国十年石印本影印）巻七十六、唐三十六
○宋・司馬光撰『資治通鑑』（中華書局香港分局、一九五六年一版、一九七六年重印）巻二一二、開元十三年条
○中田勇次郎「唐、玄宗御製御書 紀泰山銘」（読み下し文。展覧会冊子『原拓紀泰山銘および泰山景観』所収、成田山書道美術館、一九九二平成四年）
○姜豊栄撰『泰山歴代石刻選注』（青島海洋大学出版社、一九九三年）
○泰安市文物局編『泰山石刻大全』（斉魯書社、一九九三年）所収「紀泰山銘摩崖刻石」
○姜豊栄編『泰山石刻大観』（綫装書局、二〇〇二年）
○沈維進主編『泰山碑刻経典』（鳳凰出版伝媒集団・江蘇美術出版社、二〇〇五年）所収「唐・隷書 紀泰山銘」
○『歴代帝王泰山刻石』（中国档案出版社、二〇〇六年）

（初出は『文学研究』一〇四、九州大学人文科学研究院、二〇〇七年）

玄宗「紀泰山銘」と唐代隷書

一　はじめに

山東泰山の山頂部に広がる大石塊群大観望の切り立った十メートル超の屏風岩に、玄宗親筆の「紀泰（太）山銘[1]」の石刻がある。刻石後千三百年の風雨を歴て、今日なおその偉容を失わない貴重な現物石刻資料である。中国の内外から泰山へ登頂する観光客の多くがこの壮大な摩崖碑を見上げて嘆息し、その前で記念写真に収まる。一九三〇年代までは石刻前の広場に廟が建てられていたが、現在は「勅修東嶽廟」の横額が残るのみである**【表紙カバー写真参照】**。

刻石以来、この摩崖碑が登山客から受けた熱視線は数知れないであろう。しかしながら、これらの熱い注目に反して、「紀泰山銘」設置の経緯や内容についての適切な紹介や解説は必ずしも十分でなく、一般には「唐摩崖」と題した簡単な観光地図が配布されることはあっても、その内容や意義等についてはよく周知されていないように思われる。

そこで本稿では、筆者は非力を顧みず、玄宗の泰山封禅や「紀泰山銘」刻石の経緯について、各種資料[2]を参照しつつ、基礎的な史実を確認しておきたい。更に、それが玄宗による雄渾な唐代隷書体で揮毫されていることから、特に唐代隷書の観点から「紀泰山銘」について分析し、中国書道史上における位置づけを試みたいと思う。

二　玄宗の泰山封禅の経緯

中国の山東に鎮座する泰山は、五岳の中でも一際高く尊崇される「五岳独尊」の東岳であり、古代の多くの帝王や、秦の始皇帝以来の歴代皇帝が地上の最高権力を手中にした暁には、国内の平和と繁栄、治世の正当性と永続を願って厳かに天帝に祈願した聖山であった。

七一三年、玄宗は太平公主の乱を鎮圧して開元朝を開いた。その後二十九年に及ぶ太平を謳歌する開元時代の幕開けである。あたかも盛唐杜甫（七一二～七七〇）の「憶昔」詩は、次のように「開元全盛」の御世を回顧する。

憶昔開元全盛日　小邑猶藏萬家室

憶ふ昔　開元全盛の日　小邑も猶ほ万家の室を蔵し

稲米流脂粟米白　公私倉廩倶豐實　　稲米は脂を流し　粟米は白く　公私の倉廩　倶に豊実なり

「開元全盛」の治世十年を越えた開元十二年には、張説らによって玄宗の泰山封禅を願う上奏が行われ、翌開元十三年（七二五）を期して、玄宗の泰山封禅が実行に移される。時に玄宗四十歳、後の天宝朝が楊貴妃一族の跋扈や安史の乱を惹起して評判を落としたのとは対照的に、大唐の国体も玄宗の玉体もいよいよ充実した時期であった。

泰山封禅に先立つこと一年前の開元十二年（七二四）十一月、玄宗の車駕は東都洛陽に行幸する。玄宗の洛陽行幸は恒例のことであり、ここでの滞在は必ずしも泰山封禅のみを目的としないが、玄宗及び中書令張説を始めとする臣下が、洛陽滞在一年をかけて、泰山封禅の儀典の仕方や諸々の準備等、周到に封禅の段取りを準備したことが伺える。翌開元十三年（七二五）十月、玄宗の車駕が泰山封禅のために洛陽を出発して賑々しく東方に向かう。一行は二十五日後の十一月に泰山の山麓に到着する。その行列は、諸王・百官・貴人や地元の有力者等が付き従い、色とりどりの御馬が何万頭、数えきれぬ物資輸送車が数百里も続き、まるで地上に錦を敷き詰めたかのような贅の限りを尽くした態であった（『資治通鑑』巻二一二）。件の「紀泰山銘」自体の証言描写は次のようである(3)。

張皇六師　震疊九寓　　六師を張皇し　九寓を震疊し　　（軍隊を賑々しく行進させ、九州を震い動かし、）
旌旗有列　士馬無譁　　旌旗に列有り　士馬に譁無く　　（唐朝の御旗をおし並べ、兵士や兵馬は乱れること無く）
肅肅邕邕　翼翼溶溶　　肅肅邕邕　翼翼溶溶として　　（いかめしくも恭しく、規則正しく流れる水のようにして）
以至于岱宗　順也　　以て岱宗に至るは　順なるかな　　（東方の岱宗（泰山）に無事に到着した。）

一行は、まず泰山山麓の岱廟に駐屯して態勢を整えた後、玄宗が駕籠（『開天伝信記』では騾馬《らば》）に乗って泰山登頂を果たし、予め綿密に定めた儀式の段取りに従い、九日間を費やして粛々と封禅を執り行う。ここも「紀泰山銘」による証言描写は次のようである(4)。

故設壇場於山下　　故に壇場を山下に設け　　（そこで祭壇を泰山の麓に設け、）

受羣方之助祭　羣方の助祭を受け　（四方八方に協助する祭壇を配置し、）
躬封燎於山上　躬《みずか》ら燎を山上に封じ　（玄宗自ら泰山の山頂で御神火を焚き、）
冀一獻之通神　一献の神に通ずるを冀《こいねが》ふ　（この封禅の奉献が天神に通じることを祈願する。）
斯亦因高崇天　斯れ亦た高きに因りて天を崇《たっと》び　（このことは、崇高な泰山にあやかって上天を崇拝し、）
就廣增地之義也　広きに就いて地を増すの義なり　（広大な天下の大地によって、その価値を増すことを意味する。）
乃仲冬庚寅　有事東嶽　乃ち仲冬庚寅　東嶽に事《まつ》る有り　（そこで、開元十三年（七二五）十一月十日、泰山山頂の東岳廟において封禅の儀を執り行い）
類于□□□□上帝　配□□□□□□我高祖　□□□□上帝を類《まつ》り　□□□□□□我が高祖を配すれば　（上帝を四方に祭り、そこに我が高祖帝（李淵）を配すれば、）
在天之神　罔不畢降　天に在るの神は　畢《ことごと》く降らざるは罔《な》し　（天上の神はことごとく降神しないものはない。）
粤翌日　禪於社首　粤《ここ》に　翌日　社首に禅し　（こうして、翌十一月十一日、社首の地で地神を祭り、）
侑□□□□□□我聖考　祀於□□□□皇祇　□□□□□□我が聖考を侑して　□□□□皇祇を祀《まつ》れば　（我が先帝（睿宗李旦）の加護を祈願して地神を祭れば、）
在地之神　罔不咸舉　地に在るの神は　咸《み》な挙《まつ》らざるは罔《な》し　（地上の神は、みな祭り尊ばないものはない。）（※□は空格）

封禅の詳細なお膳立ては、実際は張説等の臣下が設定したものと思われるが、ここには封禅式典の当事者による具体的な証言が記録されていて興味深い。山頂での封禅式典を挙行した場所として「有事東嶽」（東嶽に事《まつ》る有り）とあるのは、半年後に「紀泰山銘」を刻石する山頂下の大観望の屏風岩前の広場（東岳廟の敷地。現在は広場となっている。**【表紙カバー写真参照】**）であると思われる。

その後、玄宗一行は下山して曲阜の孔子廟で奠祭を行った後、十二月には洛陽へ還御している。してみれば、玄宗の泰山封禅は、洛陽を出発と帰還の拠点にして足掛け三ヶ月に上る、実に開元の聖世に相応しい皇帝の大旅行であった。玄宗は、翌開元十四年（七二六）七月、洛陽において今回の泰山封禅を総括して「紀太山銘」を隷書によって揮毫し、使者を遣わして泰山山頂にある大観望の屏風岩に刻石させている。即ち長久の風雨を経て今日になお現物が伝存する摩崖碑であり、本稿が研究対象とする「紀泰山銘」そのものである。

「紀泰山銘」制作の日時等については、『冊府元亀』巻三十六、封禅二に、

七月、帝製紀泰山銘、親禮（札）勒於山頂之右壁。

（開元十四年）七月、（玄宗）帝「紀泰山銘」を製し、親しく山頂の右壁に札勒す。

とあるが、許道勛・趙克尭『唐明皇与楊貴妃』[5]一六六頁に述べるように、実際は「派人勒于泰山頂石壁之上。」（使者を派遣して泰山山頂の石壁に刻石させた）ものであろう。更にその日付が「七月」とあることについて、今日の「紀泰山銘」では、別人の書体で「大唐開元十四年歳在景寅九月乙亥朔十二日景戌建」と刻するが、この七月～九月の二ヶ月は刻工による刻石に要した時日と考えられる。なお、同時に「紀泰山銘」の西側に刻石された張説「封祀壇頌」、源乾曜「社首壇頌」、蘇頲「覲朝壇頌」の三壇頌の石刻は今日既に泐滅しているが、張説のそれは『全唐文』巻二二一、蘇頲のそれは『全唐文』巻二五〇に収める。源乾曜のものは今日検出できない。

三　玄宗「紀泰山銘」に関する歴代の記録

刻石から千三百年、今も泰山山頂の岩場に偉容を誇る石刻「紀泰山銘」については、宋・趙明誠『金石録』巻五に記名があるのを含め、歴代の種々の記録が残るが、特に交通の便が相当に発達し、公私の出版が飛躍的に発展した明清期の記録が多く伝わる。ここでは、玄宗「紀泰山銘」に関する記録のあらましを見ておきたい。

まず、（一）**明・王世貞**（嘉靖五年（一五二六）～万暦十八年（一五九〇））の**『弇州山人題跋』巻十三「唐玄宗御書太山銘後、又**[6]」に次の記述がある。

記太山銘者、～雖小變漢法、而婉縟雄逸、有飛動之勢。余嘗登太山、轉天門、則見東可二里、穹崖造天、銘書若鸞鳳翔舞於雲烟之表、爲之色飛。

「太山に記するの銘」は、～小《すこ》しく漢の法を変ふと雖も、而も婉縟雄逸にして、飛動の勢有り。余嘗て太（泰）山に登りしに、

天門を転ずれば、則ち東のかた二里ばかりに、穹崖天に造《いた》り、銘書して鸞鳳 雲烟の表に翔舞し、之が為に色飛するが若きを見る。

泰山山頂で「紀泰山銘」を実見した山東の文人王世貞は、「婉縟雄逸として、飛動の勢有り」「鸞鳳 雲烟の表に翔舞する」と描写し、その筆勢の雄渾さを称える。なお引用を省略した続く文では、「崖の下部三尺ばかり百字ほどが、拓本作業者の暖房の篝火によって闕損した」とある。真偽は定かではないものの、当時の「紀泰山銘」の実態記録として貴重である（今日の「紀泰山銘」は後世の補刻が加えられている。**【冒頭写真⑤参照】**）。王世貞は嘉靖三十七年（一五五八）から翌年にかけ、都合三度泰山に登頂しており、この記事はその時の実見に基づくものであろう。更に清・王澍『竹雲題跋』巻三「唐明皇紀泰山銘」[7]においては、〝泰山山頂のような高所で冬に拓本を採るために篝火を焚くはずがない〟と述べて王世貞説を否定する。（筆者の推測では、拓本作業はともかく、後世の厳寒期の登山者が暖を取るために岩場で焚火をしたり、岩塊下方の湧水や流水、結氷等の為に石質が脆弱化したことも考えられる。）

次に（二）**清・朱彝尊**（一六二九～一七〇九）の「**曝書亭金石文字跋尾**」**巻四**「**開元太山銘跋**」[8]は、「紀泰山銘」の経緯を記した後に次のような跋文がある。

御書遒勁、若怒猊渇驥、羈束安閑、不比孝經之多肉少骨。若唐隷盡如此、何慙漢碑碣乎。

御書は遒勁、怒猊渇驥の羈束安閑とするが若く、「(石台)孝経」の肉多く骨少きに比せず。若し唐の隷（書）尽く此の如ければ、何ぞ漢の碑碣に慙《は》ぢんや。

ここで朱彝尊は、玄宗「紀泰山銘」の唐隷書体について、「猊《からじし》」や「驥《しゅんめ》」のように「遒勁《ちからづよ》」いものだとし、漢代碑碣の隷書にも匹敵するものだと称賛する。表現は異なるものの、上の王世貞評と同様である。朱彝尊が玄宗の唐代隷書の引き合いに「石台孝経」を提示することについては、次章において改めて述べたい。

なお朱彝尊の跋は、玄宗「紀泰山銘」の製作に関して次のように述べる。

天子製紀太山銘、親札勒于山頂之石、以十四年九月景戌告成。

天子（玄宗）「太山に紀するの銘」を製し、親しく山頂の石に札勒し、（開元）十四年（七二六）九月景戌を以て告成す。

玄宗が泰山封禅を挙行した開元十三年（七二五）十一月から、山頂の「紀泰（太）山銘」が完成を見る開元十四年（七二六）九月まで約十ヶ月の月日を要している。この間に玄宗が再び泰山に登頂した記録はない。また唐の天子が自ら十数メートルの岩場に上って直に「紀泰山銘」を揮毫することは考えられない。「親しく山頂の石に札勒し」の意味するところは、洛陽に還御した玄宗が宮中で「親しく」揮毫した「紀泰山銘」九九六字の唐隷銘文を、使者が泰山山頂に運び、勒工が大観望の屏風岩に「札勒」し、その完成が開元十四年（七二六）九月であったと考えるのが妥当であるように思われる。天子自ら泰山山頂に行幸しなくても、御意を体した使者が「親筆」を岩場に石刻することも天子の国事行為の一部であるからである。

また**（三）清・畢沅**（一七三〇〜九七）の**『山左金石志』巻十二「紀泰山銘」**[9]においては、「紀泰山銘」本文と共に、今は泐滅した「碑後従臣題名」の復元を試みた後に、「紀泰山銘」本文の諸本の異同を記している。畢沅は乾隆期の督撫として地方政務を精力的にこなす一方、赴任先の関中・中州・山左（山東）地方の金石蒐集に情熱を注ぎ、各地の金石志を残している。在任中の権力と金力と情熱を注いだその金石の収集と分析は高水準である。なお、該書が「紀泰山銘」の所在地について「在泰安縣岱頂大觀峯東嶽廟後石崖南向」（泰安県岱（泰山）頂の大観峰東岳廟の後の石崖の南向きに在り）と正確に表記することも注意しておいてよい。

続いて**（四）清末・葉昌熾『語石』巻九**[10]では、「古碑石刻の七厄」として、一：忘却、二：代用、三：重刻、四：改刻、五：砕刻、六：騰貴、七：易失（用語はいずれも引用者の意訳）を挙げる中に、三：重刻の例として「紀泰山銘」を挙げ、従臣の姓氏が後世のいたずらな重刻によって消滅したことを述べている。

この他、**清・王錫祺輯『小方壷斎輿地叢鈔』**[11]には**（五）孔貞瑄「泰山紀勝」**、**（六）聶剣光「泰山道里記」**等の泰山旅行記を収め、「紀泰山銘」に言及する。後者は朱彝尊や王世貞の記事を引用しつつ、その他の摩崖碑にも言及するが、これらはいずれも旅行記録の域を出ない。

また、現代中国における「紀泰山銘」の注釈本のうち、筆者の訓訳において参考に供した文献は以下の通りである（明代拓本の影印本等の書目は省いた）。

（七）泰安市文物局編『泰山石刻大全』[12]所収「紀泰山銘摩崖刻石」…「紀泰山銘」の説明と原文とを載せる。銘文文字の異同は説明文中に含む。

(八) 沈維進主編『泰山碑刻経典』[13]所収「唐・隷書紀泰山銘」…「紀泰山銘」の拓本影印、原刻全文（詳注を含む）、刻石辨識、芸術特徴、臨摹指導を載せる。「紀泰山銘」に対する全面的な分析と解説であり、参考すべき見解が述べられている。

(九) 姜豊栄編『泰山石刻大観』[14]…第四巻二十四に「唐紀泰山銘摩崖刻石」と題して、原文、説明、全像、搨影を載せる。姜豊栄編の関連著作は、他に次の（十）『泰山歴代石刻選注』、（十一）『歴代帝王泰山刻石』がある。

(十) 姜豊栄『泰山歴代石刻選注』[15]所収「紀泰山銘摩崖刻石」…「紀泰山銘」の説明、原文、詳注とから成る。

(十一) 姜豊栄主編『歴代帝王泰山刻石』[16]所収「唐《紀泰山銘》摩崖刻石」…「紀泰山銘」の原文、説明、詳注、全搨影印から成る。

姜豊栄氏は（九）『泰山石刻大観』の主編でもある。

以上の中で、（八）『泰山碑刻経典』及び（十一）『歴代帝王泰山刻石』に収める「紀泰山銘」は詳細な付注を含み、筆者の「紀泰山銘」の訓訳稿の際に大いに参考になった。

更に、日本国内で「紀泰山銘」に言及する主なものとして、管見の限りでは以下の文献がある。

(十二) 中田勇次郎「唐、玄宗御製御書紀泰山銘」[17]…「紀泰山銘」全文を訓読したものは、これまでは中田勇次郎先生のものが唯一と考えられる。

(十三) 藤原楚水『中国書道史』[18]…「紀泰山銘」「石台孝経」の解説を含む。「紀泰山銘」解説は、先に引いた明・王世貞『弇州山人四部稿』や清・王澍『竹雲題跋』、また聶剣光「泰山道里記」等も引用しており、相当に充実している。次章に検討する「石台孝経」との比較にも役立つ参考書である。

(十四) 本田春玲『泰山と曲阜に古碑を訪ねて』[19]…著者は大学教授の書道家。「紀泰山銘」の製作法に関する著者の次の推測は、見識ある専門家の指摘として傾聴すべきである。

整然と隷書の並ぶこの大作品はいったいどうやって書かれたのであろうか。泰山金剛経の場合は「書丹」といわれる、直接石の上に朱で書き石工がそれを刻してゆく方法と思うが、この切り立った断崖に、皇帝が文字を記してゆく事は考えられないから、字配りをよく計算された大きな紙に書き、それをつなぎ合せて完成させたのであろう。途中に乱れもないが、一気に全文書くのは無理ではないかと思う。隷書は特に一点一画に区切りをつけつつ、しかも気脈を通し調和を保ってゆかねばならないから、～強い精神力が必要である。玄宗のすばらしい気魄と手腕を感じた。

上述のように、玄宗の泰山封禅は開元十三年（七二五）十一月、「紀泰（太）山銘」の完成は開元十四年（七二六）九月であり、この十ヶ月間に玄宗が泰山に再登頂した記録はない。しかも玄宗が十数メートルの岩場に上って「紀泰山銘」を直に揮毫することはあり得ない。本田氏の推測のように、「紀泰山銘」の揮毫と石刻は別時間、別場所で行われたであろう。前述のように、十ヶ月はその為に費やされたと筆者は考える。

（十五）文字文化研究所編『唐代の碑刻』[20]…「紀泰山銘」拓影（一部）と丁寧な解説を付する。同じく「石台孝経」も収録する。

以上、まだ相当の調査漏れを含むであろうが、管見の限りでの「紀泰山銘」に言及した文献を掲げた。対象の性格上、文人や書道家の言及が多いのは当然であろう。また、現物が泰山山頂にある石刻という事情から、その言及も自ずと限定されたこともやむを得ないと思われる。それにしても、千三百年も前に石刻された唐代隷書の現物が今も変わらぬ偉容を以て登山者の熱い視線を集めていることは大きな驚きである。

以上は管見に入った「紀泰山銘」に関する主要な記録や注釈である。この外に、歴代文人の詩文や地方志等の記録が相当数存在すると思われるが、筆者の調査が及んでいない。これらを要するに、明清期における「紀泰山銘」への言及は、一部は唐代隷書の「遒勁《ちからづよ》」さや玄宗の壮志を称賛するものの、地理的な懸隔もあってか、まだ本格的な評価はなされていない。このことは、山頂へのロープウェーが設置されて泰山登頂が格段に容易になった現代においても同様、「紀泰山銘」の内容に関わる実質的な研究はまだ不十分である。即ち「紀泰山銘」の写真や旅行記は増加しており、「紀泰山銘」の注釈等も相当な蓄積が見られるものの、「紀泰山銘」に関する本格的な専門研究はまだ十分ではないと筆者は考える。

四　「紀泰山銘」と「石台孝経」

「紀泰山銘」と「石台孝経」は、共に今日に実物が伝わる、玄宗直筆による貴重な石碑資料である。前者は開元十四年（七二六）、玄宗四十二歳の作、後者は天宝四載（七四五）、玄宗六十一歳の作であり、この間十九年が経過する。前者は泰山山頂の岩場に直に彫られ、後者は西安碑林博物館に現物が鎮座し、それぞれ今日も多くの観客を惹きつけてやまない。封禅を記録した「紀泰山銘」は、地上の天子たる壮年の玄宗が東方の霊山泰山に詣でて治世の成功を寿ぎ、上天の加護を祈念したものであり、一方の「石台孝経」は、開元朝を改めて天宝朝を開いた還暦の玄宗が、国内文治の浸透を祈願して『孝経』の浸透を謀ったものと考えられる。[21] いずれも荘重な唐代隷書で揮毫されているが、両者の運筆には微妙ながらも明白な差違が見られる。本節では、当時の政治背景を考慮しつつ、開元朝と天宝朝を象徴する二大隷書による石刻を比較検討することにより、四十二歳の玄宗と六十一歳の玄宗が認めた隷書について考えてみたい。まず、両者の碑影は次の通りである。

次頁の碑影を比較して見て、読者はどういう印象を持たれるであろうか。筆者は書道の専門家ではないが、敢えて率直に言えば、「紀泰山銘」については「雄渾」、「石台孝経」については「繊麗」という評語がまず脳裏に浮かぶ。従来の記録も以下のように述べる。

「紀泰山銘」について

・文詞雅馴、而分隷遒逸婉潤、最爲得意之筆（文詞は雅訓にして分隷は遒逸婉潤たり、最も得意の筆と為す）。（明・趙崡『石墨鐫華』巻二）[22]

・婉縟雄逸、有飛動之勢。～若鸞鳳翔舞於雲烟之表、爲之色飛。（婉縟雄逸にして飛動の勢有り。～鸞鳳 雲烟の表に翔舞し、之が為に色飛するが若し。）（明・王世貞『弇州山人題跋』巻一三「唐玄宗御書太山銘後、又」）[23]

・御書遒勁若怒猊渇驥羈束安閒、不比孝經之多肉少骨（御書（引者注：「紀泰山銘」）遒勁にして、怒猊渇驥の羈束して安閒なるが若し。孝経（引者注：「石台孝経」）の多肉少骨なるに比せず。）（聶剣光「泰山道里記」八）[24]

・紀泰山銘の書が、帝王の余技といはんより、既に専門大家の域に入り、唐隷中にありて最も特色あるものゝ一つであることが知られるであらう。（藤原楚水『中国書道史』）[25]

・書法的には魏晋間の隷書よりすぐれ、字形も整っており、筆勢も雄渾で古格を存し、漢隷に迫るすぐれた隷書で、玄宗第一の書として推せよう。（赤井清美『中国書道史』）[26]

・書法遒勁婉潤、端嚴雄渾（書法は遒勁婉潤、端厳雄渾たり）。（姜豊栄『泰山歴代石刻選注』）[27]

・書法遒勁婉潤、端嚴渾厚（書法は遒勁婉潤、端厳渾厚たり）。（泰安市文物局編『泰山石刻大全』）[28]

・書体雄逸飛動、自漢以来碑碣之雄壮、无出其右（書体は雄逸にして飛動す、漢より以来、碑碣の雄壮なること、其の右に出るもの无し）。（柳曾符等『隷書基礎知識』）[29]

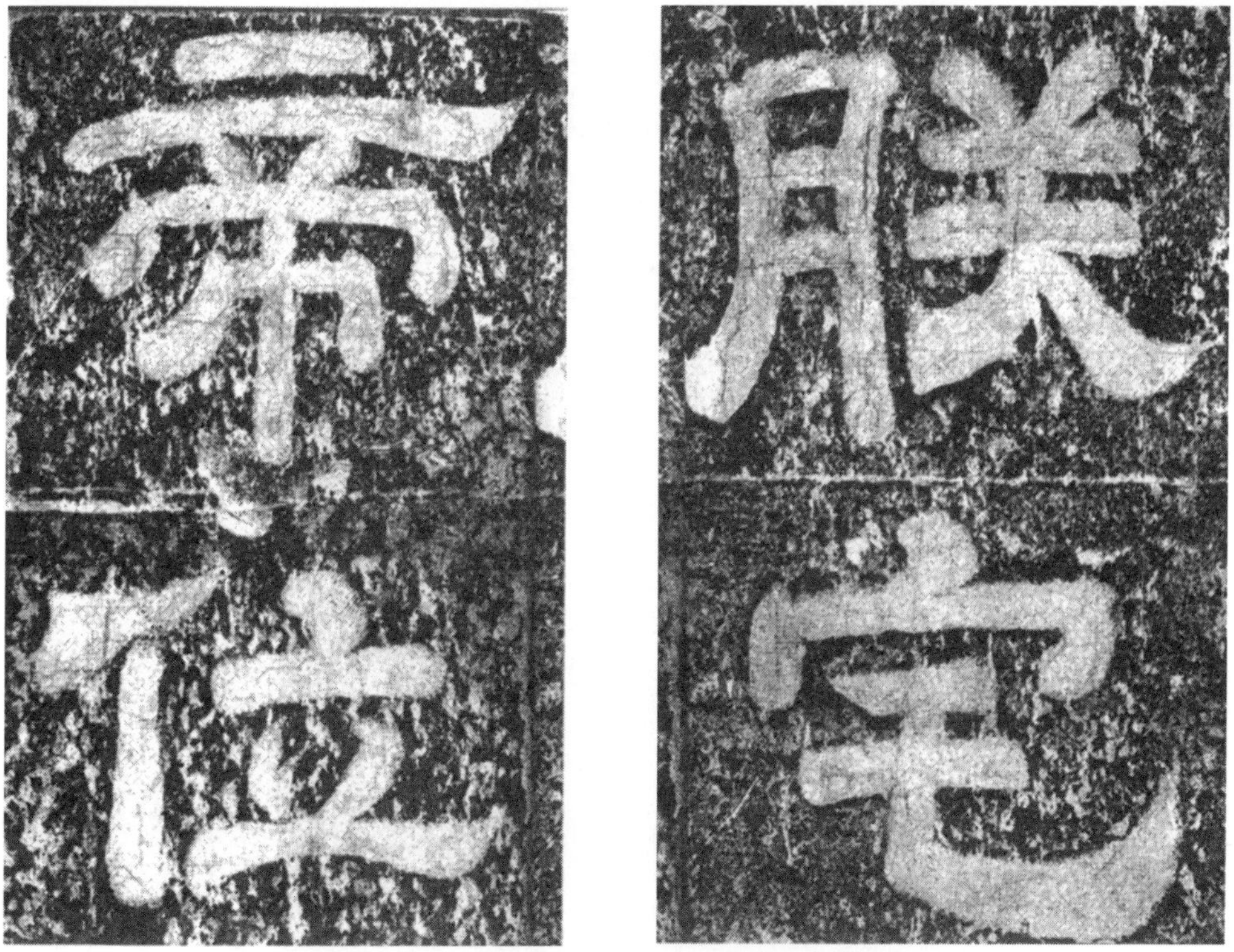

「紀泰山銘」冒頭４字部分（著者架蔵の原拓本）

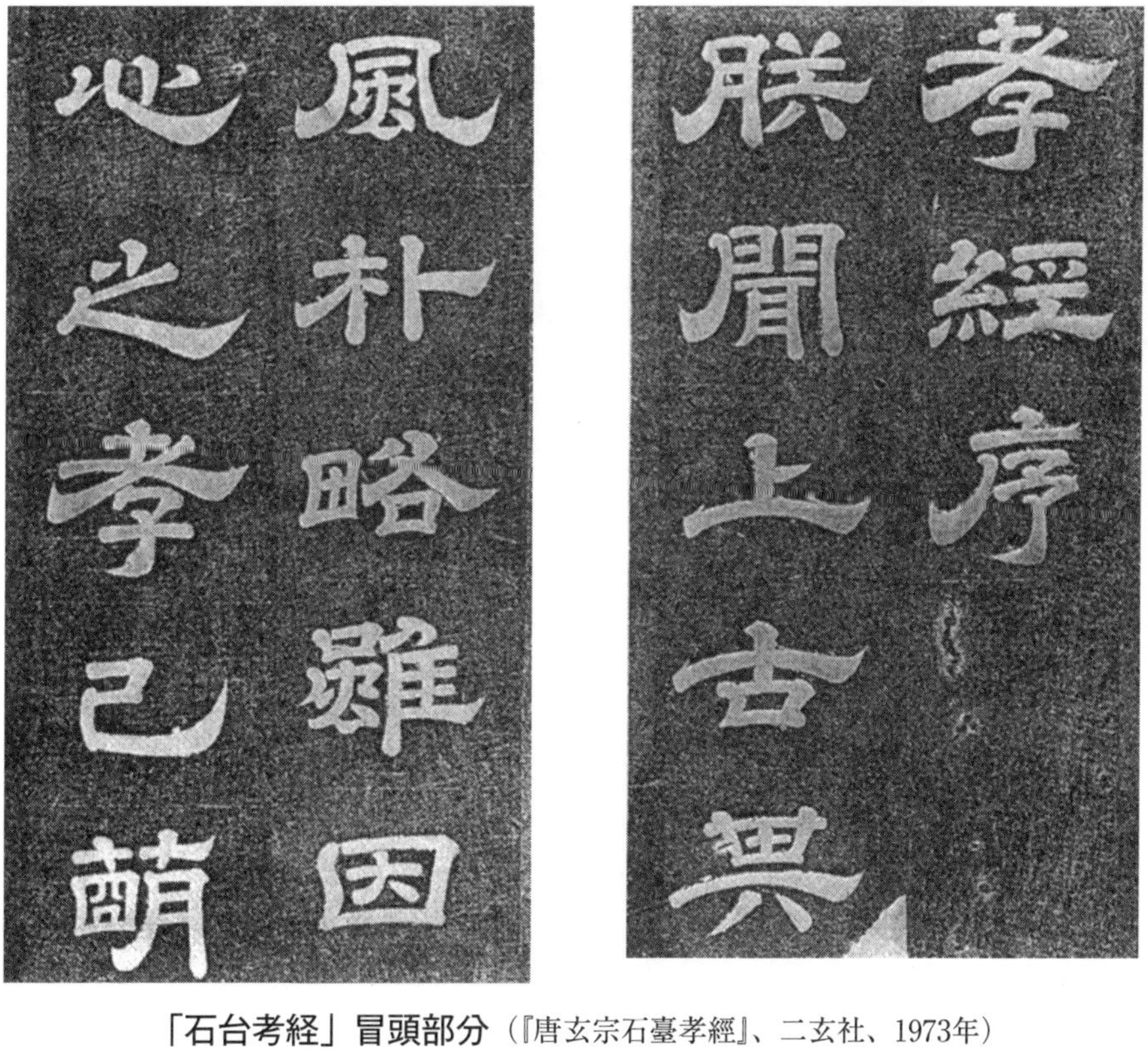

「石台考経」冒頭部分（『唐玄宗石臺孝經』、二玄社、1973年）

唐玄宗「石台孝経」第一面（『唐玄宗石臺孝經』、二玄社、1973年）

このように、「紀泰山銘」を実見した地元山東の明・王世貞の評語を初めとして、従来の文人による「紀泰山銘」評語は、雄渾・遒勁・雄逸というように全て内容が一致する。

「石台孝経」について

・書法豊妍匀適、與太山銘同。行押亦雄俊可喜（書法は豊妍匀適にして、「太山銘」（引者注：「紀泰山銘」）と同じ。行押も亦た雄俊にして喜ぶべし）。（明・王世貞『弇州山人題跋』巻十三「孝経」）[30]

・明皇酷嬖太眞、無所不似、隷分體不免作豐容豐肌狀。（明皇（引者注：玄宗）、太真（引者注：楊貴妃）を酷嬖して似せざるなく、隷分の体（引者注：隷書）も豊容豊肌の状に作るを免れず。）（明・王世貞『弇州山人題跋』巻十三「桐柏観碑」）[31]

・明皇分書自以太山銘第一。此書豐艶有余、而微乏骨力（明皇の分書（隷書）は自ら太山銘（「紀泰山銘」）を以て第一と為す。此の書は豊艶余り有るも、やや骨力に乏し）。（清・呉玉搢「金石存」巻十五）[32]

・孝經注、肉重骨柔（孝経注（引者注：「石台孝経」）は、肉重く骨柔らかし。）（清・王澍「竹雲題跋」巻三「唐明皇紀泰山銘」）[33]

・碑字肥痩得中、運筆與「紀太山銘」約略相似（碑字肥痩 得中を得たり、運筆は「紀太山銘」と約略相似たり。）（清・王昶『金石萃編』巻八十七「石台孝経」）[34]

・碑字肥痩中を得、運筆は「紀泰山銘」約略相似たり。（藤原楚水『中国書道史』）[35]

・骨力に乏しいとの指摘もあるが、帝王らしい大らかな趣がある。（鶴田一雄、『日本・中国・朝鮮 書道史年表事典』）[36]

・孝経（引者注：「石台孝経」）の方が豊満で、（略）完成度はあるが贅肉鈍重な感じに対して泰山の隷書（引者注：「紀泰山銘」）はまだ個性やあくがうすいから線が引き仕舞っている。（本田春玲『泰山と曲阜に古碑を訪ねて』）[37]

・「紀泰山銘」より晩年の書で、佳麗さを加え、書法に進歩のあとがみられ、豊潤な書法を示している。骨格は幾分軟弱であるが、唐代の隷書としてはすぐれたものである。（赤井清美『中国書道史』）[38]

これらの文人・書道家の評語からは、「石台孝経」は「紀泰山銘」と同じく唐代隷書の名品としつつも、「肉多く骨柔らかし」「豊妍匀適」といった印象の違いが読み取れる。これらの評語は、後述するように、「石台孝経」を揮毫した天宝四載（七四五）において、玄宗が楊貴妃を貴妃に迎え入れた史実を念頭においた評語であると思われる。

「書は体を表す」という。書者が天子であれば、その書はなおさら当時の国体を象徴すると言って良いであろう。同じ唐代隷書の書体例でありながら、ここに列記した書勢の違いには、揮毫した当時の政治背景が色濃く反映していることが考えられる。

以下、「紀泰山銘」と「石台孝経」制作時の唐朝の政治背景についてあらましを見ておきたい。

「紀泰山銘」執筆当時、四十二歳の玄宗は治国の情熱に溢れ、先帝の例に倣って東岳泰山に詣でて封禅の儀を行う。直接のお膳立て等は張説等の臣下が行ったものの、自らが大唐の皇帝として天下を統べるという熱い情熱が「紀泰山銘」には溢れている。その銘文九九六字の全てが玄宗の撰述によるものか、或いは相当部分を張説等の臣下が補助したか、後者の可能性が高いが、少なくとも「紀泰山銘」を揮毫するに当たっては、玄宗自身の情熱が感じられる強い筆勢となっている。唐代隷書の書体を選んだのも、当時の玄宗の心意気に適合する故に選ばれたものではあるまいか。

これに対し、「石台孝経」（『御注孝経』）は、天宝四載（七四五）、それまでの孝経注の統一と『孝経』による文治の徹底を祈願して、玄宗が自ら揮毫し、長安の太学に建てられた。石碑の四面を荘重な隷書で埋めた壮大な碑刻である。六十一歳の玄宗がこの年に正式に楊貴妃を迎え入れたこともあり、歴代の「石台孝経」評語には「肉多く骨柔らかし」「豊妍匀適」といった楊貴妃を連想させる評語が付き纏うが、それらを念頭に置かないでこの碑刻のみを直視しても、確かに「紀泰山銘」以来続く玄宗の荘重で端麗な唐代隷書の筆遣いが感じられる名品である。

よく知られているように、玄宗の治世は、開元二十九年間（七一三〜七四一、玄宗二十九歳〜五十七歳）と天宝十五年間（七四二〜七五六、玄宗五十八歳〜七十二歳）とで好対称をなす。前者は姚崇や宋璟、張九齢や張説といった名臣がよく輔佐したし、後者については楊国忠、安禄山、或いは李林甫といった佞臣が権力を壟断し、遂に安史の乱を惹起した。太平公主の乱を平定して開元の治を開いた玄宗は、倹約を旨とし、臣下の意見をよく取り入れ、自らも政治に情熱を注いだ。しかし、後半の天宝年間においては、政治を臣下に委ね、華美の風潮がはびこり、遂に安禄山の反乱によって、大唐の繁栄に自ら幕を下ろしてしまう事態を招く。同一の皇帝の治下にありながら、これほど政治の明暗がくっきりと分かれる例も珍しいと思われる。その理由について、玄宗本人の問題や、臣下や外戚の問題等々の主因や遠因が考えられるが、皇帝独裁体制下にあっては、玄宗の責任は到底免れないであろう。

以下、歴史家の判断を以下に幾つか掲げる。

臣光曰、明皇之始欲爲治、能自刻厲節儉如此、晩節猶以奢敗、甚哉、奢靡之易以溺人也。

臣（司馬）光曰く、明皇（玄宗）の始め 治を為さんと欲するや、能く自ら刻厲し節倹すること此の如きも、晩節は猶ほ奢を以て敗る、甚しき哉、奢靡の易く以て人を溺れさすや。

（『資治通鑑』巻二一一、開元二年條）

司馬光はここで、開元期の玄宗が刻苦して節約に努めたものが、天宝期は奢侈に溺れてしまった変貌ぶりを嘆く。

唐玄宗即位前期、励精図治、処処以唐太宗為榜様。（略）可是唐玄宗做了三十年皇帝以後、「自恃承平、以為天下无復可憂、遂深居禁中、専以声色自娯、悉委政事于（李）林甫」（『資治通鑑』唐天宝十一載）、対国家大事、厭倦起来了。（唐玄宗の即位前期は政治に精励し、あらゆる点で唐太宗を模範にした。（略）しかし、唐玄宗は三十年間皇帝にあった後（引者注：開元二十九年間に続く天宝時代）は、「自ら太平に頼り、天下に憂うべきことはもう起こらないとして、遂に宮中に深くこもり、専ら音楽や女色を楽しみ、政事を悉く李林甫に委ね」（『資治通鑑』唐天宝十一載）、国家の大事に厭きてしまった。）

（王仲犖『隋唐五代史』上、一四五頁）[39]

王仲犖氏はここで、『資治通鑑』を引用しつつ、司馬光と同様、玄宗は開元期は太宗を見習い政治に奮励したのに、天宝期は政務を投げ出して「声色」に耽ったことを批判する。

ここで、玄宗の「紀泰山銘」中の文言から、もし玄宗が文言通りに戒めていれば、その後の安禄山の乱の勃発を防げたであろう皮肉の表現を引用することにする。[40]

徳未合天、或承之辱。徳の未だ天に合はざれば、或いは之を辱に承《う》くるなり。

（皇帝の道徳が天帝の要望に合わない時は、皇帝は恥辱によって天罰を受ける。）

道在観政、名非従欲。道は政を観るに在り、名は欲を従《ほしいまま》にするに非ず。

（皇帝の道徳は政治に反映されるものであり、皇帝の名声はほしいままな欲望からは生まれない。）

ここで四十二歳の開元天子は、欲望を欲しいままにしない皇帝の道徳について高らかに謳《うた》うが、まさか四十年後に安禄山の勃発や楊貴妃の惨殺といった悲劇を自ら招き、盛唐の繁栄に自ら幕を引くことになるとは夢にも思わなかったであろう。歴史の皮肉である。

政治と文化には、それを実行する上で常に様々な要素が混在しており、単純な断定や比較はできないが、それでも玄宗の治世になる開元期と天宝期を比較すれば、前者が政務に刻苦勉励したのに対し、後者は華美に流れて政務を怠ったという判断は、司馬光の指摘を待つまでもなく明白である。そしてこのことは、泰山における封禅を記録した開元十四年の「紀泰山銘」と、天宝四載、あたかも楊貴妃を貴妃に納れたのに前後して揮毫された「石台孝経」の筆勢にも奇しくも顕現されているように著者には見て取れるのである。

五　中国書道史における玄宗「紀泰山銘」の評価

隷書は分隷、八分書ともいう。伝説では、秦始皇帝の頃の役人程邈が罪を得て獄中にあること十年、隷書を工夫発明して皇帝に献上して赦され、御史職に就いたという。[41]この故事の真偽は定かではないが、秦代漢代を経て、全国統一後に頓に増えた事務処理上の必要もあり、それまでの篆書体の煩雑さを簡約化した隷書が天下に流行し、いわゆる今文、今隷として定着した事実背景を考慮すれば、この程邈の隷書発明説は決して根拠のない作り話ではなく、それまで萌芽的にあった文字簡略化を程邈が統一的に進め、それが最高権力者の秦始皇帝に認められたものという解釈は成り立つように思う。ともかく、隷書は秦漢以後、長きに渡って、歴代王朝の正式の歴史記録書体として重用されてきた。唐の玄宗が隷書を善くしたのも、「紀泰山銘」や「石台孝経」を隷書で揮毫したのも、これらの長年の隷書使用の歴史実績の上に立ってのことである。

唐・竇泉の「述書賦」[42]は、同時代の「開元天宝皇帝」（玄宗）の「八分書」（隷書）について次のように述べる。

開元應乾、神武聰明。風骨巨麗、碑版崢嶸。思如泉而吐鳳、筆爲海而呑鯨。（中略）

（注：開元天寶皇帝、（中略）少工八分書、及章草、殊異英特。）

開元は乾に応じ、神武聡明なり。風骨は巨麗にして、碑版は崢嶸たり。思は泉の如くして鳳を吐き、筆は海を為して鯨を呑む。（中略）

（注：開元天宝皇帝、（中略）少《わか》くして八分書（隷書）及び章草に工《たくみ》にして、殊異英特なり。）

ここには唐の同朝人による玄宗の風格や隷書に対しての高い評価が見られる。「碑版峥嵘」とは、大野修作注が指摘する通り、「具体的には、玄宗が書いた石碑は巨大なものが多く、石臺孝経や紀泰山銘などを意識するであろう。」

また、清・葉昌熾（一八四九～一九一七）『語石』巻一[43]には次の記事がある。

唐元宗好八分、自書石台孝経・泰華両銘・鄎国涼国両公主碑。於是天下翕然従之、開天之際、豊碑大碣、八分書居泰半。

唐の元宗（玄宗）は八分（隷書）を好み、自ら石台孝経・泰華両銘・鄎国涼国両公主碑を書す。是に於て天下翕然として之に従ひ、開天の際、豊碑大碣のうち、八分書は泰（大）半を居《し》む。

文中の「泰華両銘」とは、本稿の研究対象である「紀泰山銘」（開元十四年作）と「華山銘」（開元十二年作）を指す。ここで葉昌熾は、天子玄宗による隷書体の嗜好を反映して「天下翕然として之に従い」、開元天宝時に揮毫された碑刻の大半が隷書体であったことを指摘する。つまり天子玄宗の隷書嗜好が時の天下の隷書流行を招いたのである。

『唐・玄宗　石台孝経』（上）[44]に収める西林昭一氏の解説によると、西林氏は『金石萃編』同補正所録の玄宗の隷書体による碑刻として、次の七種を挙げる。

①王仁皎碑　開元七年（七一九）　②華山碑　開元十二年（七二四）
③涼国長公主碑　開元十二年（七二四）　④鄎国長公主碑　開元十三年（七二五）
⑤紀太山銘　開元十四年（七二六）　⑥慶唐観紀聖銘　開元十七年（七二九）
⑦石台孝経　天宝四載（七四五）

この調査から、玄宗は「紀泰山銘」を書した数年前から、隷書体による大碑を続々と制作していたことが分かる。つまり、「紀泰山銘」は決して唐突に隷書体で揮毫されたものではなく、いわば開元時代を象徴する字体として玄宗が好んで採用し、当時の大碑の大半を占める書体として流行していたのである。この隷書体が好まれた理由を明晰に述べることは難しいが、本稿において「紀泰山銘」について分析した結果から敷衍すれば、開元の気宇壮大な気風を反映して、玄宗が隷書の「雄渾」な筆致を嗜好したのは必然であった。先にも引いたが、明の山東の文人王世貞は、玄宗の隷書の欠点を次のように批判する。

明皇酷嬖太真、無所不似、隷分体不免作豊容豊肌状。（明皇（引者注：玄宗）、太真（引者注：楊貴妃）を酷嬖して似せざるなく、隷分の体（引者注：隷書）も豊容豊肌の状に作るを免れず。）（明・王世貞『弇州山人題跋』巻十三「桐柏観碑」[45]）

ここに王世貞が指弾する玄宗の隷書体石刻とは、明示はしていないが、天宝四載に貴妃に迎え入れた楊貴妃との関連を述べることから、「石台孝経」（天宝四載作）を主に指すことは明らかである。「玄宗が楊貴妃を酷愛した為に、それ以後の玄宗の隷書体にも楊貴妃の豊満さが漂うようになった」とは、一見するところ、余りにも極論暴論であるように思われるが、現実の政治履歴がそのように推移している以上、王世禎説をむやみに否定することはできない。これとよく似た表現に、「玄宗は開元期は熱心に政務に精勤したものの、天宝期になると楊貴妃を寵愛して政治に倦み、遂に安禄山の乱によって国勢を傾けるに至った」という通説がある。この言い方も、天子が一人の「傾国の美女」を愛した余りに国家の衰亡をもたらしたとは余りにも極端な物言いであるのだが、開元期における姚崇・宋璟、また天宝期にかけての李林甫・楊国忠・安禄山の重用その他の要素を総合的に考えると、必ずしも極論ではないことが分かってくる。

その玄宗が善くした隷書体による開元の「紀泰山銘」と天宝の「石台孝経」を比較してみると、あたかも書体の比較を通して、政治と同様、開元期と天宝期の国風の違いが刻明に現れているように筆者には思えるのである。

おわりに

（附記）

最後に、筆者と泰山「紀泰山銘」との関わりについて、私的な備忘録を残しておく。筆者が泰山の「紀泰山銘」を実見したのは二度である。前稿のメモに記したように、最初は二〇〇六年九月、当時担当していた朝日カルチャーセンター講座「中国黄河の風土と文学」において玄宗「紀泰山銘」の解釈を試みた。その後、現地実習旅行と称し、バスを借りて黄河下流の名勝を経巡った。当時はまだ高速鉄路は開通しておらず、貸切バスによる七泊八日、山東省内観光千七百㎞の強行日程であった。途中に泰山登頂及び「紀泰山銘」拝観を組み入れた。幸いに当日は好天に恵まれ、ロープウェーによる安易な泰山登山ではあったが、講座で事前に予習していた「紀泰山銘」の現物を泰山の現地で受講生と共に拝観できるという幸運に恵まれた。この記録を含め、筆者は「紀泰山銘」の訓訳を勤務大学の紀要に発表した(46)。

二度目は二〇一一年十一月である。筆者の新たな研究対象となった孔子廟と『孔子聖蹟図』の調査の為に、北京・曲阜・泰山等の孔子廟等を短期調査訪問するのに併せて、泰山山頂の「紀泰山銘」を再度訪れた。今回は十分時間を取って石刻の現物を調査するために、山頂の現場直近の神憩賓館に一泊し、夕日と朝日に照り映える「紀泰山銘」の写真を撮り、現場に長い時間佇むことができた。日本の南国九州育ちの筆者には稀有な体験となった冬期零下六度の中での日の出の光景と共に忘れ難い思い出となった。「紀泰山銘」を石刻する大観望は、現在は建築物が何もない更地の「小さな」広場であるが、つい最近までは東岳廟として建物が建っていた。一九三〇年代頃の写真にはあたかも摹拓中の「紀泰山銘」前の東岳廟の建物が確かに写っている**【冒頭写真②参照】**。筆者は泰山山頂の賓館に一泊した翌早朝、誰一人いない現場で、朝日を受けて金色に輝く「紀泰山銘」を見上げつつ、渺滅した下方の数百字や、今日既に渺滅した張説「封祀壇頌」、源乾曜「社首壇頌」、蘇頲「覲朝壇頌」の三壇頌はこのあたりだろうかと想像を繞《めぐ》らしていた。一老研究者の密かで貴重な、たまさかの愉悦の一刻であった。

注

（1）原物の表記は「紀太山銘」である。太山は泰山の古代表記。以下、慣例に従い「紀泰山銘」と表記する。
（2）参考目録は以下の通り（以下の論述での言及における重複を含む）。『旧唐書』巻二十三礼儀志。『冊府元亀』巻三十六。『資治通鑑』巻二一二。清・朱彝尊『曝書亭集』巻四十九「開元太山銘跋」。現代では石芳苓『中国歴代帝王泰山封禅秘聞』（経済日報出版社、一九八九）。湯貴仁『泰山封禅与祭祀』（斉魯書社、二〇〇三年。）
（3）拙稿「唐玄宗の「紀泰山銘」について（訓訳稿）」（『文学研究』一〇四、九州大学人文科学研究院、二〇〇七年）。
（4）前注（3）に同じ。
（5）人民出版社、一九九〇年。
（6）浙江人民美術出版社、二〇一二年。
（7）『石刻史料新編』（新文豊出版公司影刊、一九七七年）第二輯十九冊所収。
（8）『曝書亭集』巻四十九、また『石刻史料叢書』所収。

(9)『石刻史料叢書』(台湾芸文印書館影刊) 甲編十七。
(10) 国学基本叢書、商務印書館、一九三六年。なお、『語石』は『中国石刻書道史』(藤原楚水訳、名著出版、昭和六十一年復刻。原著名は『支那金石書談』大東出版、昭和四年) と題して和訳されている。
(11) 光緒年間鉛印本。第四帙、第四冊所収。杭州古籍書店、一九八五年影刊。内部発行本。
(12) 斉魯書社、一九九三年。
(13) 鳳凰出版伝媒集団・江蘇美術出版社、二〇〇五年。
(14) 泰山風景名勝区管理委員会・泰安市文物事業管理局・泰安市旅游局主編。線装書局、二〇〇二年。
(15) 青島海洋大学出版社、一九九三年。
(16) 中国檔案出版社、二〇〇六年。
(17) 成田山書道美術館、一九九二年。展覧会パンフ『原拓紀泰山銘および泰山景観』所載の読み下し文。注はない。
(18) 三省堂、昭和三十五年。
(19) 新地書房、一九八一年。
(20) 日本習字教育財団、昭和六十三年。
(21)『孝経』の玄宗注 (御注) には開元十年の初注本と天宝二年の重注本の二種がある。開元初注本は後に天宝重注本に淘汰されて中国では伝を失し、日本において伝承された。今日『古逸叢書』所収。古勝隆一『中国中古の学術』(研文出版、二〇〇六年) に詳しい論考がある。拙稿では、注文の内容でなく字体に注目する立場から、石刻唐代隷書として現存する「石台孝経」(即ち天宝重注本) を専ら研究対象とする。
(22)『石刻史料新編』二十五 (新文豊出版公司影刊、一九七七年) 所収。
(23) 注 (6) に同じ。
(24) 注 (9) に同じ。
(25) 三省堂、昭和三十五年。
(26) 東京堂出版、昭和五十四年。
(27) 青島海洋大学出版社、一九九三年。
(28) 斉魯書社、一九九三年。
(29) 上海書画出版社、二〇〇八年。
(30) 注 (21) に同じ。
(31) 注 (21) に同じ。
(32)『石刻史料新編』九 (新文豊出版公司影刊、一九七七年) 所収。
(33) 新文豊出版公司『石刻史料新編』第二輯一九所収。

（34）『石刻史料叢書』所収。
（35）三省堂、昭和三十五年。
（36）書学書道史学会編、萱原書房、二〇〇五年。
（37）新地書房、一九八一年。
（38）東京堂出版、昭和五十四年。
（39）上海人民出版社、二〇〇三年。
（40）注（3）に同じ。
（41）『晋書』巻三十六衛恒列伝、宋・張懐瓘『書断』巻一。また唐・李瀚『蒙求』には「程邈隷書」の標題がある。
（42）『津逮秘書』所収「法書要録」巻五～六所収。大野修作『述書賦全訳註』（勉誠出版、二〇〇八年）参照。
（43）注（10）に同じ。
（44）『書跡名品叢刊』（二玄社、一九七三年）所収。
（45）注（21）に同じ。なお、この資料は前注（42）において西林昭一氏が既に指摘している。
（46）注（3）に同じ。

（初出は『文学研究』一一〇、九州大学人文科学研究院、二〇一三年）

著者紹介

竹村　則行（たけむら　のりゆき）

一九五一年、大分県生まれ。
九州大学大学院人文科学研究院教授。
中国古典（近世近代）文学専攻。

編著：『楊貴妃文学史研究』・『長生殿箋注』（共著）
『長生殿訳注』・『鶯鴻記校注』
『説倭傳』（編）・『中國文學史綱』（編）
『孔子聖蹟図』和版集成』他。

唐玄宗
紀泰山銘 研究―原拓と解釈―

発行日　二〇一三年十二月十二日
著　者　竹村則行
発行者　仲西佳文
発行所　有限会社 花書院
〒八一〇―〇〇一二
福岡市中央区白金二―九―二
電　話（〇九二）五二六―〇二八七
ＦＡＸ（〇九二）五二四―四四一一
振　替　０１７５０・６・３５８８５
印刷・製本　城島印刷株式会社
ISBN978-4-905324-76-8 C3022